Convite para as Cantigas de Santa María

カンティーガス・デ・サンタ・マリアへの誘い

聖母マリア頌歌集

浅香武和
［編著］

浅野ひとみ
杉本ゆり
上尾信也
［著］

トルブール
［演奏］

論創社

Limiar

Cantigas de Santa María: a arte dos milagres

Henrique Monteagudo

Cantigas de Santa María é a denominación dun conxunto de composicións realizadas baixo a dirección do monarca Afonso X, soberano de Castela, Galicia e outros reinos da península ibérica na segunda metade do século XIII (1252-1284). O sobrenome polo que é coñecido, "O Sabio", expresa a enorme importancia do seu labor cultural, que o converte nun dos príncipes do saber da Europa medieval. Dúas das súas empresas culturais máis importantes foron o desenvolvemento da prosa en castelán, alimentado por traducións do latín e do árabe, e o patrocinio da lírica en galego. Ademais de mecenas de trobadores e xograres galegos, el mesmo foi un magnífico trobador, como demostran as máis de 40 cantigas da súa autoría, a maior parte delas de carácter satírico, recollidas nos cancioneiros galego-portugueses. Non obstante, entre as súas obras literarias máis ambiciosas, e sen ningunha dúbida a máis lograda desde o punto de vista artístico, destaca a colección que hoxe coñecemos baixo o título *Cantigas de Santa María*.

Probablemente, a composición das *Cantigas de Santa María* foi realizada ao longo de máis de dúas décadas, de 1260 a 1284 aproximadamente. Chegaron a nós catro códices, que representan tres estadios na evolución da colección. A colección primitiva debía ter cen cantigas, tal como testemuña o códice *To* (Códice de Toledo). Posteriormente, a incrementouse a 200 cantigas, como mostra o códice *T* (Códice Rico), ao que finalmente se engadiron 200 máis, copiadas no códice *F* (Códice de Florencia). Estes dous códices son dunha extraordinaria riqueza decorativa, pois están profusamente ilustrados por espléndidas miniaturas que representan escenas da vida diaria daquel tempo. O segundo deles, o códice *F*, quedou sen rematar, probablemente por causa da morte do rei. Finalmente, a colección máis completa está representada no códice *E* (Códice dos músicos), con máis de 400 cantigas, que é célebre polas preciosas miniaturas que representan músicos tanxendo unha ampla gama de instrumentos musicais.

En total, estes códices transmiten o texto de arredor de 420 cantigas. Estas composicións son de dous tipos: a maior parte delas relatan milagres atribuídos á Virxe María, que en moitos casos benefician directamente ao rei ou a algún dos seus familiares; pero cada nove cantigas narrativas, inclúese unha cantiga lírica, de loor (isto é, de gabanza) da propia Virxe. As aproximadamente 370 cantigas narrativas recollen tradicións de moitos lugares de culto á Virxe da Europa occidental, e sobre todo, da península ibérica. Nelas recréanse curiosos aspectos da vida material e espiritual do seu tempo. Dado que as composicións veñen acompañadas da correspondente partitura melódica, en conxunto constitúen unha das coleccións líricas máis notables da Europa medieval, o que, unido á súa riqueza plástica e ao seu excepcional interese literario, fan das *Cantigas de Santa María* unha das obras cimeiras da arte e da cultura europeas do século XIII.

Por iso, desde Galicia só podemos expresar o noso agradecemento ao o profesor Takekazu Asaka, que tivo a brillante idea de achegar ao público nipón esta marabillosa mostra da arte europea medieval que ao mesmo tempo constitúe un fito magnífico na historia da nosa lingua, continuando deste xeito co seu extraordinario contributo á difusión da cultura galega no Xapón. Moitos parabéns e graciñas, profesor.

Santiago de Compostela, 23 de novembro do 2022
Catedrático da Universidade de Santiago de Compostela
Membro da Real Academia Galega

序文

『カンティーガス・デ・サンタ・マリア』：奇蹟の芸術
エンリーケ・モンテアグード

『カンティーガス・デ・サンタ・マリア』(聖母マリア頌歌集) はアフォンソ十世の王室のもとで制作された作品の名称である。アフォンソ王は13世紀（在位1252-1284）の後半期にイベリア半島のカスティーリャ、ガリシアおよびその他の王国を治めた王である。「賢王」という異名で知られ、多くの重要な文化的事業を企てた中世ヨーロッパの優れた知識人である。2つの最も重要な文化的事業は、ラテン語とアラビア語からの翻訳によりカスティーリャ語で散文を発展させたこと。さらに、ガリシア語による抒情詩への支援者であった。ガリシアのトロバドールやショグラールといった吟遊詩人たちのパトロンであり、王自身も優れた吟遊詩人であった。王は40以上のカンティーガス（抒情詩）をあらわし、それらの作品の多くはガリシア・ポルトガル語のcancioneiros（詞華集）に集録された風刺的な特徴を持つ詩である。芸術的見地から見て、最も大望を抱いた文学作品として成功を収めたものは、今日『カンティーガス・デ・サンタ・マリア』の表題で知られる頌歌集である。

『カンティーガス・デ・サンタ・マリア』の作品は、ほぼ1260年から1284年の20年以上の歳月をかけて完成したものである。現在、4種類の写本が残されており、制作にあたり3段階の工程がある。初期段階に100のカンティーガスが書かれ、現在トレド写本*To*として知られている。次に200のカンティーガスが増加されたリコ（貴重な）写本*T*がある。さらに200のカンティーガスが追加されたフィレンツェ

写本Fがある。T写本とF写本の2つには、当時の日常生活を伝える
シーンが彩色・装飾されミニアチュールに表現されている。F写本に
ついては国王の死により制作は中断した未完成品である。最後の写本
として音楽家写本Eは最も完全な姿を示している。400以上のカン
ティーガスに中世の楽器を奏でている音楽家（38画）が描かれている
素晴らしいミニアチュールがあることで名高い。

　これらの写本は420にもおよぶカンティーガスの本文を今に伝える
ものである。この作品は2つのタイプからなり、多くの部分は聖母マ
リアに与る奇蹟を物語っている。直接に神に恩恵を受けるものである。
そして9つのカンティーガスごとに聖母マリア自身を称讃する抒情詩
がある。おおよそ370のカンティーガスは、イベリア半島を含む西
ヨーロッパにおける聖母マリア信仰の場所から伝説を収集したもので
ある。それらの物語は当時の実生活や霊的な生活の興味深い一面を彷
彿させる。物語の題辞として描かれたミニアチュール、さらに物語を
歌う角形記譜法による構成はヨーロッパ中世のもっとも秀でた抒情詩
の作品となっている。美術、音楽と文学が融合した作品、それが『カ
ンティーガス・デ・サンタ・マリア』である。13世紀のヨーロッパ
の芸術と文化の頂点に達する作品のひとつである。

　素晴らしい中世ヨーロッパ芸術とガリシア語史における記念碑的な
標石となる輝く作品を日本の読者の皆様に届けることができるのは、
浅香教授の弛まぬ努力の賜物です。日本においてガリシア文化の普及
にこの上ない愛情をそそいでいる浅香武和氏にガリシアから私たちの
感謝の意を表したい。

2022年11月23日
サンティアゴ・デ・コンポステーラ大学教授
ガリシア学士院会員

目次　Táboa

添付 CD　演奏：中世・ルネサンス音楽ユニット　トルブール＊

＊2015 年に結成された音楽ユニット。中世の詩人であり音楽家トロバ
ドールの思いを受け継ぎ、音楽を現代に新たに創りだすこと（trobar）
に主眼をおく。国籍や時空を超えて音楽と人と自然が一体となり共鳴
しあうことが、このユニットの世界観。

TrouBour, Medieval & Renaissance Music Unit
Interpretación das *CSM* por Ensemble TrouBour

カンティーガス・デ・サンタ・マリアへの誘い
——聖母マリア頌歌集

第一章
『聖母マリア頌歌集』の写本来歴

浅香武和

はじめに

2021年はAfonso Xアフォンソ十世（Toledo 1221. 11. 22〜 Sevilla 1284. 4. 4: 在位1252-1284）の生誕800年を記念して、ガリシア文化庁は「アフォンソ十世とガリシア」と題した展覧会をサンティアゴ・デ・コンポステーラとオウレンセで開催した。2022年はイタリアのラクイラL'Aquilaとガリシアのオルティゲイラで開催された。ガリシアと関わりのある国王は、幼少期の1232年頃ガリシアのアリャリスAllariz、マンサネダ・デ・リミアManzaneda de Limiaに滞在していたことからガリシア語教育を受けた。また、教会がラテン語を優先するなかで、宮廷のアフォンソ王は民衆のことばで聖母マリアの奇蹟を知らしめるために、当時、吟遊詩人たちの抒情詩はガリシア語で詩作され歌われていたことから頌歌集を編纂するにあたりガリシア語を用いたとされる。筆者はガリシア語学の研究をすすめているなかで、アフォンソ十世が編纂した*Cantigas de Santa María*『聖母マリア頌歌集』（以下*CSM*の略号を使用）に関心を寄せているので、ここに4種類の写本について、その来歴を記したい。

最初にcantiga（< lat. cantĭcum）またはcántigaの定義をしてみる。カンティーガ（またはカンティガ）は、音楽をともなう詩の構成であり、

13世紀頃にガリシア・ポルトガル語にcantigaという用語が生まれた。カンティーガは聴くことを目的に、ことば（詩）と、おと（音楽）を織りなす作品と定義された。詩作の題材は世俗または宗教的なものからなり、さまざまな形式のメロディーがある。その多くはvirelai（ビレライ）である。

　この*Cantigas*頌歌集の*T*写本（T.I.1.f.5r），Mettmann（1986:54）では*A* 19－24行に*CSM*の編纂の目的が明記されている。写本はゴシック筆記体gótica librariaで認められているが、標準フォントには存在しないため、もっとも近いUnifraktur Maguntiaであらわしてみる。

> este livro, com achei,/ fez a onrr'e a loor/ Da Virgen Santa Maria,/ que éste Madre de Deus,/ en que ele muito fia./ Poren dos miragres seus/ Fezo cantares e sões,

> この書物は、我が遭遇したもので、/ 聖母マリアの / 栄光を得て、称賛する、/ 神の母（聖母マリア）は、/ 神が信頼する御方。/ 因って、その奇蹟について / 詩と曲を作った。

> este livro, com achei,/ fez a onrr'e a loor/ Da Virgen Santa Maria,/ que éste Madre de Deus,/ en que ele muito fia./ Poren dos miragres seus/ Fezo cantares e sões,

　現在伝えられている*CSM*の写本は4種類ある。頭文字による省略*To*はトレド写本であり、現在スペイン国立図書館蔵分類番号Ms. 10.069にある。以前はドレド司教座聖堂図書館蔵であった。*E*写本はエル・エスコリアル修道院図書館蔵（b-I-2）。*T*写本はエル・エスコリアル修道院図書館蔵（T-I-1）。*F*写本はフィレンツェ国立中央図書館蔵（B.R.20）であり、いずれも上質な羊皮紙に書かれている。制作年代を示す奥付はないが、13世紀後半に制作されたとされる。

　Mettmann（1986:21-24）によると、手稿の制作時期は3段階ある。

　1）1270年から1274年はトレド写本の作成期。2）1274年から1277年は追加されて合計200のカンティーガスが制作された。エスコリアル*T*写本。3）1277年から1282年はエスコリアル*E*写本が完成した。同時期にフィレンツェ*F*写本も進められていたが、国王の死（1284）により*F*写本は未完のものとなった。

I. トレド写本 Códice de Toledo, *To*

　現在はスペイン国立図書館蔵（BNE: Biblioteca Nacional de España, Ms. 10.069）である。トレド写本とされる由縁は、1869年までトレド大聖堂文書館に保管されていたことによる。1807年に所蔵目録を確認していたゴンサルベス・ルイス Gonzálvez Ruiz が1299年に大司教ゴンサロ・グディエル Gonzalo Gudiel を通じて到来したことが判明した。そして1725年頃にドミニコ会士マルティン・サルミエント Martín Sarmiento は所蔵目録の整理にあたった。1755年トレド司教座参事会のブリエル神父 Padre Burriel は、ポルトガルのマリア・バールバラ María Bárbara 女王に献上するために、サンティアゴ・パロマーレス Santiago Palomares にこのトレド写本の複写を命じた。その複写本は、一時、王室図書館に所蔵されていたが、1836年にスペイン国立図書館に譲渡され、現在、分類番号 Mss.13055 としてスペイン国立図書館に所蔵されている。その後1889年にバルマール侯爵 Valmar がトレド写本の文学的研究を発表している。

　BNE に所蔵されているこの写本を見てみよう。制作年は entre 1201 y 1300? とあるように不確定である。形状は羊皮紙32cm×22cm、160葉、2段組み27行とある。この写本の閲覧には、必要書類を提出して研究員資格が認められると研究員身分証明書が発行され閲覧可能となる。一般人でも可能な方法がある。BIBLIOTECA DIGITAL HISPÁNICA の

ようにデジタル化されているので、Signatura / PID から閲覧可能である。

トレド写本は4種類の写本のなかで最初に制作が着手されたものとされる。第1葉表r25-28行に «Fez cẽ cãtares et sões, saborosos de cantar/ todos de señas razões com y podedes achar» のように100のカンティーガスを詩作して、その後26のカンティーガス（内訳は聖母マリア5つの祝日、キリストに捧げる歌5、奇蹟と称賛のカンティーガス16）が追加された。こうしたことから、アフォンソ十世は奇蹟を取り上げ、カンティーガスの形式として最初の編集に着手した。当時、トレド大聖堂の文書館には写本を制作するコンポステーラ派の写字生たちが日夜励んでいた。

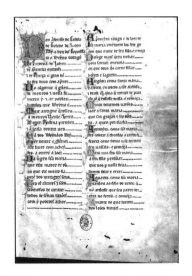

図1　トレド写本 *To*, BNE: Biblioteca Nacional de España, Ms.10.069 f.1r.

図1を見ると写本第1葉表r1行目の文頭にゴシック筆記体Dが青く塗られ金銀線細工装飾され（filigrana）、続いてフランス式ゴシック筆記体赤字で Don Affonsso de Castela de Toledo de Leon（カステーラ、トレド、レオンのアフォンソ閣下）と記した文言が輝いている。アフォンソ王自らの編纂の意向が窺える。聖母マリアを称賛すること、その内

容は、目次、プロローグ、100の詩と楽譜からなる。ミニアチュール
は描かれていない。最後に宮廷の個人的な禱り pitiçon が興味を引く。
そこには Pois cẽn câtares feitos acabei.& con son（それで音を伴う100の詩
を創りあげた）というように最初の企画が終了したことを示している。
欄外には、時々修正のあとがうかがえる。また、ガリシア語によるゴ
シック筆記体で書かれた注釈も見える。これはおそらく18世紀に書
家パロマーレスによるものとされる。

　カンティーガ209番（T写本）には、『カンティーガス・デ・サン
タ・マリア』の本を成就したと記しているように、最初に100のカン
ティーガスを詩作したことを示している。年代的には1274年である。
同じように称賛と奇蹟の詩を増やす計画を立て、新たな写本に200の
カンティーガスを詩作する企画としてT写本を準備した。さらに別の
F写本に200の作詩を計画したが、アフォンソ王の逝去によりF写本
は未完のものとなった。並行してE写本は420の完全なカンティーガ
スと12のマリアの祝日を含むカンティーガスが追記されている。

　このTo写本は、国立図書館蔵ということから現在までにおおくの
研究者により解明されている。王の自筆による修正も施されている。
詩的研究は18世紀にブリエル神父により最初にすすめられた。編纂
された100の詩の数篇が散佚したが、複写により復元された。近年に
なりオリジナルに最も精巧な複写本が制作されている。保存されてい
る最も古い写本で、年代的には1270年から1280年に成立されたとさ
れる。しかしながら制作年代を特定するのは難しい。1264年に開始
されたとする研究者の意見もあるが、その最初の記述は散逸している
ことから、1274年に制作開始とみるのが妥当とされている。記譜法
については14世紀初頭に記されたとする研究がある。4種類の写本の
なかで最初に着手されたに違いないが、14世紀初頭の複写であると
いうことから最も新しい写本とされる。トレド写本Toに収められて
いる大部分のカンティーガスは、エル・エスコリアル写本Eに再録さ

れている。したがって、トレド写本は、*CSM* 50, 76, 79番と我が主イエスキリストの5聖日と補遺I, XIIの合計10のカンティーガスが入っている唯一の写本である。一方では、テキストの大部分は*T*写本および*F*写本（*CSM* 84, 95および最後の補遺VII, IX）に複写されている。このことは、トレド写本*To*に収録されている資料は他の2つの写本にかなり広範囲にわたり再整理されたことを意味している。Monteagudo（2008: XIII）は、韻律および文体的見地から、さらに言語的見地から見ても、トレド写本は最良の版を示している、と述べている。4つの写本のなかであまり知られていないトレド写本*To*は、他の写本に比べて華麗なミニアチュールが描かれていないことが理由となり、復刻版を制作するにあたり魅力に乏しかったのであろう。

　ここにプロローグをあげておきたい。『カンティーガス・デ・サンタ・マリア』の編纂の意図がうかがえる。（*T*写本. f. 4葉裏v）

　Este é o prologo das cantigas de Santa Maria, ementando as cousas que á mester eno trobar.

　Porque trobar é cousa en que jaz/ entendimento, poren queno faz/ á-o d'aver e de razon assaz,/ per que entenda e sabia dizer/ o que entend'e de dizer lle praz,/ ca ben trobar assi s'á de ffazer.

　これは聖母マリアのカンティーガスの序詞です、諸事を述べながら詩作しなければならない。

　なぜなら詩作することは/理解する力があることである、/因って、詩作する人にはその理由がある、/理解できるように、かつ理解することと/歌えるようにするために表現して、/このように上手に詩作すれば成就するであろう。

　この旋律は、プロバンス風のCantigas de amor（男性が女性に贈る恋の歌）に相当するmestría（手本、指針）と呼ばれる気品高い韻律である（Filgueira Valverde 1985:8）。1連6行×7連の42行詩、各行11音節からなり最後の音節にアクセントがくる形式である。

トレド写本の復刻版と転写本には次のものがある。

1 Afonso X o Sabio: *Cantigas de Santa María*. Edición facsímile do Códice de Toledo (*To*), Biblioteca Nacional de Madrid (Ms. 10.069). Santiago de Compstela, Consello da Cultura Galega, 2008. 2ª ed.

2 Afonso X o Sabio: *Cantigas de Santa María*. Códice de Toledo (*To*), transcrición Martha E. Scharffer, edición ao coidado de Henrique Monteagudo. Santiago de Compodtela, Consello da Cultura Galega, 2010.

II. エスコリアル写本

　現在、歴史的遺産エル・エスコリアルのサン・ロレンソ修道院王立図書館Real Biblioteca del Monasterio de San Lorenzo de El Escorialには最も重要な2種類の『カンティーガス・デ・サンタ・マリア』写本が所蔵されている。

①リコ写本 *Códice Rico, T,* 分類記号RBMECat. Ms. T-I-1.

②音楽家写本 *Códice de los músicos, E,* 分類記号RBMECat. Ms. b-I-2.

　最近になり、RBD: Real Biblioteca Digitalのようにデジタル化がすすんだおかげで研究者が容易に利用できるようになった。ここにそれぞれの写本について記してみる。

① El Códice Rico *T* : リコ写本 *T*

　この写本は、芸術的な史料編纂の観点から美しい財産という意味でRico貴重なという名前が付けられた。

　アフォンソ十世は創案者となっている。詩の内容から判断すると年代的には1279年頃にセビーリャで制作着手された。彩色された羊皮紙にはミニアチュールとともにみごとにゴシック筆記体で詩が記されている。

　図書館資料からこの写本について記すと、発行はca. 1280~1284頃、体裁は羊皮紙490 × 326mm, 257葉からなる。最近の調査では485mmとあるように、若干詰められたようだ。羊皮紙には鉛筆で番号が書かれ、テキストは黒と青の2色ゴシック筆記体で書かれ、楽譜は赤色の五線譜に角形記譜法で音符がある。257葉の羊皮紙に200のカンティーガスとともに、1,264のミニアチュールが描かれている。それぞれの詩を物語るテーマのミニアチュールである。羊皮紙f.58葉bは欠損している。これはカンティーガ40番に相当する。201葉bは除去され、*E*写本b-I-2に再録されている。その他にも不備な部分もある。

　文頭の文字は植物の花形と翼をもったドラゴンを模っている。赤、青、緑、バラ色、黄色をつかい金箔のように見える。語頭の文字は青と赤が交互に使われ金銀線細工装飾、題辞とリフレインの文字は赤色で記されている。

　カンティーガス本文の使用言語はガリシア・ポルトガル語で韻文であり、2番〜25番は写本の下部にカスティーリャ語で散文化されている。この24のテキストは13世紀のカスティーリャ語を知る重要なものである。すべてのナレーションは〈Esta estoria es cómo...この物語は如何にして…〉で始まり、〈E por este milagro fizo esta cantigaそしてこの奇蹟から頌歌を作った〉で終わる形式をとっている。

　カンティーガ209番にE POSERON-LLE DE SUSO O LIVRO DAS CANTIGAS DE SANTA MARIA, E FOI GUARIDOと見えるように、*To*写本の100のカンティーガスの編纂が終わると、新たに200のカンティーガスを指示したことがわかる。これが*T*写本である。1279年頃にセビーリャで制作が始まった。さらに200のカンティーガスの詩作の準備に入った。それが*F*写本である。合計400篇のカンティーガスを企画していたが、アフォンソ十世は完成を見ることなく1284年にセビーリャで逝去。*T*写本と*F*写本で400のカンティーガスが完成するはずであった。一方では、別に並行して*E*写本の編纂がすすめられ

ていた。T写本に比べE写本は質素であるが、402篇のカンティーガ
スを書き記し完成した。これが音楽家写本である。聖画は少ないが、
音楽家のイメージを知ることに優先されている。

　T写本の次の挿絵図2のf.4葉裏vには、上部左側にアフォンソ十世
が描かれている。右手でカンティーガスのプロローグの最初の部分を
示し、左手には書類を持ち1段高いところに着席している。両側には
各3人ずつ床に座っている。1名は聖職者で、4名は信徒である。彼ら
のうち4名は白紙を示している。文書館に勤めるアフォンソ学派の写
字生であろう。この写本の彩色家ペドロ・ロレンツォ Pedro Lorenço,
画家ヨハン・ペレツ Johan Pérez, 書記生 Johannes Gundisalvi ヨハネス・
グンディサルビ（現代名ファン・ゴンサーレス Juan González）の名前が
あげられる。

図2　Códice Rico, T, RBME, Ms. T-I-1. f. 4v.

　この写本はアフォンソ十世の死去から王室の財産となり、14世紀に王室の財産として宝物庫に保管された。その後、1503年にセゴビアの王宮所蔵目録113番にこの写本が記載されている。1505年の目録にはArchivo General de Simancas シマンカス総合文書館に移管される。しばらくの間、この写本はセビーリャ大聖堂に帰属したものと考えられていたが、そのことを証明する書類が存在しなかった。そしてフェリッペ二世により1576年にエル・エスコリアル図書館に寄贈され、今日に至っている。そのタイトルは *Lengua portuguesa, de mano, en folio; Cánticos Milagros de Nuestra Señora con sus iluminaciones y canto, y un segundo ejemplar descrito como, Otras canticas de la misma manera.* 「彩色され、歌を伴う我が聖母の奇蹟の賛歌を羊皮紙にボルトガル語で認められた手稿本、第2の写本も同様の方法で認められた別の賛歌」である。このように2種類の写本がエル・エスコリアル図書館に寄贈されたことがわかる。1615年に遣欧使節支倉常長一行はフェリッペ三世にエル・エスコリアルで謁見していることから、この写本を閲覧してるかもしれない。

　復刻版として、次のようなエディションがある。

1 *Cantigas de Santa María de Don Alfonso el Sabio*. Ed. Cueto, Leopoldo Augusto de, Marqués de Valmar. Madrid, Real Academia Española, 1889, 2 vols. [reimpresión, Madrid: Real Academia Española, Caja de Madrid, 1990, 3 vols.].

2 Alfonso X El Sabio: *Cantigas de Santa María*. Ed. facsímil de Códice T.I.1.Madrid, Edilán, 1979. 2 vols.

3 *Cantigas de Santa María*: Códice Rico, Ms. T-I-1. Real Biblioteca del Monasterio de San Lorenzo de El Escorial / Alfonso X el Sabio, 1221-1284; dir. científica y coord. del Proyecto, Laura Fernández Fernández, Juan Carlos Ruiz Souza; ed. crítica, Elvira Fidalgo Francisco. Madrid: Patrimonio Nacional: Testimonio, 2011. 3 vols.

② Códice de los músicos *E*：音楽家写本*E*またの名はCódice Prínceps プリンセプス写本（価値ある初版本の意味）である。

エル・エスコリアル図書館の資料を見ると、創案者はAlfonso X, Rey de Castilla（1221-1284）、制作年代は1280年以降、羊皮紙361葉、404×274mmのサイズとある。この計測も1962年の資料では405×275mmから短くなっている。羊皮紙には鉛筆で番号が記され、テキストは2色で書かれているが、1部は単色または3色、空白のページもある。文頭の大文字は赤色で装飾し青く塗られている。語頭の文字は青と赤で交互に装飾されている。題辞とリフレインは赤を使っている。2段組み40行、417の詩が書かれているが、重複しているものもある。写本としては完璧なものである。写本はPrólogo das cantigas das cinco festas de Santa Maria聖母マリアの5つの祝日のプロローグから始まり、11のカンティーガスが続く。そのうち5つは祝日、6つはマリアを称賛するもので2つは重複している。目次に続きプロローグ、1

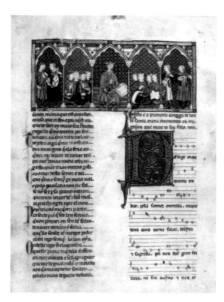

図3　Códices de los músicos *E*. RBMECat. Ms. b-I-2. f.29r.

から400のカンティーガスとなる。401番はpetiçon祈禱、402番は祈願である。

図3の羊皮紙29葉表rを見てみよう。上部2段を使って柱に支えられた5つのオジーブ様式のアーチが描かれたミニアチュールがある。中央にアフォンソ十世は王冠を被り、金の靴を履きマントを羽織る姿、右側に男性4人組、左側に女性4人組のコーラス、国王が手にしている羊皮紙に書かれた最初の詩を歌う準備をしている。Esta é a primeira cantiga de loor de Santa Maria, ementando os VII goyos que ouve de seu fillo.（これは聖母マリアを讃える最初のカンティーガです。マリアの子が受けた7つの喜びを思い出しながら。）両端のアーチのもとに古楽器ビオラ（フィドル）と弓と羽をもった2人×2の4人の宮廷楽士が見える。

右側は野菜をモチーフとした金と多色頭文字で飾られている。中央上部には国王と協力者が描かれている。2名の吟遊詩人がビオラを調律している。1人の書記生が片手にペンをもち、王様が口述する修正箇所を書き直している。その姿はカンティーガの一条のようである。左側にカンティーガのテキスト、右側に五線譜が記されている。さらに10篇の聖母マリアを賛歌するカンティーガスごとにミニアチュールがある。そのテーマにあわせた音楽と古楽器で演奏する音楽家の姿と楽器が描かれている。こうしたことから「音楽家の写本」と呼ばれる所以である。最後の羊皮紙361葉裏v.にはJohns Gundisalvi: Virgen bien Aventurada / sey de mi Remembrada（ヨハネス・グンディサルビ：とても勇敢な聖母マリア/我が回想とする）と見える。この人名は写字生である。なお、この写本には41のミニアチュールに44の古楽器が描かれている。ビザンチン、中央アジア、インド、中近東、北アフリカ、シチリア、英国、ヨーロッパ諸国で使用されていた楽器である。

復刻版および研究書にAnglès, Higini: *La música de las Cantigas de Santa María del Rey Alfonso El Sabio*: facsímil, transcripción y estudio crítico. Barcelona, Diptación Provincial, Biblioteca Central, 4 tomos, 1943,

1958, 1964がある。

　近年の研究に、Roberto Pla Sales: *Cantigas de Santa María, Alfonso X el Sabio. Nueva transcripción integral de su música según la métrica latina.* Madrid, Música Didáctica, 2001. 579pp. ロベルト・プラー・サーレス『カンティーガス・デ・サンタ・マリア、アルフォンソ十世。ラテン語の韻律によるその音楽の完全新記譜法』がある。日本人の中世音楽史家によると、リズムが限定的に解釈されている、さらに拍の数え方が違うという考えを伺った。アングレース版よりも研究が進み解釈の仕方が異なるようである。ロベルト・プラーは1958年にアンヘル・ラッサーロのガリシア語の詩「私にはないものがある」に曲をつけている。また、リスボン新大学のペドロ・フェレイラ Manuel Pedro Ferreira教授による「アンダルシア音楽とカンティーガス」2000をはじめとする『カンティーガス・デ・サンタ・マリアの記譜法』*A Notação das Cantigas de Santa Maria:* Edição Diplomática, Lisboa, CESEM, 2017の研究書がある。

　2021年夏のコンポステーラ音楽講習会において、ホセ・シエラ・ペレス José Sierra Pérezは «Las *Cantigas de Santa María* del Rey Trovador Alfonso X el Sabio»「トロバドールアルフォン十世賢王の聖母マリア頌歌集」について講演を行っている。

　追記：Cursos de Verano, Universidad Complutense de Madrid, San Lorenzo El Escorialマドリード・コンプルテンセ大学夏期講座がエル・エスコリアルで1999年から開催されている。2021年度は、Alfonso X, ocho siglos de actualidad, "Libros, mediadores y redes sociales en tiempos de Alfonso X（1221-2021）", アルフォンソ十世、注目の8世紀、「アルフォンソ十世の時代における書物、神と人の仲介者と社会組織」であった。現在の講座長Laura Fernández教授は *Cantigas de Santa María* 研究の第一人者である。

Ⅲ. フィレンツェ写本 *F* : Codice di Firenze *F*

　現在イタリアのフィレンツェ国立中央図書館所蔵 Biblioteca Nazionale Centrale di Firenze, 分類番号 Banco Rari, 20。図書館のカタログによると、1771年に国王の命でメディチ－ロタリンジャ・パラティナ・図書館 Mediceo-Lotaringia Palatina からマリャベッキ公共図書館 Magliabechiana に移管された。1864年にフィレンツェ国立中央図書館司書カルボネが示した蔵書目録には "I miracoli della Madonna. Codice portoghese in pergamena con gran numero di miniature parte delle quali non sono finite. Hanno dellos stile morisco"「マドンナの奇蹟。ポルトガル語で書かれた羊皮紙にかなりの数のミニアチュールがある未完成品。モーロ形式によるものがある」とある。このデータは1893年のアメリカのシカゴにおける国際図書館学会議のために出品する目的で刊行されたものである。その後、同図書館司書ロディ Lodi が記した1914-1916の目録には "Locres de S. Maria (Cantigas del Rey d. Alfonso el Sabio). En dialecto gallego. Ms. membr. sec. XV, con miniature"「聖母マリアの称賛 (アルフォンソ賢王のカンティーガス)。ガリシア方言による。ミニアチュールを伴う15世紀の写本」。1936年フィレンツェ国立中央図書館は Galleria degli Uffizi から現在の場所 Piazza dei Cavalleggeri に移転した。

　写本の体裁は羊皮紙131葉445×310mm (古い資料では450×314mm) であり、2段組44行に113のカンティーガスが書かれている。ミニアチュールは描かれているが未完成の部分もあり、五線譜は空白である。かつての研究では166葉に130のカンティーガスが用意されていたとされる。69葉bと103葉b. fは空欄である。

　この写本はアフォンソ十世が亡くなるまで、セビーリャ大聖堂文書館写字室で制作されていたが、国王が亡くなると稀覯書や写本は大聖堂宝物館に移された。その後、愛書家の手に渡ったものもあれば、

フェリッペ二世がエル・エスコリアル修道院に移管させたものもあった。そして、この写本は愛書家アルフォンソ・デ・シリセオ Alfonso de Siliceo の手に渡った。それを証明するのは、1674年にファン・ルーカス・コルテス Juan Lucas Cortés 図書館に入庫する際にセビーリャ出身の友人ニコラス・デ・アントニオ Nicolás de Antonio が記した書類による。1677年ディエゴ・オルティス・スーニガ Diego Ortiz Zúñiga は、ルーカス・コルテスが入手した1冊の写本をエスコリアル T 写本と一対をなすと判断した。スニーガは、コルテスの写本からカンティーガの 221, 256, 257, 292, 323, 324 の詩作を複写して、エスコリアル写本 T.I.1 と照合したところ、エスコリアル T 写本には記載されてないことを確認した。その後、ルーカス・コルテスが亡くなる知らせを1704年にモンデハール侯爵がもたらした。フィレンツェ写本のカンティーガ324番を複写して、エスコリアル写本 T と対比すると、T 写本には掲載されてないことが判明した。コルテスの死後、このフィレンツェ写本については、存在を確かめる重要な手掛かりは失われてしまった。

　こうした時代を経て、1887年スペイン人のメネンデス・イ・ペラーヨ Menéndez y Pelayo はイタリアのマリャベッキ図書館で、この写本を再発見した。写本は1771年にフィレンツェのパラティナ図書館にすでに存在していた。それは侯爵の寄贈によるものであった。その後、写本はアントニオ・マリャベッキ図書館に移管された後に、1866年にはパラティナ図書館の蔵書となり、1885年から旧フィレンツェ図書館に帰属している。

　しかし、エミリオ・テレザ Emilio Tereza やネッラ・アイタ Nella Aita などの研究者は、F 写本をルーカス・コルテスが所蔵していた写本かどうか疑心を持っていた。一方、ゲレーロ・ロビリョ Guerrero Lovillo は、写本がアフォンソ十世の贈答品としてスペインから出て、おそらくイタリアに到来したものだという結論をだした。しかし、17世紀末にはまだマドリードに存在していたという証拠がある。つまり、エ

ル・エスコリアルとフィレンツェの歴史を刻んだ2つの写本は、未完の王室の豪華な第1巻と第2巻であり、内容から判断するとフィレンツェ写本は第2巻を構成するものであった。両写本ともサイズとミニアチュールに関して同一の企画で進められた。一方、今日フィレンツェにある写本は、アフォンソ十世の遺言によりエスコリアルT写本とともにスペインに残るはずであったが、セビーリャ大聖堂からアルフォンソ・シリセオの手に渡り様々な曲折を経てルーカス・コルテスの手に渡り、さらにはイタリアに流失してしまった。

　愛書家シリセオの手に渡るにあたって、モントーヤMontoya教授は次のような仮説をたてた。第1の仮説は、生前アフォンソ十世はローマ法王との謁見の折に、この写本を贈り物とすることを約束した。第2の仮説は、フェリッペ二世は未完成の写本は価値がないものとみなし、彼の忠実な贖罪司祭のトレド大聖堂枢機卿のアルフォンソ・マルティーネス・シリセオAlfonso Martínez Siliceoに贈ったとする仮説がある。何れにせよ、後に愛書家のアルフォンソ・シリセオの手に渡った。

　近年の調査研究では、エリサ・ルイスElisa Ruizは2つの写本（エスコリアルT, フィレンツェF）は王室の財産となりサンチョ四世により取り戻され、アフォンソ十世の遺産目録に記載され、音楽家写本のみセビーリャ大聖堂に帰属しながら、フェリッペ二世はエル・エスコリアル図書館に移管することを提言した。こうして2つの写本は王室に残った。そしてイサベル女王が忠心の執事アンドレス・カブレラAndrés Cabreraに贈答した。そしてコルテス図書館、さらにスペインを離れてフィレンツェのメディチ－ロタリンジャ・パラティナ図書館に帰属していたが、1771年にマリャベッキ公共図書館に寄贈され、現在のフィレンツェ国立中央図書館蔵に至った。その後、忘れられていたこの写本はスペインの碩学メネンデス・イ・ペラーヨにより1877年に発見されアフォンソ十世が編纂したカンティーガスの一部

であることが判明した。それはエスコリアルT写本の補完的なもので
あるとされる。近年の研究でエスコリアルT写本とフィレンツェF写
本の2巻を"Códices de las Historias"「物語の写本」と呼んでいる。

　それでは、この写本の6葉右側を見てみよう。右上部にユリの花形
の蔵書印がある。フィレンツェを特徴づけるシンボルであり、メディ
チ家図書館の印章である。おそらくPalazzo Pittiピッティ宮殿にもた
らされたものであろう。フロントページ1葉右に押された蔵書印と同
一である。宮殿で再装幀された1760年2月初旬に捺印されたものであ
る。この1葉から興味深い事実が窺える。下部の4分の1が切り取ら
れていることである。根拠のない憶測であるが、普通、最初のページ
には蔵書印があったと思われる。

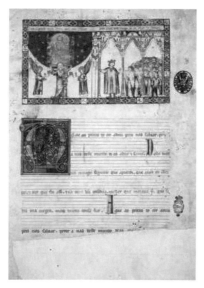

図4　フィレンツェ写本F. b.-r.-20. f.6.r.

　切り取られた部分には、最初の蔵書印、この場合は図書館であろう
と思われるが、その印が消され、後に切り取られたと想像する。この
写本のミニアチュールは1273年から1284年の間に描かれていた。メ

ディチ・ロタリンジャ家の財産として、1763年から1765年にかけて
制作された目録がある。

　1765年にはピッティ宮殿は開放され、研究者たちが入室できるよ
うになったが制限がもうけられた。1771年、パラティナ図書館の写
本や稀覯本はマリャベッキ図書館に移管されることになり、マリャ
ベッキ図書館の蔵書とメディチ・ロタリンジャ図書館の蔵書は一緒に
なった。新たにパラティナ中央図書館となり、その後フィレンツェ国
立中央図書館の開館に至った。フィレンツェ写本は、こうした数奇な
運命を辿った紆余曲折を経た写本と言える。

　しかしながら、1つの疑問が残る。羊皮紙の欄外にLの文字が存在
することである。この文字は、ラウレンツィア図書館Biblioteca
Laurenzianaに移管するにあたって記された印ではないかと考える学
者もいる。ラウレンツィア図書館に移管する書物を選択するにあたり、
稀覯本の歴史的遺産を考慮し、図書館の所有となる印をつけた。司教
座参事会員Bandiniバンディーニの書簡がその経緯を物語っている。
「私はラウレンツィア図書館で6月21日に図書の移動に立ち会った。
Lの文字を符丁とし記した（1783年の記録）」。こうした事実からフィ
レンツェ写本はラウレンツィア図書館へ移ったことが証明される。こ
の切り取られた部分にL形の十字架が記されていたのであろう。そし
てバンディーニが記した写本のタイトルはMiracoli di un'immagine
della Madonna con Laudes（称賛をともなう聖母のイメージの奇蹟）で
あった。1771年6月22日にピッティ宮殿からマリャベッキ図書館に
写本は移された。

　復刻版に次のものがある。

1 *Cantigas de Santa Maria*: edición facsimile del códice B.R. 20 de la
　　Biblioteca Nazionale Centrale de Florencia, siglo XIII, Madrid, Edilán, 1989.

2 *El códice de Florencia de Alfonso X, el Sabio*. Ms. B. R. 20 de la

Biblioteca Nazionale Centrale marco histórico y texto por Agutín Santiago Luque, las illustraciones por María Victoria Chico Picaza y Ana Dominguez Rodríguez, la música por Agustín Santiago Luque, con un apéndice por Jordi Reguant, Madrid, Edilán, 1991.

3 *O Códice de Florencia das Cantigas de Santa Maria*（B.R. 20）. Transcrición paleográfica. Elvira Fidalgo Francisco, Antonio Fernández Guiadanes. Santiago de Compostela, Centro Ramón Piñeiro para a Investigación en Humanidades, Xunta de Galicia, 2019.

Ⅳ. 写本の作者とコンポステーラ学派の写字生たち

　聖母マリアの奇蹟を認めた作者としてアフォンソ十世をあげることはできるが、*General e Grand Estoria*, Libro XVI, cap. XIII『大世界史』16巻、13章 に el Rey faze un libro, non por que él escriba con sus manos, mas porque compone las razones dél, e las emienda, et yegua, e endersça, e muestra la manera de cómo se deben fazer, desi escribrlas qui él manda, pero dezimos por esta razón que el Rey faze el libro. にあるように、国王は本を作るが、自分の手によってではなく、王の意志を創り上げていく過程で、訂正、整理、修正しながら、如何にして本を作るべきか、その方法を示し、王が命ずる人に詩作させるが、こうした理由から王が本を作ると言える、ということである。国王は「軍隊の人」であると同時に「文学の人」である。

　アフォンソ十世自身が『カンティーガス・デ・サンタ・マリア』の作者であるが、むしろコーディネーターまたは編集者と言うことができる。実務担当者にフランシスコ会修道士ファン・ヒル・デ・サモーラ Juan Gil de Zamora（c.1241 - c.1318）を任命した。アフォンソ十世は自分の子供サンチョ四世Sancho Ⅳ の教育係にサモーラを託したこと

から、聖母マリアを讃えるために相応しい奇蹟を収集してカンティー
ガスを作曲させたと考える。国王の動機について言及すると、このこ
とばrazones（理由・動機）の意味するところは、それぞれの詩を構成す
る奇蹟がどのようなものか協力者たちに示し、カンティーガスに先立
つまえに短い散文のテキストにして概略の一種を国王は構想した。そ
してアフォンソ学派は、国王の創意を見事に羊皮紙に実行した。*CSM*,
Prólogo B, 18-22行に ... e por aquest'eu/ quero seer oy mais seu trobador,/ e
rogolle que me queira por seu/ Trobador e que queira meu trobar/ reçeber, ca
per el quer'eu mostrar dos miragres que ela fez; ...（したがって、我は今日
から聖母の吟遊詩人になり、我を吟遊詩人として望むことを聖母に懇願し、
我が詩作を受け入れることを願う、なぜならば、聖母が成す奇蹟を我は神
に示したい…）（転写はMettmann 1986: 55）のようにアフォンソ王自身が
吟遊詩人（トロバドール）であることを強調している。このテキスト
中で、アフォンソ十世は一人称単数形eu「我」で作者を宣言してい
ることが読み取れる。さらに24-25行にquerrei-me leixar de trobar des i/
por outra dona,（今からほかの貴婦人のために私は詩作するのをやめたい）。
聖母マリアの愛は唯一の真実かつ恒久的なものであると論じながら、
アフォンソ十世はプロバンスの吟遊詩人として詩作することを、謳っ
ている。それはEl Rey faze un libro ...（国王は1冊の本を作る…）に窺う
ことができる。カンティーガ300番にe por ela vou trobar, ... meus
cantares e meus sões e razões e tenções que por ela vou fillar;（聖母マリア
のために我は詩作する、…我が詩と我が音を、聖母マリアのために我が作
り上げる理由と心構えである）からアフォンソ十世の真意を測ることが
できる。アフォンソ王は文学の人であることから、孫のポルトガルの
ディニシュ一世Dinis IにCantigas de amor（男性が女性に贈る恋歌）が引
き継がれた。

　すでに、トレドには翻訳学派の専門家たちが存在していたことから、
アフォンソ十世はカンティーガスを仕上げるためにコンポステーラ学

派をたちあげ、セミナリオのような組織をつくり協力者を配置した。第1期は1260年から1269年、第2期は1269年以降1274年から77年であろう。ファン・ヒル・デ・サモーラ Juan Gil de Zamora、ベルナルド・デ・ブリウエガ Bernardo de Brihuega、そしてコンポステーラの聖職者で著名な吟遊詩人アイラス・ヌーネス Airas Nunes、トレド出身の聖職者ゴメス・ガルシーア Gómez García がいた。その証拠にエスコリアル E 写本のカンティーガ223番の欄外に Airas Nunes の名前が記されている。Mettmann（1986: 20）は、文体、韻律などの下書きから判断すると、カンティーガスの多くの部分は同一者の手によるものに違いないとしている。この場合は Airas Nunes だと推測するが、と疑問を投げかけている。一方、ほかの部分はさまざまな作者によるものであろう。イタリアジェノバ出身の Bonifacio Calvo ボニファーチョ・カルボ、フランスアキテーヌ出身の Guiraut Riquier ギロー・リキエなどの吟遊詩人がいた。さらに、自叙伝風の特徴をもつカンティーガスは国王自身の手になるとしている。さらにエスコリアル E 写本の羊皮紙番号361葉裏 v に Johns Gundisalvi ヨハネス・グンディサルビの写字生の名前もうかがうことができる。トレド写本は4名の異なる写字生によるとされているが、テキスト全般から判断して1人の写字生により転写されたとする見解もある。

　エスコリアル写本 T-I-1. f.83葉表 r のミニアチュールを見ると、カンティーガ56番のシーンは1人の修道士が書棚のそばで豪華な椅子に座り聖母マリアへの賛歌を認めている。この僧はアフォンソ十世が語るのを聴いて、ほとんど理解できないのかもしれない。別のミニアチュールでは、エスコリアル写本 T-I-1, 212葉表 r カンティーガ156番を見ると、1人の聖職者が書見台の上で聖母マリア賛歌を書きながら忙しくしている姿が見える。奇妙なことにこの絵は Victrix fortunae pacientia D. Andres（忍耐は運命の知恵　ドン・アンドレス）と読める文言を巻物に書いているようだ。明らかに、この記載は写本に書かれて

いる人物を呼び起こさせるものである。

　一方、カンティーガ375番は、セビーリャでアフォンソ王の文書室に勤務するBonamic Zavilaボナミック・ザビラという名の書記生の馬を聖母マリアが如何にして治したかの話がある。

　カンティーガ377番ではPedro Lourençoペドロ・ロウレンツォのことについて触れている箇所がある：Os livros de Santa Maria/ pintava ben e agina,/ assi que muitos outros/ de saber pintar vençiaとあるように、聖母マリアの本を上手に素早く描き、このようにほかの本も描く術を持ち完成した。

　このようにエスコリアルE写本の写字生たちは、361葉裏vで示すように合計417のカンティーガスを筆記したのちに、Virgen ben aventurada, sey de mi remembrada: Johns Gundisalvi（とても勇敢な聖母マリア、我が思い出を記す、ヨハン・グンディサルビ）と署名している。このほかにJohan Pérezヨハン（ファン）・ペレツは王室画家で1261年セビーリャ大聖堂前に住んでいた。

　さらに興味深いことはGeneral Estoria IV parte『大世界史』4部に"Este libro fué acabado en la era de mil e trezientos e diziocho años. En este año, yo, Martín Pérez de Maqueda, escrivano de los libros del muy noble rey don Alfonso, ecriví este libro con otros mis escrivanos que tenía por su mandado".（この本は1318年に完成した。この年、私、マルティン・ペレス・デ・マケダ、高貴なアルフォンソ王の書物の書記生であり、王の命令により別の我が書記生とともにこの本を書き上げた。）とある。

　こうしてアフォンソ学派の写字生と画家の6名の名前をあげることができる。1ドン・アンドレス、ミニアチュールCSM 156番に署名あり。2ペドロ・ロレンツォ、聖母マリアの本の画家。3ボナミック・ザビラ、セビーリャで王室の書記生。4ファン・ゴンサーレス、エスコリアル写本b.I.2に署名あり。5マルティン・ペレス・デ・マケダ、General Estoriaのバチカン写本に携わった。6ヨハン・ペレツ、セ

ビーリャの画家。

　これらの6名は代表であるが、さらに彼らの下には多くの写字生がいた。6名のうち4名はスペイン風に改名して、3名は明らかにアフォンソ王の写本作成に従事したことが証明されている。アンドレスもスペイン人であろう。一方、ボナミックはプロバンス人の名前であろう。抒情詩人のあいだでは頻繁に現れる名前である。さらにユダヤ人の存在もミニアチュールから確認できる。

　最後に、『カンティーガス・デ・サンタ・マリア』の作成に携わった1人のガリシア出身の貴族で優れたセグレル Segrel（カンティーガスを詩作したり歌ったりする吟遊詩人）をあげておきたい。ジョアン・アイラス Johan Ayres（Joan Airas）de Santiago である。彼の詩 Cantigas de amigo（女性から男性に贈る恋の詩）の1番をあげる。サンティアゴ・デ・コンポステーラから赴任してトレドにあるアフォンソ王の宮廷で執務する恋人への思いを詠んでいる。

　A meu amigo mandad'enviei;/ a Toled', amiga, por boa fe,/ e muy ben creo que ia coel e;/ en quantos dias podera chegar/ aqui de Toledo quen ben andar. （わが愛する人に文を送りました、/トレドへ、恋人は、好意から、/もう貴男のもとに届くと思います、/まもなく文は届くでしょう/トレドからの返事をここでお待ちしております。）

　Joan Airas で思い出に残る場所がある。現代ガリシア語ではショアン Xoan と書くが、サンティアゴ・デ・コンポステーラの旧市街に詩人の名前を冠したパブがあった。かつて詩人が住んでいた辺りかと思われる。開店は夜の10時、閉店は早朝の4時であったか。店は1階と地下1階があり、地下にはピアノが置いてあった。飲んで騒ぐところではない。ガリシアの現代の詩人や作家たちが夜な夜な集まり、文学談義をするところのようだ。1990年代に友人に誘われ連れて行かれたのが最初だった。当時の私は難しい詩や小説の話をすることは、

ちょっと苦手であったが、雰囲気的には中世の吟遊詩人になったつもりで語ったような記憶がある。

　次の図5は写字室での執務中の様子を現すミニアチュールである。*Libro de los juegos*（遊戯の本）Ms. T-I-6, RBME, fol. 1葉裏vにある。3名が座り書見台で作業中である。1名は聖職者であり対座している。黒い僧服で頭巾を被っていることからフランシスコ会士であろう。セビーリャの宮廷の文書館において1280年頃の作成で、フィレンツェ写本と同時期のものである。中央の人物は片手にコンパスを使い、羽ペンで罫線をトレースしているように見える。2人の人物は、羽ペンとスクレーパーをもつ写字生であろう。斜机に羊皮紙を2葉置いて、最終段階の写字の準備をしている。用紙の違いが見られるが、それは文字かミニアチュールによるものである。この編集中の様子は『カンティーガス・デ・サンタ・マリア』のプロローグを認めたアフォンソ王自身を連想させる。

図5　Ms. T-I-6, RBME, fol. 1 v.

　左上部に次のように題辞が窺える en las casas e buscar algunas mane / ras de iuegos con que hayan plazer / e se conorten e no esten bardios（家々では、いろいろ遊びの方法を探している、楽しみと慰めのために、空しくならな

いように）とカスティーリャ語で認められている。ミニアチュールの下段 E por ende nos don Alffonso por la gracia ...（従って、アルフォンソ王により我々は恩寵を賜る）で始まる1節と2節の件は、*CSM*の題辞Aと同意で、カスティーリャ語で記されている。さらに進むと「ガリシア」の表記にGallizia [gaʎidzia]（ガリヂィア）という記載がある。

おわりに：多彩な写本を読むにあたって

まずトレド写本*To*の題目Intitulatio Aを見てみよう。写本はゴシック筆記体gótica librariaで認められているが、標準フォントにはこの書体がないため、もっとも近いUnifraktur Maguntiaであらわす。

Don afonsso de Castela / de Toledo de Leon/ Rey. e ben des copossttl'a / ta o reyno d'aragõ / De Cordoua de Jahen / de Seuilla outrossi / τ de Murça u gran bẽ / lle fez deus com apndi ...

転写すると、次のようである。

Don Afonsso de Castela, / de Toledo, de Leon / Rey. e ben des Conpostela / ta o reyno d'Aragon, / De Cordoua, de Jahen, de Seuilla outrossi, / e de Murça, u gran ben / lle fez deus, com' aprendi,

（アフォンソ閣下は、カスティーリャ、トレド、レオンの王であり、また同様にコンポステーラからアラゴンの王国まで治め、コルドバ、ハエン、セビーリャさらにムルシアをも、その地は朕が知識を得たように神が大いなる善行をもたらした、）

1）写本を解読するにあたり、その基準および規範について記しておきたい。

参考書目は次の2点である。

As Cantigas de Loor de Santa María. Coordinadora, Elvira Fidalgo. Centro Ramón Piñeiro para a Investigacións en Humanidades. Santiago de Compostela, Xunta de Galicia, 2004.

Ramón Lorenzo: «Normas para a edición de textos medievais galegos», *Actes du XVIIIᵉ Congrès International de Linguistique et de Philologie Romanes, Université de Trèves*, 1986, Max Niemeyer Verlag, Tübingen, 1988. Vol VI, 76-85.

1. 神、聖母、守護聖人の御名は大文字である：

Deus, Virgen, Madre=Virxe, Padre=Deus, Fillo=Xesucristo, Virgen と Madre=Santa María.

一方、小文字でvirxeは聖母マリアの処女性の具体的状況を仄めかし、madreは母であることを示す。同様に小文字で表すものにfilla娘, criada召使, avogada守護聖人。小文字でsennorは男女同形（=meu sennor我が主, mia sennor我が愛する女性）。とくにMaríaを言及する。

大文字でSennorはDeusに与ることもある。Sennor das sennores *CSM* 10（Señora de valía有能な女性, Señora de piedade信心の女性, Señora das señoras貴婦人のなかの貴婦人の意味がある）。

所有形容詞NostroはSennorを大文字で（Nostro Sennor我が主）を伴う。

代名詞で大文字ElはDeusまたはXesúsを示し, ElaはMaríaを表す。慣用句としてSanta Eigreja教区大聖堂は大文字を使用する。

2. 省略形の解釈

・-9＝声調記号9は数字の9のような形で語末または語中で使われ-os /-usを表す：de9= Deus神, cant9= cantos歌, b9car= buscar探す。

・9-＝語頭で使われる声調記号。con-を表す：9ñoc̄ = connocer知る。

・ɔ＝コの字の形の補助句読点comを表す：ɔpanneira = companneira仲間, ɔprida = comprida完全な、いっぱいの。

・q̄（qの上部に結音記号⁻）= que: aq̄ste= aqueste この, q̄ro = quero私は望

む, q̄n= quen 誰、人。

· qⁱ (q の右肩に結音記号 i) = qui: qⁱs = quis 各々。

· q̄nto/a,- s = quanto/a, -s するかぎりの、いくつ。

· q̄ndo = quando する時、いつ。

· q̄ (q の上部に結音記号 ¯ さらに斜線/) = quan するかぎりの: q̄do =quando する時, q̄to =quanto するかぎりの、いくつ。

· ʃ̄ (ʃ の上部に結音記号 ¯ さらに斜線/) = ser: ʃ̄uir = servir 仕える, quiʃ̄= quiser 望む。

· p̱ (p の下部に結音記号) = per: p̱a= pera のために、方へ, p̱deremos = perderemos 私たちは失うだろう。

· pʳ (p の右肩に結音記号 ʳ) = por ために、よって。

· p̄ (p の上部に結音記号 ¯ さらに斜線/) = pro ために: p̄uado = provado 試した, p̄l = prol 有益。

· ¯ 上部に短い線の結音記号は a, e, en, ar, ra, er, re, or を表す。この記号は一般に省略・縮約・鼻音性を示す。salūr = salvar 救う, pousād = pousada 宿, m̄llores = mellores 良い, ḡrra = guerra 戦争, m̄tir = mentir 欺く, ḡrdar = guardar 守る, ḡnde = grande 大きい, mest̄ = mester 必要, p̄z = prez 価値, p̄ = por よって、ために, p̄n = pran 平らな。

· アポストロフィ ' は e, er, re, ir, ri を表す: saud'= saude 健康, u'tude = vertude 徳, pad' = padre 父, u'gen = virgen 聖母, c'ado = criado 召使。

· その他の省略を表す結音記号: nr̄o = nostro 我らの, sc̄a = santa 聖なる, iesu xp̄ = Iesucristo, Xesucristo イエス・キリスト。

3. 語の結合と分離

a) 結合の場合: 前置詞 en~ に + 定冠詞 o > enno, en+o > eno, con~ と +tigo 君 > contigo, toda+via > todavia あらゆる方法で、常に。次のような場合 por én, poren, porende だから、したがって、des i その時から、のように分離している場合と結合している場合がある。前置詞 con+ 定冠詞 o, a は con o, con a であり、表記上分離しているが音声的には同

化する。

b) 弱形代名詞の位置：foio deitar 彼を倒しに行った, querovos demostar お前たちに示したい, devesmosla 私たちにそれをすべきだ, のように動詞に後接（encliticas）する。中間接辞（mesoclise）の場合は、代名詞は主動詞に結合し、助動詞と分離する：prazerm' ia 私を喜ばせようとした, ficarll' ia 彼を残そうとした, servila an 聖母に仕えよう、である。

c) アポストロフィ（'）をつけて同化：poi' lo couseces（< pois o couseces）だからそれを調べよ。

d) 定冠詞の前で、-r, -s で終わる動詞の形態があるときは、ハイフン（-）を使用する：veer fazer os errados > veer faze-los errados 過ちを犯すのが分かる、fazes o peor > faze-lo peor 最悪の事をする、dizes o seu ben > dize-lo seu ben 幸福を歌う。

e) 削除については、アポストロフィをつける：noss' avogada（nossa avogada）我が守護聖人、d' alegria（da alegria）喜びを、quer' eu（quero eu）私は望む。

f) 縮約形の場合は、いかなる記号もつけない：doutros bẽes（de+outros）他人の財産、da entrada（de a entrada）入り口から、do dia（de o dia）日中の、nas pallas（en as palls）藁のなかで、na grade（en a grade）面会所に、dela（des a）その。

4. 鼻音の表し方

　音節末または語末に内破鼻子音を表す母音の上部にティル（~）の記号が置かれている時、母音+n によって表される：matē = manten 維持する, 養う, ēmentar = enmentar 言及する, 引用する、tīta = tinta インク、cōfortada = confortada 強くした, 慰めた、iūtar = juntar 繋ぐ, 集める。語末の鼻子音の表し方には文字 -n, -m が使われる。Lorenzo（1988）参照。

　両唇閉鎖音 /p/, /b/ の前では m が使われるが、この2つの無声と有声閉鎖子音の前では鼻音の使用を表す問題点がある。このような場合は、

次のように解釈する：āpar = ampar 支え、enperadriz = emperadriz 皇后、女帝、conprida = comprida いっぱいの, 完全な。

鼻音の特性を表すティルが鼻母音を表現するとき、母音間の -n- の脱落という結果になる。このことは鼻音化が生じ、母音の上にティルが維持される：gãar 稼ぐ、bẽes 財産、virgĩidade 処女性。

ほかの場合は、内破音の位置と音節末、語末のときは -n を使用する：aureran = averan 〜存在した、cantando = cantando 歌いながら。

5. 書記素 i, y, j の場合。これらの書記素は同等のものと考えると、音節の核と同様に末端にあるとき、硬口蓋母音として表される。その音価を表すために常に i を使用する。文字 j は有声前部硬口蓋摩擦音となる：uju = viu 彼は見た、guya = guia 案内、muy = mui とても、y = i そして、yrado = irado 激怒した、amei = amei 私は愛した、contarej = contarei. 私は話そう。

6. 文字 u と v の場合。母音の音価としての u, 子音の音価としての v は、写本においては同価である：seu = seu その、muy = mui とても、uertude = vertude 徳、ceuada = cevada 大麦。

両唇音 b と唇歯音 v（u）の場合は、写本での使用に従って違いは維持された：uirgen = virgen 聖母、ualuera = valvera 〜の価値があった、aver = aver 〜がある、cobrar = cobrar 徴収する、receua = receva 受けとる（接続法現在形）、liuro = livro 本。Lorenzo（1985:95）によると、中世ガリシア語では、唇歯音 v は存在しなかったが、文字 b（両唇閉鎖音）と u または v（両唇摩擦音）の間の違いはあった。この違いは崩れ始め、混同を避けるために v に代わり b の使用が頻繁になった。写本では、両唇子音を表す方法として、E 写本と F 写本に違いが見られる：receua F; receba E, liuro F; libro E.

7. 異字体について

・異字体 δ と d の違い。δ= アンシャル字体の d は T 写本で母音の a, e, o が続くことが多い δeus 神, δona 婦人。直線の d は母音 i, e の前で使わ

れる : dizer 言う。

・異字体の直線型 r と丸形 ꝛ の違い。トレド写本では ꝛ は母音 o の後に使われ choꝛaffe 泣く, r は子音 b, ð, p の後に使われる : prenðeu 結合した。

8.　無声・有声軟口蓋閉鎖音の表し方

これらの音に ca-ga, que-gue, qui-gui, co-go, cu-gu の文字が使用した。すなわち、alcavela 血統、roga 懇願する、franqueza 寛大、roguemos 我らは懇願する , quite 決済がすんだ、guisa 方法、cousimento 判断力のある行動、amigo 友、culpados 罪がある、folgura 喜び。しかし、guarda 監視、guardar 見張る、quando いつ, するとき、quanto いくつの、quantas いくつの、の形態が維持された。単語のなかで文字は半母音（u）の発音に応じる。

ただし nunqua のような形態の場合は、2 つの文字 qu は半母音の発音を示すのではなく、おそらく表記上の過剰訂正であり、nunca 決して…でない、のように表記する。さらに mesqȳa 貧しい、哀れな、のような場合は、先行する母音の前に 2 番目の要素の qu の組み合わせのなかで消失を示し、結果的には qui となり mesquĩa となる。

9.　硬口蓋鼻音および側面音

硬口蓋側面音として書記素 ll を使用した。硬口蓋鼻音には nn、または省略形 ñ については硬口蓋側面音を表す二重字 nn が使われる。これはアフォンソ王の写字室による写本の特徴を示している。すなわち fillar = fillar 摑む、ollos = ollos 目、meninna = meninna 少女、puña = punna 努力、sañudo = sannudo 怒った。2 つの鼻子音が同じで連続する場合がある : enno（前置詞 en ＋定冠詞 o）, mantennos（manten ＋代名詞 nos, 私たちを支える）の発音は側面鼻音ではない。

10.　無声・有声前舌破裂音の表し方

無声破裂音については、現代の学者たちが示すように 13 世紀より摩擦音であった。無声前舌音は、母音 -e, -i, の前に c を使用し、母音

-a, -o, -uの前にはçを使用した。次のように表す: preçadas = preçadas
貴重な, 親愛なる、pareçer = parecer現れる、creçia = crecia成長, 増大。
有声前舌破裂音さらに摩擦音にはzを使用する: fazendas = fazendas事実、
lazerar = lazerar苦しむ。

11. 無声・有声舌尖摩擦音の表し方

母音間の位置では、有声-s-と無声-ss-を写本のなかでは区別するよ
うに正確に守られている。すなわち、assy = assiこのように、calasse
= calasse黙る、assaz = assaz十分に、mesura = mesura敬礼。

12. 有声前部硬口蓋摩擦音の表し方

有声前部硬口蓋摩擦音としてjの文字を取り入れた。当初は破擦音
であった。写本ではその音価に書記素iを表している。早くからiを
取り入れているが、具体的には13世紀からである。同様に文字gを使
用した。次のように確認できる: iaz = jaz横になる、virgen = virgen聖
母, 処女性、iesu = Jesuイエス・キリスト、priiō = prijon監獄、seiamos
= sejamos動詞seer~である接続法現在形、oge = oje今日。

13. 重子音について

母音間の-rr-, -ss-以外を除いて全ての重子音は削除された。第1に
単振動音を伴う音韻的対立、第2に有声舌尖摩擦音を考慮する: mill =
mil千の, ssa = sa所有詞女性形その, ffe = fe信仰, soffia = Sofia聖母ソ
フィア, peccador = pecador罪深い。しかし次の場合は削除しない:
fosse = fosse動詞seerの接続法過去形, corregen = corregen動詞orregir訂
正するの直説法現在形。子音の後のr, sの重複の場合は、単純化を優
先する: onrrados = onrados名誉ある、誠実な, canssada = cansada疲れた。

14. 語源的に反するhの削除

語源的にhを伴う形態の場合は、写本の形態が維持された。つまり、
書記素は写本の形態を維持し、hがない場合にも付加しない。次のよ
うである: hũa = ũa 1つの, ある、omēes = omēes男たち、home = home
人間, 男。

15. 教養語の場合

音価[f]に従い、fの二重音字phを記載する：propheta = profeta予言者、prophetizar =profetizar予言する。

16. 繋辞の接続詞

ティロ式 τ の記号に従い、頻繁に現れる書記素はeとして書き写している：ðe Seuilla outroʃʃi τ de Murça（*To*写本）。

17. アクセントの置き方について

現行のガリシア語の規則に従うが、区別符の用法によるティル（´）を使用する。次のようである：uos = vósお前たちは / vosお前たちを、e = e接続詞そして / éé動詞~である、a = a前置詞~へ / á動詞~がある、mais = mais接続詞しかし / máis副詞さらに、temera直説法大過去形 / temerá 直説法未来形。

18. 句読点、大文字、小文字

現行のガリシア語規則に従う。大文字と小文字の使用については、終止符の後と節の始め、固有名詞と呼び名は大文字を使用する。

2）『カンティーガス・デ・サンタ・マリア』の校訂版に現れる書記素（grafemas）について記す。

<>は書記素、/ /は音素、[ ]は音声表記。Larson（2019）および Mettmann（1972）を参考とした。

次にあげる44の書記素は中世ガリシア語で書かれた写本に現れる。

<a, ã, b, bh, c, ç, ch, d, e, ẽ, f, g, gu, h, i, ĩ, j, l, lh, ll, m, mh, n, nh, nn, ñ, o, õ, p, qu, r, rr, s, ss, sc, t, u, ũ, v, vh, x, y, ỹ, z>

1. 鼻母音 <ã, ẽ, ĩ, õ, ũ> 鼻音記号のティル~をつける：lãa「羊毛」、mão「手」、bẽes「善」、bõa「良い」、corõa「王位」、ũa不定冠詞女性形「ある、1つの」。トレド写本にはṽ（ũ）がある。

・鼻音の表記に、母音の上にティル￣を置く場合は内破鼻子音である。語末または語中で、母音+nを示す: matē = mante 保つ、ēmentar = enmentar 話に出す、tīta = tinta インク、iūtar = juntar 繋ぐ。

・両唇閉鎖音 /p/ と /b/ の前でティル￣が使われる場合は m を表す: āpar = ampar 庇護する、conpostela = Compostela コンポステーラ、conprida = comprida いっぱいの、完全な、sēnpre 常に（*To* 写本）= sempre.

2. <b>両唇閉鎖音と<v>唇歯摩擦音。音価は同じ。しかし、副詞の *ben* /'bɛn/ 「良い」、動詞の *ven* /'vɛn/ 「来る」は音韻的に対立する。Lorenzo（1985: 95）によると、中世ガリシア語では、唇歯音 v は存在しなかったが、文字 b（両唇閉鎖音）と u または v（両唇摩擦音）の間の当初の違いはあった。この違いは崩れ始め、混同を避けるために b の使用が頻繁になった。

3. <c>は軟口蓋母音または<a>の前では /k/ の音価をもつ。

como「〜のように」、*nunca*「決して…でない」。硬口蓋母音が続くときは<c>は無声破擦歯音となる /ts/: *cedo* ［ツェド］「すぐに」、*cinta* ［ツィンタ］「紐」。

セーコンセディーリャ <ç> も軟口蓋母音または<a>が続くとき: *cabeça* ［カベツァ］「頭」、*coraçon* ［コラツォン］「心」である。写本では<ç>は硬口蓋母音の前に現れる: *mereçi*,「値する」、*pareçer*「…のように見える」。

4. 二重字<ch>は無声硬口蓋歯茎破擦音 /tʃ/ となる。

例えば *achar* ［アチャール］「見つける」、*chus* ［チュス］「さらに」。

5. 母音<e>は現代ガリシア語と同じ。音素は閉音 /e/, 開音 /ɛ/ がある。*cea* /'tsea/ ［ツェア］「夕食」、*ceo* /'tsɛo/ ［ツェオ］「空」。

6. <g>は軟口蓋母音の前で /g/ の音価: *gato*「猫」、*amigo*「友」。

しかし<e>, <i>の前で有声硬口蓋歯茎破擦音 /dʒ/ となる: *gente* ［ジェンテ］「人々」、*fogir* ［フォジール］「逃げる」。

7. 二重字<gu>は、母音<a>の前では /gu/: *guardar*「保管する」、母音

<e>, <i>の前では有声軟口蓋閉鎖音/g/を表す：gu*isa* /ˈgiza/［ギザ］「方法」、*alguen* /alˈgɛn/「誰か」。

8.　書記素<h>は単一書記素と二重字<bh>, <mh>, <vh> = [bi], [mi], [vi]として現れる。写本では<h>は*veher*「見る」のように分立母音を示すために母音間で現れる。発音は[veˈɛr]となる。<h>は子音の後で<i>の意味で使われる：*sabha* [ˈsabia]「知る」

9.　書記素<i>は音素/i/と同価である。*vinho*「ワイン」。半母音異音としても表される。[i]: *mia vida* [miaˈvida]「我が人生」。

10.　<j>長い*i*は有声硬口蓋歯茎破擦音/dʒ/を表す。*já* [ヂャ]「すでに」、*oje* [オジェ]「今日」。写本では<j>は母音の<i>と同価となることが頻繁にある。*vijr* =*viir*「見る」。

11.　二重字の書記素<lh>, <ll> =/ʎ/であり、<nh>, <nn> =/ɲ/である。硬口蓋音である。しかし、不定冠詞と女性代名詞において<n> + <h>が連続する場合：*unha, algunha* などは軟口蓋鼻音である。現代ガリシア語ではunha [ˈuŋa]である。したがって、不定冠詞unha [ˈuŋa]［ウンガァ］「ある、1つの」と名詞uña [ˈuɲa]［ウニャ］「爪」を混同しないことである。

12.　書記素<o>は2つの音素/o/, /ɔ/がある：*amor*/aˈmor/「愛」、*cor*/ˈkɔr/「心」。

13.　二重字<qu>は、語頭で<a>の前では唇軟口蓋音である/kw/：関係詞のqu*al*. 一方、<e>, <i>の前では無声軟口蓋閉鎖音/k/である：関係詞のqu*en* /ˈkɛn/.

14.　書記素<r>は舌尖振動音/r/であり、二重字<rr>は多振動音/r/: *era* [ˈɛra]「時代」、*erra* [ˈɛrra]「誤る」。

15.　書記素<s>は語頭または子音の前後では歯擦音/s/であり、母音間では有声音[z]である。写本において重子音<ss>は語頭でも語中でも無声音[s]である：*falso* [ˈfalso]「偽り」、*casa* [ˈkaza]「家」、*fremosa* [freˈmoza]「美しい」、*posso* [ˈpɔso]「〜できる」。*CSM* 304, v23 outros oyos ardedores「他の燃える油」語末のsは母音間のsと同じく /z/ と発音。

　写本において連字<sc>, <sç>は硬口蓋母音の前で破擦音/ts/である。

16.　書記素<u>は、母音音素/u/ と同価である：*mu*a「ラバ」。書記素 <au>, <eu>, <ou>は半母音[u] を表す：*cou*sa ['kouza]「物事」、*comeu* [ko'meu]「食べた」。文字uとvは、<u>の書記素を使用する場合もある：liuro 本（*To*写本）= livro（*E*写本）, uirgen, uirgẽ 聖母（*To*写本）= virgen（*E*写本）。

17.　書記素<x>は無声硬口蓋歯擦音/ʃ/の音価がある：*dixe* /'diʃe/[ディシェ]「言った」、*peixe* /'pejʃe/[ペェィシェ]「魚」。

18.　書記素<y>は書記素<i>と同じ音価値で[i],[i]である：*vyvo*「住む」、*muyto*「たくさん」、写本では頻繁に現れる書記素である。

19.　書記素<z>は有声破擦歯音/dz/である：*dizer* /di'dzer/「言う」、*sazon*/sa'dzon/「成熟」。語末においては無声破擦音/ts/:*faz*['fats][ファツ]「～する」。

20.　特殊な文字

　　τ =ティロ式速記法の記号（接続詞そしてe, et）.

　　ſ=エセ・アルトまたは長いS.

　　σ =シグマ形のs. ς =西ゴートのゼット（z）.

21.　符号と記号について

・母音にティルを上部に伴うáのようなアクセント符号はプリカ plica と呼ぶ：séer（名詞）存在、máas悪い。2音節である。

・エスコリアルE写本にý（yの上部に分音符号´はyiを表す＝ï），これは ij, ji と区別するためである。

・鼻母音の記号ティル（~）と曲折アクセント（^）が使われる。

・省略記号（apóstrofo）の使用は、間違った考えを与えるのではなく、異なる性質の語を明示するためである：daver= d'aver（*CSM*, B）; ontras= ontr'as（*CSM, 6*）; Porende a Santa Ecritura= Porend' a Sant' Escritura（*CSM*, 6）。

　このようにアフォンソ学派のガリシア語の表記法は、伝統的な古い体系を示し、宮廷の文書室のカスティーリャ語に近い体系である。「アフォンソ式書記法」と呼んでいる。本質的に音韻論的体系である。硬口蓋側面音/ʎ/はllの文字を使用し、硬口蓋鼻音/ɲ/はnnの文字を使用している。これらの音素を表すために<ll>, <nn>の二重字を使用する特徴がある：milla「粉」、fillar「取る」、minna「私の」、meninna「女の子」。

　全体的によく管理され、語彙においては13世紀の豊かな教養語を示し、一方では、カステラニスモ（カスティーリャ語の影響）が散見される。

参考書目

写本

Biblioteca Nacional de España, Biblioteca Digital Hispánica, *Cantigas de Santa María* [Manuscrito]（Consulta na primavera, 2022）.

Patrimonio Nacional, Real Bibliota del Monasterio de San Lorenzo de El Escorial. Real Biblioteca Digital. *Las Cantigas de Santa María.*

[El Códice Rico]. [El Códice de los músicos],（Consulta na primavera, 2022）.

Istituto Centrale per il Catalogo Unico delle Biblioteche Italiane e per le informazione bibliografiche, Firenze, Biblioteca nazionale centrale di Firenze, Banco Rari, 20.（Consulta na primavera, 2022）.

研究書目

Afonso X o Sabio（1981）: *Cantigas de Santa María.* 2 tomos, Edición crítica de Walter Mettmann. Limiar de Ramón Lorenzo. Vigo : Edicións Xerais de Galicia.

Brea, Mercedes（2000）: «As Cantigas de Santa María», *Galicia: Literatura*, Vol.30. A Idade Media. A Coruña: Hércules, 316-361.

Brea, Mercedes e Lorenzo Gradín, Pilar（Eds.）（2021）: *Afonso X e Galicia.* Centro Ramón Piñeiro para a Investigación en Humanidades. Santiago de Compostela.

Capdepón, Paulino（2010-2011）:«La Música en la época de Alfonso X el Sabio: las Cabtigas de Santa María», *Alcanate* VII, 181-214.

Consello da Cultura Galega（2021）: *Afonso X e Galicia.* Santiago de Compostela.

Fernández Fernández, Laura (2005) :«Historia florentina del Códice de las *Cantigas de Santa María*, Ms. B. R. 20, de la Biblioteca Palatina a la Nazionale Centrale», *Reales Sitios* 164, 18-29.

Fernández Fernández, Laura (2008-2009) :«Cantigas de Santa Maria: fortuna de sus manuscritos«», *Alcanate* VI, 323-348.

Fernández Fernández, Laura (2010) :«Libros de axedrez, dados e tablas», *Libros de los Juegos de Ajedrez, Dados y Tablas de Alfonso X el Sabio. Scriptorium.* Madrid: Universidad Compultense, 69-116.

Fernández Fernández, Laura (2011) :«Este livro, com'achei, fez á onr'e á loor da Virgen Santa Maria», El Proyecto de las Cantigas de Santa María, en el marco del escritorio regio. Estado de la cuestión y nuevas reflexiones. Alfonso X el Sabio (1221-1284), *Las Cantigas de Santa María.* Vol. II *Códice Rico, Ms. T-I-1* Real Biblioteca del Monasterio de San Lorenzo de El Escorial. Colección Scriptorium, Madrid, 39-78.

Fernández Fernández, Laura (2012-2013) :«Los manuscritos de las Cantigas de Santa María: definición material de un proyecto regio», *Alcanate* VII, 81-117.

Fidalgo, Elvira (2002) : *As Cantigas de Santa María.* Vigo: Xerais.

Fidalgo, Elvira (2012-2013) :«La gestación de las *Cantigas de Santa María* en el contexto de la escuela poética gallego-portuguesa», *Alcanate* VIII, 17-42.

Fidalgo, Elvira, ed. (2020) : *Alfonso X el Sabio: cronista y protagonista de su tiempo.* San Millán de la Cogolla, Cilengua.

Filgueira Valverde, Xosé (1980) : *Afonso X e Galicia.* A Cruña: Real Academia Galega.

Filgueira Valverde, José (1985) : *Cantigas de Santa María.* Madrid: Castalia.

Lancini, Giulia e Tavani, Giuseppe (2000) : *Dicionário da literatura medieval galega e portugusa.* Lisboa: Caminha. 2a. edição.

Larson, Pär (2019) : *A lingua das Cantigas. Gramática do galego-portugués.* Tradución e adaptación ao galego Mariña Arbor Aldea.Vigo: Galaxia.

Lorenzo, Ramón (1979) :«A lingua das *Cantigas»*, en ed. fac del Códice T.I.1. Madrid: Edilán. Vol.II, 267-268.

Lorenzo, Ramón (1984) : «Limiar» en *Afonso X, o Sabio, Cantigas de Santa Maria.* Editadas por Walter Mettmann. Vigo: Edicións Xerais de Galicia.

Lorenzo, Ramón (1985) : *Crónica Troiana.* A Coruña, Fundación Barrié de la Maza.

Lorenzo, Ramón (2000) : «A lingua das *Cantigas»*, Congreso da lingua medieval galego-portuguesa na Rede. Santiago de Compostela: Vieiros.

Martínez, Jota (2022) : *Instrumentarium musical alfonsí.* Documentación, estudio, reconstrucción y praxis de los instrumentos musicales representados en la obra de Alfonso X. Valencia, Armand Llàcer.

Martínez-López, Ramón (1963) : *General Estoria,* version gallega del siglo XIV. Edición, introducción lingüística, Universidad de Oviedo.

Menéndez Pidal, Gonzalo (1962) :«Los manuscritos de las Cantigas: Cómo se elaboró la miniatura alfonsí», *Boletín de la Academia de la Historia.* Tom. 150. 25-51.

Mettmann, Walter（1986,1988,1989）: *Alfonso X, el Sabio, Cantigas de Santa María*, I. II. III. Madrid: Castalia.

Mettmann, Walter（1972）: *Glossário das Cantigas de Santa Maria*. Vol. 4, Coimbra.

Monteagudo, Henrique（2021）: «Afonso o Sabio na lírica trobadoresca galego-portuguesa: da historia literatura á política cultural», *Galicia no tempo de Afonso X*. Santiago de Compostela, Consello da Cultura Galega, 379-411.

Montoya, Jesús（1988）: *Alfonso X el Sabio, Cantigas*. Madrid: Catedra.

Montoya Martínez, Jesús（1991）: *O cancioneiro marial de Afonso X, o Sabio*. Universidade de Santiago de Compostela.

Sánchez Ameijeiras, Rocío（2002）:«Imaxes e teoría da imaxe nas *Cantigas de Santa María*», *As Cantigas de Santa María*. Vigo: Xerais, 265-330.

Teles, Aléxia（2006）:«Análise do *"Glossário"* das *Cantigas de Santa Maria* elaborado por *Walter Mettmann*», Universidade Federal de Minas Gerais. *Revista de Estudos da Linguagem* 14（1）, 51-68.

第二章
『聖母マリア頌歌集』の内容

浅香武和

はじめに

　本章では、『カンティーガス・デ・サンタ・マリア』のテーマと舞台となった場所について考えてみたい。カンティーガスの制作目的は、聖母マリアを讃えることは明らかであり、それはmaravillas（驚嘆、不思議）という語に現れ、神がマリアのなかでつくり、マリアによって実現されるものである。E写本カンティーガ40番（To写本30番）で、はっきりと気づくように、次のように祈っている。

　Esta é de loor de Santa María/ das *maravillas* que Deus fez por ela.
（これは聖母マリアの称讃の話です、神がマリアに代わり成した奇蹟からなる。）

　同様に、E写本カンティーガ309番のリフレインにうかがえる。

　Non deven por *maravilla* tẽer en querer Deus Padre/ mostra mui grandes *miragres* pola bẽeita sa Madre.
（天の父、神が抱こうとすることを偶然にしてはならない、聖なる母により大いなる奇蹟を与えられるから。）

　このレフレインは、特に2つの要素を強調している。1つは聖マリアの介入により説明できる不可思議な事実をmaravillaという語により知らされている。2つめはmiragre（奇蹟）とmaravilla（驚嘆）のあいだ

に関連があることである。

　次にmiragresという語について考えると、中世のテキストでは、人間の心理に打ち込まれている1つの要求である。

　カンティーガ37番のリフレインには明確に現れている。

Miragres fremosos/ faz por nos Santa Maria/ e *maravillosos*.

（聖母マリアは私たちに立派な奇蹟と驚くべきことをなさる。）

　さらに6行目から7行目に

Fremosos miragres fez que en Deus creamos,/ e *maravillosos*, porque o mais temamos.

（私たちが神の存在を信じるように立派な奇蹟と驚くべきことをなされる、我々が一番恐れるからです。）

　すなわち、神の力はmiragreのなかにmaravillaを合理化している。頌歌集のなかであつかわれている奇蹟はさまざまである。もっとも多いのは治癒である。その奇蹟について、次に分類したい。

Ⅰ．Montoyaからの分類

　『カンティーガス・デ・サンタ・マリア』の内容を分析するために、次の文献を参考にする。

　Jesús Montoya Martínez:*Las colecciones de milagros de la Virgen en la Edad Media*. Universidad de Granada, 1981, pp. 120-123.

1）賛歌のための頌歌。マリアの生涯と不可思議からマリアを賛歌する。（数字はカンティーガの番号）

　カンティーガ1番から409番のなかで10詩ごとに記されている。10, 20, 30 , 40, 50, 60, 70, 80, 90, 100 ... 400, 409.

2）マリアを讃える奇蹟

a. マリアの信者を救援する 7, 14, 15, 27.

b. 救出

悩みからの救い 82, 109, 123.

虜囚生活からの救い 83, 85, 95.

海や河での危険からの救い 33, 36, 86, 112.

死からの救い 4, 22, 89, 107.

盗難の危機からの救い 102.

モーロ人の危機からの救い 8, 165, 181, 229.

偽りの非難をまえにしての救い 341, 369.

c. 防御：城の防御 185. 教会の防御 229. 修道院の防御 113.

d. 病気からの救い 41, 53, 54, 91.

聖マルシアル火災からの治癒 81.

ハンセン病からの救い 93.

恐水病からの救い 223, 275.

手足が不自由な人への救い 116, 179, 189.

耳が不自由な人への救い 69, 101, 234.

目が見えない人への救い 92, 126, 129, 146.

足が不自由な人への救い 37, 127, 134.

片腕しかない人への救い 206, 265.

口の病気の人への救い 283, 357.

喉の病気の人への救い 322, 324, 346.

像皮病の人への救い 367.

e. 人生復帰の救い 11, 118, 122, 168.

f. 悲しみ苦しむ人への慰め 5, 17, 23, 62.

g. 罪からの逃避 13, 45, 65, 151, 152, 199.

3）キリスト教徒の美徳を称讃する奇蹟

　a. 聖母マリアへの献身と礼拝 2, 32, 66, 103.

　b. 慈善の美徳 145, 198. 和解 68, 207. 貞節 132, 137. 貧困 75.
　　宗教的生活（断食、禁欲生活、俗界からの脱出 88, 125, 285.）

　c. 祈り 6, 8, 21, 24, 56.

　d. 悔悛 3, 26, 96, 98.

4）悪と罪を咎める奇蹟

　冒瀆 72, 153. 神聖冒瀆 12, 34. 神聖愚弄 293. 神聖の盗み 302, 318. 神聖を汚す死 19. 盗み 57, 157, 379. 無関心 163, 238. 不信心 61, 149. 偶像崇拝 108, 196, 407. 迷信 104, 115.

　侮辱 286. 偽証 239, 292. 不履行契約 18, 31. 自慢と傲慢 79. 好色と軽薄な愛 18, 58, 64.

5）修道院または聖マリア教会のために有利な奇蹟 304, 328, 356, 358.

6）動物の人格化 52, 147, 211. 物品と肖像の活気づけ 9, 25, 39, 46. 神を見抜く力，夢または幻のなかに聖母マリアの出現 206, 216, 292.

7）聖母マリアの祝日のための頌歌 403, 410~422 のすべて。

8）キリスト教信仰の主なる奇蹟を称讃する頌歌

　神の創造 423. キリストの誕生 424. キリストの復活 425. キリストの昇天 426. 教会への精霊の到達 427. プロローグ A, B. エピローグ 401, 402, 406.

II. Filgueira Valverde の分類

フィルゲイラ・バルベルデは自著のなかで、Montoya（1981）とは異なる分析をしている。Xosé Filgueira Valverde: *Cantigas de Santa María*. Introducción, versión castellana y comentario. Editorial Castalia, Madrid, 1985, pp. LX- LXIII.

カンティーガのそれぞれは、順番に羊皮紙に書かれたものではなく、いろいろなテーマにコントラストを出しながら、別々に書かれたものを写本として集成したものである。最初の100番までは普遍的なテーマを扱い同一性をもたらしているが、それ以降は、イベリア半島に存在する同種のテーマに合わせて、写字生の好みが優先して自叙伝的になっている。他方、中世のテーマを編集する中で、Gil de Zamora（1241 – c.1318）ヒル・デ・サモーラが行った収集の意図を見出すことができる。それは Johannes Gobius: *Scala coeli*（1476）『天国の階段』にある。または、聖母の4つの要素、すなわち、火、土、水、空気についての現実化される奇蹟を収集した観念的な要素が含まれている。別の見地から見ると、abc順による奇蹟が考えられる。最後には、バルベルデはカンティーガスのテーマ別分類に独自の提案をしている。それは次のようである。

1. プロローグ、終章、賛歌、聖日

1.1 プロローグA, B, 終章401, 402.

1.2 称讃のカンティーガ, 1, 10, 10~400までの10の倍数のカンティーガス、403（7つの悲しみ）, 409.

1.3 五月祭 406.

1.4 5つの祝日のカンティーガス 410, 411, 412, 413, 414, 415, 417, 418, 419, 421, 422.

1.5　わが主の祝日のカンティーガス 423, 424, 425, 426, 427.

2. 霊魂の存在

2.1　疑惑の立証と来世の前兆 103, 149, 153, 297, 365.

2.2　聖体の奇蹟104, 128, 149, 208.

2.3　改宗 306, 335, 397.

2.4　悔悛と生活の変化 55, 48, 59, 94, 132, 285.

2.5　宗教的生活からの脱退と復帰 55, 58, 59, 94, 132, 285.

3. 悪魔からの解放と悪魔にたいする聖母の力

3.1　悪魔との交際と約束 3,115, 125, 281, 407.

3.2　悪魔つき 67, 192, 298, 343.

3.3　悪魔とその描写 74, 219.

3.4　襲撃と誘惑 47, 82 216, 254, 284, cfr.26, 72, 109, 197, 397.

3.5　死の時において 109, 119, 123, 182.

4. 肉体と物質的存在

4.1　人の復活 6, 11, 21, 26, 43, 45, 76, 84, 96, 111, 118, 133, 167, 168, 197, 224, 269, 311, 323, 331, 334, 347, 381.

4.2　動物の復活 178.

4.3　治癒

4.3.1 耳が不自由な人と啞者 69, 101, 234, 262, 324.

4.3.2 盲人 92, 138, 247, 278, 314, 338, 362.

4.3.3 手足のきかない人77, 166, 179, 218, 249, 263, 268, 289, 327, 333, 357, 385, 391.

4.3.4 聖マルテリウスの火災とハンセン病 53, 81, 91, 93, 134.

4.3.5 狂犬病, 恐水病 223, 275, 319, 372, 393.

4.3.6 負傷者, 傷痍者 22, 37, 105, 114, 126, 129, 146, 156, 177, 206, 265.

5.3 信者と理解者への聖母からの褒美 2, 4, 8, 14, 16, 24, 32, 49, 56, 62, 64, 71, 73, 87, 116, 121, 135, 141, 188, 196, 237, 246, 253, 274, 288, 296, 384, cfr.156, 388.

5.4 処 罰 と 容 赦 19, 35, 57, 61, 72, 98, 108, 117, 127, 154, 157, 163, 164, 174, 199, 217, 238, 244, 286, 317, 318, 326, 329, 379, 392, 396, cfr.127, 302, 316.

6. **自叙伝と家族** 97, 122, 142, 169, 209, 221, 235, 256, 276, 279, 292, 295, 299, 328, 345, 348, 349（387）, 354, 361, 366, 367, 375, 376, 377, 382, 386, 388, cfr.324.

Ⅲ. 奇蹟が起こった場所

J. Montoya: *O cancioneiro marial de Afonso X, o Sabio*. Biblioteca de Divulgación, Serie Galicia 6, Universidade de Santiago de Compostela. Cap. Ⅵ.を参考にカンティーガスに現れた神聖な場所について示したい。

　聖母マリア学の研究者たちが聖地を選択する時に、巡礼路の聖地を考慮しているように、聖母マリアの恩恵と奇蹟は、地域の伝説や吟遊詩人の語りによるところが大きいと考えられる。（ ）はカンティーガスに現れる地名表記。

1. イベリア半島の聖地

1 サンティアゴ・デ・コンポステーラ Santiago de Compostela（San James, San James de Conpostela, San Jaymes）26, 175.

2 サント・ドミンゴ・デ・ラ・カルサーダ Santo Domingo de la Calzada, La Rioja（San Domingo）204.

3 モンセラット Montserrat, Cataluña（Montsarrt）48, 52.

4 ウエルタ・デ・サラス Huerta de Salas, Huesca, Aragón（Santa Maria de Salas）43, 44, 109, 166, 167.

5 ビリャシルガ Villasirga, Villalcázar, Palencia（Vila-Sirga）31, 227.

6 カストロヘリス Almazán de Castrojeriz, Burgos（Castroxeriz）242, 249, 252, 266.

7 トゥディア（Tudia, Todia）. Sierra Morena, Badajoz, Extremadura 325, 329.

8 サンタ・マリア・デル・プエルト Santa María del Puerto（Santa Maria do Porto）Cádiz, Andalucía 328, 369, 386.

9 サンタ・マリア・デ・レオン Santa María de León（Leão）332.

10 アルソン・デ・ラ・アリハカ Arzón de la Arrijaca de Murcia（Arreixaca de Murça）169.

11 サンタ・マリア・デル・ビソ Santa María del Viso（do Viso）, Redondela, Pontevedra 352.

12 サント・ドミンゴ・デ・シロス Santo Domingo de Silos, Burgos 233, 366.

13 オーニャ Oña（Onna）, Burgos 7, 221.

14 シュダー・ロドリーゴ Ciuadad Rodrigo,（Cidad-Rodrigo）225.

15 ポルトガル：ファロ Faro 183, ギマラインス Guimarães 238, サンタレン Santarem 237, エボラ Évora 322, テレナ Terena 197, 223, 283, 319. エストゥレモシュ Estremoz 223, 346.

　この分類は奇蹟についてカンティーガスのなかで特別な意味を持っている。ガリシアにおいて舞台設定された物語は、それを実証する証拠は僅かである。Xosé Filgueira Valverde : *Afonso X e Galicia*. Unha escolma de cantigas, Real Academia Galega, A Cruña, 1980による と、ガリシアでアフォンソ賢王が示そうとしている愛着のある場所は少ないとしている。とくにサンティアゴ・デ・コンポステーラにおいては、

法王グレゴリオ十世により命じられた大司教Gonçalo Gomes ゴンツァロ・ゴメスの理解が必要であったとされる。

2. フランスの聖地

　11世紀から13世紀にはサンティアゴ巡礼路の交差点プエンテ・ラ・レイナ Puente la Reinaはスペインのナバーラ州にあり、ヨーロッパの4本の巡礼路が交わる場所である。ここにおいて起こるさまざまな事実が奇蹟に結びつくと思われる。

　フランスの聖地をあげると、次のような場所がある。

　ロカマドゥール Rocamadour（Rocamador）8, 22, 147, 153, 157, 158, 159, 175, 214, 217, 267, 343. ル・ピュイ・アン・ヴレ Le Puy en Velay（Poi, Poy）172, 262. モン・サン=ミシェル Mont Saint-Michel（San Miguel, San Miguel de Tomba）39, 86. トゥールーズ Toulouse（Tolosa）78, 158, 175, 195, 208, 253. クラニー Cluny（Cunnegro）156. カオール Cahor（Caorce）343. ブリアンソ Briançon（Briançon, Berieyçon）146. シャルトル Chartres（Chartes, Charthes, Chartres）10, 13, 24, 117, 148, 362, 379. ソワソン Soissons（Seixons, Seison, Saxon, Sosonna, Sansonna）49, 53, 61, 81, 91, 101, 106. モンプリエ Montpellier（Monpisler）63, 98, 235, 256, 318. ラオン Laon = Lyon（Leon do Rodão, Leon do Rodan, See de Leon）35, 255, 362などがあげられる。111のSenaはパリを流れる Seine河である。

3. イタリの聖地

　イタリアを舞台にしているカンティーガスの聖地は21の場所がある。カンティーガ5, 17, 67, 206, 309はローマRomaを舞台にしている。その聖地のひとつはサンタ・マリア・マッジョーレSanta Maria Maggiore（雪の聖母Madonna della Neve）である。73はトリノ（Clusa, Sagra di San Michele, Torino）のワインの話。307, 335はシチリア（Çeçilla, Cezilla）を舞台に設定している。307はエトナ Etona（Mongibel）火山爆発につい

て触れている。105, 132はピサ（Pisa），さらに219はシエナSiena（Sena, Toscana）を舞台にしている。

4. イギリスの聖地・カンタベリー Canterbury（Conturbel）82, 288, 296.

5. シリアの聖地・タルトゥス Tortosa（Siria, Tartus）165.

6. ガリシアの奇蹟と物語

　Filgueira Valverde（1980）が示しているように、ガリシアと関わるものは39の話にすぎない。アフォンソ十世が幼少期に美しいガリシアの地で過ごしたにもかかわらず、少ないように思える。

　バルベルデは、ガリシアの地における7つの奇蹟を取り上げている。そのうち2つは普遍的なもので、修道女ベアトゥリスの物語94と修道僧と小鳥の物語103がある。

　カンティーガスの360のテーマのうち、明確にガリシアに言及しているのは7つにすぎない。とくにガリシアに特定できるのは、サンティアゴ184、カンティーガ22はアルメンテェイラ、77はルーゴのオージョス・グランデス（Virxe dos Ollos Grandes, Lugo）の聖母と特定できる。104はカルダス・デ・レイス（Caldas de Reis, Pontevedra）である。ほかに304はリベーラのサンタ・マリア（Nosa Señora de Ribela, Xinzo de Limia），モンテのサンタ・マリア317（Castroverde, Triacastela, Guntín, Lugo）などがある。カンティーガ26は、使徒アポストルとマリアの関与を結びつけるサンティアゴ巡礼のテーマである。

　もっとも重要な場所の1つに、カンティーガ94の修道女ベアトゥリスの物語がある。この話は教会の宝物管理係の修道女が聖母の祭壇の上に鍵を置いて恋人と脱走したことで、ヨーロッパ全土に流布した物語となっている。舞台はサンティアゴのサンタ・クララ修道院 Convento de Santa Clara とされている。この修道院には、今でも伝わ

る伝説がある。それは結婚式の前日に新婦は13箇の卵を奉納すると、結婚式の当日は快晴になると言われている。また、カンティーガ103はポンテベドラ県アルメンテイラArmenteiraの修道僧の体験を謳っている美しい話として取り上げられている。修道僧は、ある日、果樹園に出かけて小鳥の声を聴きながらうっとりとして、教会に戻ると300年経っていたという話である。本書第四章「アルメンテイラの小鳥」で扱っている。さらにサンティアゴ巡礼の大いなる奇蹟として26, 175がある。コンポステーラへの聖地巡礼に向かう途中の出来事には218, 253, 268, 278がある。

　次にあげるミニアチュールは、T写本Cantiga 26で巡礼者が聖母マリアのご加護で蘇生した挿絵である。題辞6, 7は次のように記されて

T-I-1 folio 040 V.
Antoni Rossell : *AX-G, Afonso X e Galicia,* Catálogo da Exposición – Galego. Consello da Cultura Galega, Santiago de Compostela. 2021.

いる。Como Santiago o demo veneron a joízo ante Sancta Maria pola alma do romeu.（如何にしてヤコブと悪魔は巡礼者の魂を聖母マリアの前で裁いたか。）Como o romeu resugiu per mandato de Santa Maria.（如何にして巡礼者は聖母マリアの命により蘇生したか。）

第三章

『聖母マリア頌歌集』の
ミニアチュールについて

浅香武和

はじめに

　『カンティーガス・デ・サンタ・マリア』は本文、楽譜、ミニア
チュール（細密画）で構成され、すべてが調和を保って構成されてい
る写本である。*T*（Códice Rico）写本には、羊皮紙1葉490x326mmを6
等分した（8等分もある）55mmの枠内に6画が描かれ1,264の挿絵が
ある。*F*（Codice di Firenze）写本は632画のスペースが用意されていた
が、実際には497画しか描かれてない未完成である。工程の途中まで
の描きかけは34画、6区画に線引きしただけの空欄が101ある。羊皮
紙400葉に王自身を描いたものを含めて、合計2,400画が計画されて
いた。

　*T*写本のなかで、聖母マリアを讃える40, 50, 60, 70, 80, 90, 100, 110,
120, 130, 140, 150, 160, 170, 180, 190番にはミニアチュールは描かれて
いるが題辞は空欄。200番はミニアチュールも題辞も空欄。*F*写本210
番はミニアチュールと題辞は描かれている。

　写本のミニアチュールは13世紀の建築、家具、衣服などの様相を
映し出している。本章では、2つの写本に見るミニアチュールから当
時のヨーロッパ社会の日常生活の現実や人生を垣間見たい。

　美術史家のサンチェス・カントン Sánchez Cantón（1979:33）は、ミ

ニアチュールについて「誕生から死、洗礼盤から棺、宴会から戦い、狩猟から難船、女性を口説くことから犯罪としての強盗、薬局から要塞、額縁店から絞首台、教会の建築または絵画的装飾破壊の目的、モーロ人とユダヤ人、兵士と修道士と少年修道士、吟遊詩人と泥棒、農民と職人などイベリア半島の町や村や田園で働いたり、祈ったり、遊んだり、遍歴したりする多くの庶民が主人公になり、さまざまな人々をミニアチュールに熟練した絵師たちが聖母マリアの奇蹟についてのテクストに合わせて描いている。それはイベリア半島およびヨーロッパ世界で知られている人物、主人公または吟遊詩人が外国での奇譚の場所を伝えるものである。」と記している。

Ⅰ. 宮廷画家とミニアチュールのテーマ

こうしたミニアチュールを描いた絵師たちは、アフォンソ王のScriptorium 文書室で勤しんでいたのは明らかである。その1人に *CSM* 387=349 から判断すると Lourenzo ロウレンツォがいた。*CSM* 377: 8 行目に《... e os seus pintava ben e agin[n]a,》（上手に手際よく聖母マリアの本を描いていた）、とある。さらに51行目に《Quand'esto Pedro Lourenço viu, loores deu porende aa Virgen groriosa》（ペドロ・ロウレンツォがこれを見た時、こうして栄光なる聖母に称讚を与えた）、とあるように肖像画家ペドロ（ポルトガル人Pero）をあげることができる。

CSM 156 のミニアチュールには、Victrix fortunae pacientia D. Andres（忍耐は運命の知恵 ドン・アンドレス）のように画家 Andres のことに触れている。*CSM* 384には金、青、バラ色の3色で素晴らしい文字を飾った修道士について語っている。これは宮廷画家のヨハン・ペレツ Johan（Juan）Pérez という人物である。彼は *F* 写本の総括責任者で、セビーリャに 1261 年頃に住んでいたことが Solalinde（1918）から確かめ

られる。

　これらの画家のうち、ロウレンツォはアフォンソ十世とイベリア半島の各地を旅行しその彩色は庶民的、また修道院との関係を示す世俗的なリアリズム感がある。その例をあげてみると、*CSM* 133 は運河の傍のエルチェのヤシ並木、*CSM* 187 はポンテベドラのオーレオ（穀倉）、*CSM* 147 は羊小屋、*CSM* 128 は養蜂場、*CSM* 18 は不思議な養蚕の絵などがある。

　全般的に画家は農作業を鋭く観察している。職人たちの働く姿を表しているものに *CSM* 78 では石灰の炉、*CSM* 6 はガラスの炉、*CSM* 19 は角型の金床と金槌を生産する鍛冶屋の炉、*CSM* 148 はシャツの仕立屋、*CSM* 117 は洋裁師、*CSM* 152 は糸を紡ぐ女性、などが描かれている。

　図1のミニアチュールは *CSM* 187 のガリシアのオーレオ（穀倉）である。(Códice *T.* folio 245r.m.2. RBMECat. Ms. T-I-1)

　題　辞　は Como os mõges ſacharõ outro dia os orrios chẽos de muý bõo tigo.（如何にして修道士たちは先日とても良質の小麦で満載になった穀倉を見つけたか。）とある。

図1　Códice *T.* folio 245r. m.2.

　そして、画家自身が自分の仕事をしている姿を描いている肖像画もある。*CSM* 42 に描かれている建築中の挿絵からは、どのようにして城壁を築いているか分かる。さらに石を据えるために石灰と砂の入った手桶を持ち上げて使う工夫が描かれている。さまざまなシーンのなかには主役としての画家たちがいる。*CSM* 136 は染料を混ぜている見習い職工、*CSM* 74 は親方が壁の装飾をして高い梯子を上っている姿が見え、梯子の段に塗料の壺が見える。

　図2のミニアチュールは *CSM* 266（Códice *F.* folio 84r.）Castroxeriz カストロシェリス（現在スペインのブルゴス）において聖母マリア教会建設中の様子である。

図2　Códice *F.* f. 84r. B.R. 20

CSM 99 には丸天井に2人の聖人と聖母の2つの絵画がはっきりとわかる。CSM 34 には聖母と子のパネル画が見える。CSM 9 には通りに面したところに額縁店が描かれ、壁に吊るされた絵画がある。店の前では馬に乗った騎兵が聖母の絵を購入している。店を描いたミニアチュールはさらにあり、陳列棚の壺が描かれているものに CSM 87, 171, 108 などがある。図3のミニアチュールは CSM 108, T. folio 155v. m.1 題 辞 は Como Merlin razõava co-no judeu alfalqui en feito de Santa Maria. 如何にして司教メルリンは聖母マリアの真実についてユダヤ人イスラムの法学者と論じていたか。舞台はブルターニュである。

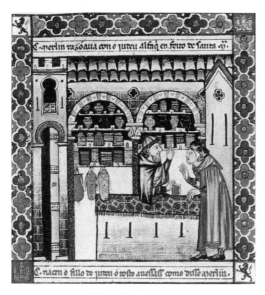

図3 *T*. f. 155v. m.1.

CSM 161 には硬貨を量るため秤を支える交換器とともに記章、首飾り、革紐の壺。CSM 25 にはユダヤ人の金貸し屋の店内には机の前と奥に櫃が見える。

交通手段についてみると、荷役用の家畜が目立っている。CSM 266 のミニアチュール1, 2や CSM 5 のハンセン病の伯爵を運ぶ台車、CSM

66

72には埋葬に運ぶ寝台がある。

　家財についてみると、もっとも多く現れるのが寝台である。図4は
CSM 67, *T*. f. 100r. m.1のミニアチュールは病院の4人部屋用寝台であり、
題辞はComo un home bõo fez un hespital e servia sempre -el e seus homes
-os pobres. 如何にして1人の善人は病院をつくり、つねに彼と部下た
ちはかわいそうな人たちに奉仕していたか。

図4　*T*. f. 100r.

　CSM 135, 42は新婚部屋の寝台、*CSM* 21は鉤字で飾った寝台。この型式のミニアチュールは日常生活のさまざまな模様を表している。例えば、寝台を描いた挿絵から裸で寝る健康的な人々の習慣を知ることができる。

　さらに *CSM* 157, f. 213r. m.1から台所の様子がわかる。題辞はComo unha moller furtou a farinha aos romeus que pousaron en sa casa. 如何にして1人の女性は宿泊した巡礼者から小麦粉をかすめ取ったか。

図5　*T*. 157, f. 213r. m.1

　CSM 6, 47から酒倉、*CSM* 132から王様の食卓や*CSM* 23からワインの試飲をする様子がわかる。

　図6のミニアチュールは女性がパンを作っている挿絵である。題辞はなし。*CSM* 258のタイトルはComo Santa Maria acreçentou a ũa bõa dona a massa que tinna pera pan fazer. 如何にして聖母マリアはパンをつくるために持っていた粉を1人の貴婦人に恵み与えたか。舞台はフランスのプロバンスである。

　教会の調度品と装飾に目を向けてみると、カンティーガスの大部分に現れる祭壇が見られる。美しい祭壇の正面掛け布、その上部には座った聖母の肖像画と2本の燭台がある。*CSM* 28には洗礼盤、*CSM* 118, 154には鐘楼、*CSM* 8には祭壇の前に蠟燭を支える梁がある。祭

図6 *F.* 87, m.3.B.R. 20.

壇用具は綿密に描かれ、*CSM* 66 は聖母がアルベルニア（フランスの
オーベルニュ）の大司教に授与する華麗なカズラ（上祭服）、*CSM* 115
は司式者のアルバ（白麻の長い祭服）とカズラを思いおこさせる。
CSM 189, *T.* f. 249r. m.6には聖体行列が描かれ、行列の正面に大ロウ
ソクを持った侍祭の間を十字架が進む。一方、十字架に追従する聖職
者たちは巡礼者の杖として突き棒と銀の杖を持っている。その題辞は
Como todo-los da eigreja loaron a Santa Maria con gran precisson. 如何にし
て教会のすべての人はとても正確に聖母マリアを讃えたか。

図7 *T.* f. 249r. m.6.

信者に授与される褒章についてはカンティーガスには描かれていないが、処罰と罪人の改宗のミニアチュールはある。さらに博徒（*CSM* 70, 93, 140）、酒飲みと好色家（*CSM* 114, 151）の悪習が表現されている。

奇蹟については、戦争の出来事（*CSM* 63, 51, 26, 181, 148, 165）が話題にされている。ミニアチュールの資料は武器、甲冑、戦車、野営、攻囲、遭退戦などの貴重な情報が示されている。

王自身が主役となる狩猟に関連する2つの不思議なことがある。*CSM* 44に、如何にして王は鷺に鷹を放ったかというように、鷹狩の技を知ることができ、この鷹狩の衣装として *CSM* 142, *T*. f. 198r. からライオンと城で装飾された四角帽を被る姿もうかがえる。

図8　*T*. f. 198r.

その他の娯楽として *CSM* 144, *T*. folio 200rに結婚記念日の闘牛、図9. *CSM* 42, *T*. f. 61v. m.2に棒を使った野球のような球技などがある。題辞はComo jogavan a pelota os mancebos en un prado. 如何にして若者たちは（mancebos）草地でボール遊びをしていたか。図9のミニアチュール m.3は愛の証として若者（donzel）が如何にして指輪を聖母

マリアにプレゼントしたか。M.4は若者が別の女性との結婚披露で、聖母マリアは彼を見捨てたか。M.5はベッドで夫婦が就寝中の挿絵で、如何にして聖母マリアは花婿を連れ去ったか。M.6は聖母マリアが花婿を隠修道に入れて、そこで健全な生活をさせたか。

　このようにカンティーガスの図像において注目する要素が多くある。

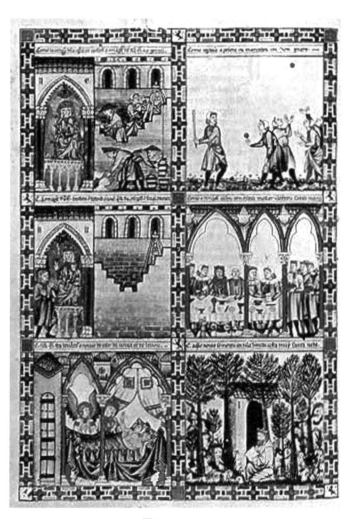

図9　*T*. f. 61v.

Ⅱ．福音にかなったイメージ

　次に福音にかなったイメージについて触れておきたい。Domínguez（1985）の研究から、聖母とキリストの生涯についての挿話を示したい。とくに聖母を讃えるカンティーガスに描かれた肖像である。それには必ず「王はトロバドール（吟遊詩人）」というイメージが重なり合っている。CSM 20, 70, 80 などのエッサイの木（キリストの系図）から始まる周期について観念論的にまとめてみる。

図10　CSM 20, T. f. 32v. m.1

　M.1 の題辞は Como loa el-rei a verga de Jess, que é Santa Maria. 如何にして王はダビデの父を称讃するか、それは聖母マリアである。M.2 は Como Santa Maria roga noit' e dia a seu fillo por nós. 如何にして聖母マリアは日夜我らのかわりにイエスに懇願するか。

　聖母マリアの誕生 CSM 80. 聖なる少女 CSM 90, 180. 受胎告知 CSM 1, 29, 30, 60, 140, 160, 180 . イエスの誕生 CSM 1, 80, 160. イエスに乳を与える聖母 CSM 26, 77, 110, 180. 司祭への告知 CSM 1. 両王の礼拝 CSM 1. 鞭打ち CSM 50. キリストが十字架に磔になるシーン CSM 50. 磔の刑 CSM 113, 140, 170, 190. 復活 CSM 1. 昇天 CSM 1. 聖霊降誕祭 CSM 1. マ

リアが使徒をエルサレムのシオン山で迎える絵 *CSM* 27. 聖母の戴冠 *CSM* 1. 妃としてのマリア *CSM* 180. 神への仲介者としてのマリア *CSM* 20, 30, 80, 140, 160, 190. 最期の審判でイエスを見つめる聖母 *CSM* 50. 母性を呼び起こす乳房を露にする聖母 *CSM* 80 がある。

　これらの福音にかなった図像は、当時のヨーロッパ芸術との関連性から完全に革新的なものであり、イタリアを経てビザンチン文化と関連する。さらに新たな宗教性に応えるものである。それはフランシスコ会主義に結びつけるもので、アフォンソ十世の協力者であるフランシスコ会士ファン・ヒル・デ・サモーラ Juan Gil de Zamora（ca.1241-ca.1318）を通じて宮廷に到来したと考える。芸術的見地からもアフォンソ十世の王室はさまざまな文化的影響がある出会いの場所であり、折衷主義と調和して融和した。とくに、イタリア、イスラム、ビザチン、フランスの文化が融合したものである。

Ⅲ．制作過程について

　Domínguez（1985）によると、このデッサンは総合芸術の目的として写本のコンセプトを求めた宝石箱である、と述べている。羊皮紙1葉に6画を認め、上部に物語の題辞を記すように構成されている。

　F 写本はアフォンソ王の死により制作が中断したが、かえってその過程が窺えると考えるので、制作過程を示してみる。

　第一段階　羊皮紙を書見台に画鋲でとめる。6つのミニアチュールを描くために6区画に分けて、それぞれの絵の境界を決めるためにインクでトレースして、境界にバラ花飾りと盾形模様を描く。

　第二段階　続いて、親方が鉛の芯で描く。この様子は *F* 写本 f. 75 r. に保存されている。シーンの構図を決める技術は、人物を描きながら空間を考慮に入れ絵の背景となるものをインクで描く。

図11　*F*. folio 60r. B.R. 20

　第三段階　風景、植栽、河、海などは後にまわす。この段階では、
人物だけに集中する。衣服と服装を着色することに取り掛かる。

　最終段階　親方が人間の顔と手を描く。この作業はチームとなり流
れ作業形式となる。親方が一度ミニアチュールの案をたてると、見習
い絵師は負担の少ない装飾の仕事をする。その後、熟練した絵師が建
物や風景を担当する。最後に塗師が人物の服装、そして親方が顔と手
を塗って作品が仕上がる。

　アフォンソ王の『カンティーガス・デ・サンタ・マリア』*T, F*写本
のミニアチュールは、独特な線描をもち宮廷芸術のお決まりのように、
これらのミニアチュールには君主の存在が確認される、と Domínguez

74

（1985）は記している。聖母マリアのトロバドールとしての王は個人
的に聖母マリアを信仰して、朗誦する姿が「聖母を称讃するカン
ティーガス」のミニアチュールからはかり知ることができる。

*

本章を執筆するにあたり、Mercedes Brea, "As Cantigas de Santa María",
Capítulo 6, en A Idade Media, Tomo LIV, *Heráldica, Xenealoxía e
Nobiliaria,* A Coruña, Hércules de Ediciones, 2000, págs. 354-356, 316（As
miniaturas）を参考にさせていただきました。学恩に感謝したい。

参考書目

Domínguez Rodríguez, Ana（1985）:"La miniatura del «scriptorium» alfonsí", *Estudios
alfonsíes. Lexicografía, lírica, estética y política el Sabio.* J. Mondéjar y J. Montoya
eds. Universidad de Granada, 1985, 127-161.

Domínguez Rodríguez, Ana（1998-1999）: "El arte de la construcción y otras técnicas
artísticas en la miniatura de Alfonso X el Sabio ", *Alcanate,* Revista de Estudios
Alfonsíes, 1, 59-84.

Menéndez Pidal, G.（1962）: "Los manuscritos de las Cantigas. Cómo se elaboró la
miniatura alfonsí", *Boletín de la Real Academia de la Historia,* 150, 25-51.

Sánchez Cantón, F. J.（1979）: "Tres ensayos sobre el arte en las Cantigas de Santa María
de Alfonso el Sabio", *El Museo de Pontevedra,* 33, 3-43.

Solalinde G., Antonio（1918）: «El códice florentino de las Cantigas y su relación con los
demás manuscritos», *Revista de Filología Española,* V, 143-179.

第四章

カンティーガ93 (*To*) と
アルメンテェイラの小鳥

浅香武和

はじめに

『カンティーガス・デ・サンタ・マリア』エル・エスコリアル*T*写本103番、トレド*To*写本93番はアルメンテェイラ修道院長聖人エロが鳥の歌を聴きながら、300年も生きながらえた奇蹟を詠ったものである。この章は、聖人エロの伝説をもとにしたアルメンテェイラの小鳥と修道院について記してみる。

I. カンティーガ93番 （トレド写本 *To*）

Afonso X, Rei de Castela: *Cantigas de Santa Maria* Afonso X O Sabio. segunda ed. facs. Santiago de Compostela: Consello da Cultura Galega, 2008. Reprod. facs. do Códice de Toledo. Biblioteca Nacional de Madrid. Ms. 10069.

羊皮紙[fol.119葉表r]. col.a. 266行から[fol.120葉裏v]. col.b.106行まで。Afonso X o Sabio, *Cantigas de Santa María*. Códice de Toledo. Transcrición: Martha E. Schaffer, Consello da Cultura Galega, Santiago de Compostela, 2010. を使用。（ / は行の終わり、// は節の終わりを示す。）

Esta. Lxxxxiii. e como sãta/ maria fez estar a o mõie tre-/ zẽntos anos ao cãto da passarỹa/ por que lli pidia que lli mos-/ trasse qual era o ben q*ue* auian/ os que eran en parayso

Quena uirgen ben/ seruira. a paraiso yra/ E daquest, un gran miragre/ uos quer, eu ora contar/ que fezo santa maria/ por un monge que rogar/ Il[],ia sẽnpre que lle mostrasse/ qual ben en parais, a/
Quena u*ir*gẽ bẽseruira/ a parayso yra
E que o uiss en sa uida/ ante que fosse morrer/ & porend a groriosa/ uedes que lle foi fazer/ fez lo entrar en vã orta/ en que muitas uezes ia/ Quena u*ir*gẽ bẽ seruira/ a paraiso yra

Entrara; mais aq*ue*l dia/ fez que va font achou/ mui crara & mui fremosa/ & cab[]ela s[]assentou/ & pois lauou mui bẽ sas mãos/ diss ai uirgen que sera/ Quena u*ir*gen bẽ seruira/ a parayso yra

Se uerrei do parayso/ o que ch[]eu muito pidi/ algũ pouco de seu uiço/ ante que saya daqui/ & q*ue* sabia do que bẽ obra/ que galardon aurea/ Quena u*ir*gẽ bẽ seruira/ a parayso yra

Tan toste que acabada/ ouu[]o mong a oraçon/ oyu hũa passarỹa/ cãtar log en tã bon sõ/ que[]s escaeceu seendo/ & catando senpr ala/ Quena u*ir*gẽ bẽ seruira/ a parayso yra

Atã gran sabor auia/ daq*ue*l cãt e daq*ue*l lais/ que grãdes treçẽtos anos/ esteuo assi ou mais/ coidãdo q*ue* nõ esteuera/ se non pouco com esta/ Quena u*ir*gẽ bẽ seruira/ a parayso yra

Mõg algũa uez no ano/ quando sal a o uergeu/ des[]i foiss a passarỹa/ de
q*ue* fui a[]el mui greu/ & disse oi mais yr me q*ue*ro/ ca oi mais comer
q*ue*rra/ Quena u*ir*gẽ bẽ seruira/ a parayso yra

O cõuẽt e foisse logo/ & achou ujn gran portal/ que nũnca uira. & disse/ ai
santa maria ual/ nõ est est o meu mõesteiro/ pois de mi que se fara/ Quena
u*ir*gẽ bẽ seruira/ a parayso yra

Des[]i entrou na ygreia/ & ouueron gran pauor/ os mõges quãdo o uirõ/ &
demandoull o prior/ dizẽd amigo uos q*ue*n sodes/ ou que buscades aca/
Quena u*ir*gẽ bẽ seruira/ a parayso yra

Diss el busco meu abade/ que agor aqui leixei/ & o prior & os frades/ de
que mi[]agora q*ui*tei/ q*ua*ndo fui a aquela orta/ v seen quen mio dira/
Quena u*ir*gẽ bẽ seruira/ a parayso yra

Quãd est oyu o abade/ teueo por de mal sen/ & outro si o conuento/ mais
des que souberõ bẽ/ de como fora este feito/ disseron quen oyra/ Quena
u*ir*gẽ bẽ seruira/ a parayso yra

Nũca tã gran marauilla/ como deus por este fez/ polo rogo de sa madre/
u*ir*gen santa de *gra*n prez/ & por aquesto a loemos/ mais q*ue*n na non
loara/ Quena u*ir*gẽ bẽ seruira/ a parayso yra

Mais dout*ra* cousa q*ue* seia/ ca par deus *gra*n dereit e/ pois quãto nos lle
pidimos/ nos da seu fill a[]la[]fe/ por ela. & aq*ui* nos mostra/ o que nos de
pois dara/ Quena u*ir*gẽ bẽ seruira/ a parayso yra

この93番は、如何にして聖母マリアが修道僧に300年もの間、小鳥の歌声を聴かせたかの話です。聖母マリアは、天国にいる人たちが持っている善行がどのようなものなのか僧に示すように請うたからです。

日本語訳は第十章頌歌103番参照。

左段上から6行目Estaからはじまる青色に彩色されたEから始まる6行paraysoまでがナレーション。その後Quena ...と続き角形記譜法による楽譜があり、写本119葉表rから120葉表rまで続く詩である。写本6行目青く塗られた文字Eから始まる266行から274行までを前ページ

図1　トレド写本 *To*, f.119葉表r Cantiga カンティーガ93番

に記した。エスコリアル（*T*）写本とトレド（*To*）写本は若干の差異が見
られる。*To*写本修正箇所：v.49行 escaceu > escaeceu, v.64行 e pois > pois

解説

　このカンティーガは自然界の一部を構成する典型的な物語である。
1人の修道僧が空の小鳥の歌を聴きながら300年を過ごした。3世紀が
一瞬のように過ぎ去る。時と永遠性の間のコントラストを示している。
音楽からもそのことが類推される。生存者と眠りから覚めた者たちの
なかにある天国への旅の物語からの影響を感じる。その伝説は、6世
紀ごろの東洋および西洋にある先例と、さまざまな場所があげられる。
　カンティーガスのなかでは、場所を特定化することはできないが、
この話は12世紀に遡る。13世紀にアフォンソ十世がその伝説を再録
したものである。イベリア半島での場所の特定化は難しいが、ガリシ
アのポンテベドラ県アルメンテイラとされる。エスコリアル*T*写本
のカンティーガ22番でもフランスのアルマンティエルの不死身の農
民の話があげられている。
　カンティーガスの物語に一貫して取られている技法は、教訓的な格
言の繰り返しである。*CSM* 93では、次のような句 Quena uirgẽ bẽ
seruira a parayso yra（聖母マリアさまに懸命に仕える者は、天国に行ける）
が、各節の終わりに繰り返されるリフレインであり、そして、新たに
物語が始まるロンド rodel（回旋曲）形式による。13回繰り返されるこ
とにより印象を強めている。
　音楽的には単旋律の異なるリズムで、さまざまなメロディーが採ら
れている。メロディーは、グレゴリオ風の独唱、大衆の抒情詩、吟遊
詩人の歌から採ったものを大部分はロンド形式になっている。
　音楽研究にはイジニ・アングレース Higini Anglès: *La música de las
Cantigas de Santa María del Rey Don Alfonso el Sabio*. 4 vols., Barcelona,
1943 -1964. の労作がある。近年 Roberto Pla Sales: *Cantigas de Santa*

María, Alfonso X el Sabio. Nueva transcripción integral de su música según la métrica latina. Madrid, Música Didáctica, 2001. 579頁. ロ ベ ル ト・プ ラ ー・サ ー レ ス『カンティーガス・デ・サンタ・マリア、アルフォン ソ十世。ラテン語の韻律によるその音楽の完全新記譜法』の研究書が 刊行された。

図2　*E*写本RBMEcat. b-I-2. f.112 v.

　曲中のシーンを描いた1面6画のミニアチュールの第3画には野菜 畑（果樹園）とロマネスク様式の教会の扉のアーチが描かれているの に対して、第4画にはゴシック様式の尖塔アーチが描かれ、花模様で 装飾された柱頭。柱頭上部には3裂柱、最も顕著な装飾は扉の上部に ある鐘である。中央部に薔薇形の装飾がある。こうしたゴジック様式 はフランボワイヤン様式と呼ばれる。ミニアチュールの第3画から第 4画への移行から判断して、300年の歳月の経過を物語っている。

図2　*T*写本 RBMEcat. T-I-1. f.148 v.m.3,4

　カンティーガ93番 (*To*) の話は、その後、多くの詩人たちに影響を
与えた。とくにガリシアでは20世紀初頭に、バリェ＝インクラン「伝
説の香り」、ラモーン・カバニージャス「アルメンテェイラの小鳥」
などの詩作が発表されている。このカンティーガは、ショセ・フィル
ゲイラ・バルベルデが1935年にマドリード・セントラル大学に提出
した学位論文『エスコリアル*T*写本カンティーガ103番。中世の物語
における時代と永遠なる聖母讃歌の観念』(サンティアゴ・デ・コンポス
テーラ大学出版会1936) により、とくにガリシアでは知られるように
なった。私は、フィルゲイラ教授と晩年に一度お会いして話したこと
がある。その時は、カンティーガの話ではなく、私がガリシア語を勉
強している旨を申し述べたに過ぎなかった。
　この話は写本により掲載番号が異なる。*To*写本93, *T*写本103, *E*写
本113である。*E*写本には CXIII (113) の隣に鉛筆で＝CIII (103) と記
されている。Mettmann (1986) にはこの記載がない。

語彙について

　トレド*To*写本43-44行目 Atã gran sabor auia | daq*u*el cãt, e daq*u*el lais,
のなかでに現れる lais について考えてみよう。

この語は、*CSM* 8.15, 8.17, 103.26番に使われている。Mettmannの語彙集にはプロバンス語cantiga「歌」と記されているだけである。さらに考察すると、García=Sabel Tormo ガルシア＝サベル・トルモ（1991）には「詩の技巧または詩の様式に関する男性名詞」とある。46行目にesteuo assi ou mais, とあるように、44行と46行の詩の終わりに使われlais, mais（mays）と韻律を合わせている。直接にケルト起源も考えられたが、オック語（プロバンス語）の詩による使用から広がったものであるとされている。こうして現代ガリシア語に文学的な技術用語として温存されている。厳密には、嘆くような詩を示して、ガリシア語に文学用語として広まり、さらに現代ガリシア語に「嘆き」または「苦痛」の意味でlaioという語が使われている。

II．聖人エロの伝説とアルメンテェイラ修道院

アフォンソ十世賢王は『カンティーガス・デ・サンタ・マリア』トレド写本 *To,* 93番のなかで、貴族のエロが体験した奇蹟を頌歌集に取り上げた。エロは、後にアルメンテェイラ修道院長になる。天国についての話をケルト周期300年の春に取り入れ、その伝説はブルターニュ、コーンウォール、ウェールズ、アイルランドそしてガリシアに伝えられた。アルメンテェイラの聖人エロの伝説は、ナバーラ州ビリラ修道院長や13世紀のドイツ人シトー会士ハイステルバッハの話とも関連する。西欧世界では文学的に大きな影響があり永遠の享楽がある神学的古典である。10世紀フランドル地方のアフリゲムのベネディクト派の修道院やフランスのパリの司教にも同様のことが起きている。

こうしたことからガリシアのアルメンテェイラ修道院では、聖人エロ祭と聖母マリアを称賛するカベサス（頭）の聖母巡礼祭も執り行われている。カベサスということからもわかるように、片頭痛と頭の痛

みを治癒する奇蹟の聖母として祀られている。

　アルメンテイラ修道院は、現在は天に聳えるほどの大聖堂があり、かつては質素な佇まいの中世に起源をもつシトー会の僧院であった。創建は1149年であり、貴族のエロ・アルメンタリス夫妻が、前ロマネスク様式の教会を活用して、男女共生の修道院を建てた。建設に当たり、アフォンソ六世とフェルナンド二世の両国王からの莫大な寄付金があった。1162年にシトー会に組み込まれた。シトー会は地域の農業開発に力を尽くし、1523年から1837年までローマ教皇庁のカスティーリャ聖省に併合された。その後は衰退。1963年にカルロス・デ・バリェ＝インクランが、アルメンテイラ修道院友の会を創設して、復興が始まった。1989年、ナバーラのアリョス修道会が修道院内に工芸品と典礼品の生産を始め、シトー会の生活を再興した。

　1990年からガリシア政府がさまざまな企画をつくり、修道院の整備をすすめた。私は、2014年から毎年夏に訪れラモーン・カバニージャスの「アルメンテイラの小鳥」の詩を口遊んでいる。聖堂の薔薇窓はみごとに復元され、別館には様々な工芸品も販売されている。特に無農薬ハーブの香りの石鹸は懐かしい匂いがしたので買い求めた。4ユーロだった。ここで日本の七草ならぬガリシアの7つのハーブをあげておこう。シェスタ（エニシダ）、ルイサ（ボウシュウボク）、フェント（シダ）、フイウンチョ（ウイキョウ）、ロメウ（ローズマリー）、マルバ（ウスベニアオイ）、サンシォアン（スイカズラ）である。なお修道院には、参拝者と巡礼者に宿泊を提供している。収容人数は25名、3食付きで1泊40ユーロ。日本の宿坊のようなものだ。1回の予約で3泊することが必須だ。最長1週間まで滞在できる。ミサに与かることは日課だ。修道院のメニューは精進料理だが、もう1つの愉しみは、トゥイのパラドールでTorta de Ero（エロのタルト）が味わえることだ。スポンジケーキとカカオ、ヒマワリなどを使ったデザートだ。トゥイを訪れたことはあるが、残念ながら知らなかった。次回の訪問

の際には、是非とも注文してみたい。もう1つこの伝説にちなんだアルバリーニョワイン San Ero「聖エロ」がある。謳い文句は「天国へ300年の旅をする、味わう人は幸せだ、その人たちは奇蹟を成し遂げる」とある。毎年8月の第1日曜日にはアルバリーニョワイン祭りがカンバードス市で開催される（2022年は70周年祭であった）。San Ero の生産本数は15,000限定のようだ。是非とも試飲してみたいものだ。300年の歳月を夢見心地で過ごせるかもしれない。

　アルメンテイラからバランテスまでの散歩コースは小川に沿った小1時間もの緑の中のウオーキングは実に快適だ。かつて、夏休みに訪れた時には、なんとスペインの元首相ラホイ氏と遭遇したことがあった。彼はポンテベドラ出身であるから、サルネース地域に詳しいのだろう。

　さて、聖人エロの話に戻ると、貴族のエロは、ある夜夢をみた。それは、聖母マリアが修道院を建立するよう彼に言った。エロ夫婦には子供がなかったので、最も大切なことは精神的に子孫を持つことだと理解して、自分の屋敷内に修道院をつくり自ら院長になることに決めた。院長は修道院の長い生活のなかで、天国とはどのようなものなのか、聖母マリアに見せてほしいと毎日熱心に祈願していた。ある日、近くの森を散歩していると、小鳥の歌声の虜となり、その鳴き声を黙想するために木の傍に座り、こうして300年が過ぎ去った。修道院に戻り、若い僧に訊ねると誰も彼のことを知らなかった。彼は事実を知ると、修道院の若い僧の足元ですぐに亡くなった。その後、エロは修道僧の仲間に再び迎え入れられ、聖人エロとなった。伝説はガリシアのほかの場所でも知られるようになった。そこで、アフォンソ十世が編纂中の聖母マリアの奇蹟を詠う『カンティーガス・デ・サンタ・マリア』のトレド写本93番に最初に、それからエスコリアル*T*写本103番に採録された。

Ⅲ．アルメンテイラの小鳥

　12世紀の聖人エロの伝説が、13世紀に『カンティーガス・デ・サンタ・マリア』に採録されることになった。その後、この伝説は忘れられていたが20世紀になりガリシア出身の作家バリェ＝インクランと詩人ラモーン・カバニージャスがこの伝説をよみがえらせてくれた。ここにカバニージャスが1912年にガリシア語で執筆した「アルメンテイラの小鳥」を取り上げてみたい。カバニージャスはアルメンテイラ修道院から歩いて数時間のカンバードスの地に生まれて、若い時に何度か訪れたことがあった。1912年3月文芸誌 *Suevia*, número 7『スエビア』7号に小話を発表している。全56行をあげる。

O paxaro de Armenteira

Ramón Cabanillas

1

Eu mesm'o lín no Libro dos Abades

do siñorial Mosteiro de Armenteira:

San Ero, o prior, deixóu durmind' os frades

unha fresca mañán de primaveira

e cavilando no mestéreo inxente

da Grórea, sempre leda e duradeira,

na mau levando un chusco de pan quente

metéuse na veciña carballeira.

Oíndo o canto d'un paxaro estivo

trescentos anos, — com'o lín o escribe, —

y-ó chegar ó mosteiro de retorno,

o novo monacal coro ademira

qu'o anaco de pan con que saíra

tres sigros antes ... ¡inda estaba morno!

2

Contáronmo a carón d'unha lareira

que non-o lín no Libro dos Abades:

Hay un sigro, e sinón ándalle á veira,

d'acordo a curia, — ¡iban ás mitades! —

roubaron uns larcháns, a mau armada,

o mosteiro, — qu' está nas socedades

do monte, antr'os piñeiros da valgada,

y-eran n-aquel entón ricos os frades, —

Mataron o prior y-o campaneiro

y-arramparon alhaxas e diñeiro ...

hastra que máis non coupo no refaixo!

Entrampallóu a curia o socedido,

veu, logo, a escraustación ... tempo perdido ...

o mosteiro. deserto, véuse abaixo!

3

Amontados en burros, ó pasiño,

por coñoscer as ruínas do mosteiro,

colléu un luns de Páscoas o camiño
a tola mocedá do meu rueiro.

Chegamos; y-ó xantar, ¡lembo inda o viño!
contei as lendas, y añadín sabía
qu'aquel qu'antre os carballos o fuciño
se astrevera a meter ... algo vería!

Naide o creyéu; mais unha costureira
y-un mozo foron ver á carballeira
e puxeron, á volta, o conto en craro.

Eu pregunteilles: *¿Qu'houbo d-esa xente?*
Pois,—dixeron,—nin frades nin pan quente
nin lardóns, pero... ¡vimos o paxaro!

4

Quedóu a cousa así. Si algúns surriron
os máis d-eles quedáronse calados;
e dimpois que, eu tamén, se adevertiron
bailando, hastra sair casqu'abafados,

pasiño á paso, o mesmo que denantes
nos burros, — e nas burras,— amontados,
póndose o sol chegamos a Barrantes
e, noite xá, caímos en Cambados.

Pero, ¡ cata ahí qu'o demo non é xordo

e cando ti estás tolo él está cordo!

O caso é qu'o paxaro ... fixo o niño

　e debeuno faguer na carballeira

porqu'alá por xaneiro, a costureira

—¡bóa nol-a meteu! — toubo un meniño!

（Arquivo da Real Academia Galega: Galiciana, Biblioteca Dixital de Galicia）

アルメンテェイラの小鳥

1

　私自身は教区司祭の記録でその話を読んで知った

威厳あるアルメンテェイラ修道院の。

聖人エロ、小修道院長は、修道僧たちを眠らせたままにした

春のさわやかな朝に

　そして、いつも快活で永遠の聖母マリアの

壮大な神秘を考えながら、

手には温もりのあるパンのかけらを持ち

隣接するコナラの森に入り込んだ。

　小鳥のさえずりを聴いていた

300年も、——歌を詠むように——、

そして修道院に戻って来ると、

　修道院の若僧は口をそろえて驚き

3世紀前のパンの1切れは…

まだ温もりがあった！

2

私は囲炉裏の傍でその話を聞かされた
それを教区司祭の記録から知ったのではない。
一世紀前、その辺りにあったことだ、
ローマ教皇庁に同意して ──志半ばだった──

傲慢な人たちは、武器を持って、盗んだ、
修道院は ──山の静けさのなかにあり、
谷間の松林の間に、
そして、当時、修道士は幸せだった、──

司祭と鐘つき男は殺された
そして宝石とお金が奪い取られた…
信じられないまでに！

ローマ教皇庁を巻き込んだ事件、
やがて、還俗された…　失われた時代…
修道院は、寂れ果て、崩壊した！

3

ロバに乗って、ゆっくりと、
修道院の廃墟を知るために、
復活祭の月曜日に道をとった
我が街での無鉄砲な青年期。
到着して、昼食、いまだにワインを思い出す！
伝説を話して、つけ加えた
コナラの林のなかに鼻先を思い切り突っ込んだ
あいつ…　何かに気づくだろう！

　誰もそんなことは信じなかった、でもお針子さんと
若者は、コナラの森を見に行った
戻ってくると、はっきりと物語のことを明らかにした。

　私は彼らに訊ねた。その人はどうした？
すると、──彼らは言った──。修道士も温かいパンも
泥棒もいない、でも…　小鳥を見たよ！

4

　話題はこんなふうだった。もし誰かが微笑めば
彼らの多くが黙った、
その後で、私も、彼らが踊っているのに
気がついた、ほんとに息苦しくなるまで、

　ゆっくりと、さっきと同じように
ロバに、──それから雌のロバに──、跨って、
陽が落ちるころに、私たちはバランテスに到着
それから、もう夜になってカンバードスに帰着。

　でも、悪魔に聞こえないようにしなさい
お前が興奮している時は、彼は慎重だ！
実は小鳥が…　巣を作った

　それはコナラの森につくったに違いなかった
というのは　1月頃に、お針子さんは
男の子を産んだ！──私たちに幸せをもたらした！──

おわりに

　『カンティーガス・デ・サンタ・マリア』エスコリアル*T*写本103番そしてトレド*To*写本93番は、アルメンテェイラ修道院長聖人エロが鳥の歌を聴きながら300年も生きながらえた奇譚を詠った話だ。6世紀アイルランドで、聖ブランディニィのパラディスム・アヴィウム（鳥の天国）のケルト伝説の神話がキリスト教化して12世紀にガリシアに現れたわけである。現代人にとり世俗の疲れをとるためにも、アルメンテェイラの小鳥の囀りを聴きながら3日間過ごすのが、何よりも精神的なやすらぎであろう。

　アルメンテェイラの小鳥について、気になったことがある。聖人エロは鳥の囀りを聴いて300年過ごしたのであるが、さて何の鳥であろうかと詮索してみた。トレド*To*写本23行目に oyu hũa passarỹa/ cãtar log,en tã bon sõ,（小鳥が1羽とても心地よい響きで歌うのを聴いた）とある。Filgueira Valverde（1982）は、ニワトリ、鳩、白鳥をあげて伝説の中の鳥を説明しているが、しっくりこない。*T*写本*CSM*103のミニアチュール第3画をよく見ると、松の木の頂に小鳥が1羽描かれている。すると、Alonso Montero（2014）にヒントがあった。それは merlo（学名Turdes merula）とある。スズメ目ツグミ科に分類され、日本語名は「クロウタドリ」である。ヨーロッパでは、留鳥とされ囀りは美声で有名である。フランスの作曲家オリビエ・メシアンにピアノとフルートの曲に *Le merle noir*（1951）「黒つぐみ」がある。メシアンの音楽は神秘的カトリシズムで、鳥の囀りへのこだわりから、フルートソロのパートにファンタジーをともなう鳥の囀りを見事に模倣している。メシアンもあるいはカンティーガの影響を受けたものかと想像されるが、確定はできない。

　修道僧が鳥の声を聴いて300年を過ごした伝説は、日本でも松本清

張作『異変街道』1960〜61『週刊現代』のなかで、「鳥の声をききな
がら夢を見る」とあるように、古今東西でもあつかわれている。

参考書目

Alfonso X: *Cantigas de Santa María*. I, II, III, Edición de Walter Mettmann, 1986,1988,
1989. Madrid: Castalia.

Alonso Montero, Xesús（2014）: *As dúas versións de Cantiga CIII.* Pontevedra: Fervenza.

Brea, Mercedes（2000）: «As Cantigas de Santa María», *Galicia: Literatura.* Vol.30, A
Idade Media, A Coruña: Hércules. 316-361.

Costa, Ricardo da e Dantas, Bárbara（2013）: «Ao som do passarinho. O monge e o tempo
nas *Cantigas de Santa Maria*（séc. XIII）», Texeira, Igor Salomão（org.）. *Reflexões
sobre o medievo IV: Estudos sobre hagiografia medieval.* São Leopoldo: Oikos, 2014.
123-133.

Filgueira Valverde, Xosé（1980）: *Afonso X e Galicia.* A Cruña: Real Academia Galega.

Filgueira Valverde, José（1982）: *Tiempo y gozo eterno en la narrativa medieval.* Vigo:
Xerais.

Filgueira Valverde, José（1985）: *Alfonso X. el Sabio, Cantigas de Santa María.* Madrid:
Castalia.

García-Sabell Tormo, Teresa（1991）: *Léxico francés nos cancioneiros galego-portugueses:
Revisión Crítica.* Vigo: Galaxia.

第五章

『聖母マリア頌歌集』における赦しの聖母マリア
——カンティーガスにみる聖職者の破戒

浅野ひとみ

はじめに

　アルフォンソ十世によって編纂された多くの著作のうち、『聖母マリア頌歌集 *Cantigas de Santa María*』（以下、『頌歌集』）は、他の公文書と異なり同王が幼少期を過ごしたガリシアで用いられていたガリシア・ポルトガル語による韻文歌集である。写本の挿絵は6コマあるいは見開き12コマの漫画のように区切られた区画に展開・完結する豪華で楽しい写本になっている。詩は427篇あるが、356篇が聖母マリアの奇跡である。他の聖人の事績を聖母マリアのものとして換骨奪胎したものもあり[1]、世俗的な話が付加され、13世紀当時の市民社会と聖母マリア信仰の様子がうかがい知れる非常に興味深い史料である。そのなかでも注目に値するのは、聖母マリアのイメージの変化である。神の時代であった中世において、聖母マリアはイエスの母として、不可侵の地位を占めるものの、「おとりなし」のマリアであって、信者が神やイエスに叶えてもらいたいことを伝える伝達係であった。それが、マリア信仰の隆盛とともに、信者の守護聖女としての役割が色濃くなっていくのだが、その過程においても、常に受け身で静的な人物像を特徴としていた。ところが、このアルフォンソ賢王の『頌歌集』においては、そのような中世的でおとなしいマリア像が引き続き描か

れる一方で、近世的な時代を先取りするアクティヴな聖母イメージが混在しているのである。また、霊的な存在である聖母マリアによる奇跡と教会堂に置かれた聖母マリア彫像による奇跡とが峻別されているのも特徴であり、13世紀のマリア崇敬は、教義上の聖母マリアに対する崇敬を継承しつつも、奇跡を行う、ある特定の聖母マリア彫像への民衆信仰を許容する形で広まっていく福名を持つマリア（サーラスのマリア、柱の聖母など）の誕生を予兆している。そのような意味で、『頌歌集』の重要性は際立っているといえよう。

　本稿では、罪を犯した愚かな人々を時には叱りつけながらも、赦し、辛抱強く悔悛までお導きくださる究極の寛容のマリア像を確認するとともに、無限に切り口のある『頌歌集』研究の中でも、聖職者の罪に焦点を置いて、挿絵を中心に考察を深めたい。

　中世の『贖罪規定書』によると、聖職者の犯した罪は、一般人に比して重い罰を課されたが、『頌歌集』の中では、罰則に言及するよりも、日頃の聖母マリアへの帰依、本人の悔悛を前提に聖母マリアが介在して赦免される話が多い。J.ケラーとR.キンケイドは、『頌歌集』に聖職者に対する否定的な表現が多いのは、同時代の文学作品を反映していると述べる[2]。また、C.スカボローは、アルフォンソ賢王は常に教会に対する王権の優位を確立させようとしていたが、同時に底流に流れるユーモア精神の発露を指摘している[3]。確かに徳を示すべき聖職者の卑俗な様、特に性的放縦に関しては、実際にそのようなことが頻繁に起きていたために『頌歌集』に取り上げられるにいたったのであろうが、敬意を払うべき聖職者を揶揄した表現には、庶民と同じ視点から笑いを押し殺してみつめ、ひと時溜飲を下げる宮廷人のひそやかな愉しみが感じられる。そして、罪人が聖職者であっても救いの手を差し伸べる聖母マリアの寛大な御心はさらに強調されたはずである。

　聖職者を表す単語はmonge, crerigoなど幾つか現れるが、挿絵を見

ると、剃髪しているものの修道会に属さない、在俗司祭が登場し、そのなかには家業を持つものもあったことがわかる。性的逸脱もそのような男性たちが主役と考えると聖職者に対する見方が少し変わってくるかもしれない。一方、女性の場合は、聖職者と言えば、修道会に属し、修道院の中で一生暮らす一択しか無い。中世の若い女性には、基本的に自立する手段は無かったわけで、恋愛は常にスキャンダルにしか結びつかなかった。

　以下に、セビーリャの宮廷文書室で1274～1277年頃に制作された『豪華な写本』*Códice Rico*（分類番号T.I.1）[4]の挿絵を取り上げ、原文を対照させて、挿絵化する際のコマ割りの工夫を指摘するとともに、そこに表された中世の聖職者の罪に関して以下に9例を挙げながら考察したい。

　挿絵は、全頁を6区画に分けて、左上（a）から右（b）、中央段左（c）と読んで行くように描かれている（図1）。また、それぞれの区画の上辺に、各場面を解説する見出し（キャプション）がつけられている。時に、長い説話だと見開きの12コマ（a-l）に物語が展開する[5]。

　下記、各章のエピソード番号（*CSM*）はW.メットマンの付番に従っている[6]。また、あらすじ及び挿絵のキャプション原語（太字表記）は

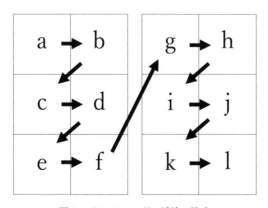

図1　カンティーガス挿絵の構成

メットマン他、オックスフォード大学の『頌歌集』サイト等を参考にした[7]。キャプション冒頭のa、b、c ... は各コマを指し示している。ただし、日本語訳にあたって、Como Santa Maria guardou ... のようにすべてのキャプションの先頭に付く「いかに（Como）」は省いた。

Ⅰ．「３つの怪物の姿で現れた悪魔」（*CSM* 47）

〈あらすじ〉

　あらゆる戒律に従っていた修道士がいたが、ある日蔵に行き、ワインを飲みすぎて酔っぱらってしまった。彼は蔵を出て教会に行こうとしたが、雄牛の姿をした悪魔に突き刺されそうになった。修道士はマリアを呼んで雄牛を追い払ってくれるように願った。悪魔は、今度は背が高く、痩せて毛むくじゃらの炭のように真っ黒な男の姿で現れた[8]。修道士はマリアを呼んでこの男を追い払うように頼んだ。彼が教会の中に入ると、悪魔は今度はライオンの姿で現れた。マリアはそれを杖でたたき、追い払った。マリアは修道士を慰めると今後はふるまいを改めるようにと諭した。

〈挿絵〉（図２）

a. 悪魔にワインをたくさん飲まされた修道士は酔っぱらってしまった

　蔵の中、３つの大きな樽が横たわる。その前に腰かけて盃を口に当てているのは白衣の修道士である。足元にはワイン用のピッチャーが置かれている。

b. 聖母マリアは雄牛の形で現れた悪魔から修道士を救った

　向かって左に酔っぱらってまっすぐに立っていられない修道士が表され、右に大きな雄牛が半身をのぞかせ、角を突き出している。両者を割って入るように中央に聖母マリアが立ち、杖で雄牛の顔をたたいている。

図2　「3つの怪物の形で現れた悪魔」(*CSM*47)

c. 聖母マリアはひどく醜い男の姿で現れた悪魔から修道士を救った

　前のコマと同じ構図で、左に頬を赤く染めた、へべれけの修道士が
マリアの杖を体の支えにしてようやっと立っている。右から現れた黒
い毛むくじゃらの大男は赤い舌を見せ、天を仰ぎ見て、両手を前にさ
らして降参している。マリアは左手でマントをたくしあげ、退散する

ように命じている。

d. 聖母マリアは獰猛な獅子の姿で現れた悪魔から修道士を救った

　次は、教会の中に場所が変わる。祭壇の方からライオンが赤い舌を出して襲って来る気配である。酔いが醒めた修道士は恐れをなしている。聖母マリアは修道士の前に立ち、ライオンを直接調伏している。今度は、左手で下を示し、地下に追いやろうとしているようだ。

e. 聖母マリアは修道士を悪魔とワインから救った後、彼を叱った

　祭壇の前に立つ聖母マリアがその前にひざまずく修道士に右手を挙げて小言を言っている。

f. 修道士は奇跡を語り、皆は聖母マリアをほめたたえた

　聖母子立像が置かれた祭壇の前に白衣の修道士が6人ばかり集まりひざまずいて祈りを捧げている。

　赤ワインは、キリストの血として、ミサには欠かせないものであり、教皇座が分裂してアヴィニョンにあったことから、フランスがワインの一大産地となったことは著名な話である。主人公の修道士は白衣であることからシトー会士と思われるが、ミサ用のワインを取りにたまたま蔵に降りて来たのかもしれない。いい香りに満ちた蔵の中にたった1人、誰も見ていない。一口のつもりだったのが、気が付いてみれば足下がふらふらになるまで飲んでしまった。そして、幻覚を見て驚いてしまう。この話では、悪魔そのものの姿は表されないが、その代わりに、恐ろしいもの3つが選ばれた。雄牛が最も写実的な表現なのは理にかなっており、ライオンは見たことはなかったかもしれないが、アフリカに近いスペインであれば、毛皮は王室に伝わっていただろう。しかし、2番目の野人[9]に関しては、やはり想像を超えた生き物であったようで、描き方がやや曖昧である。ロマネスクの柱頭には「野人」と思われる恐ろしい男の顔がしばしば表されているが、下半身までは描かれない。別の箇所で見るように、悪魔であれば、体は黒いが有翼

であり、背はそれほど高くなく、足先が鳥のようになっていて、全身をうろこで覆われるのが定番である。従って、「毛むくじゃら」の表現を逐語的に表した結果、腰蓑のようになってしまい、結果的にあまり恐ろしさが感じられなくなっている。しかし、この世のものでないことは確かである。

　この話に登場する聖母マリアは、たった1人で現れ、敵が敵であるためか、いささか乱暴だが頼もしい女性として表される。長い杖で雄牛を殴りつけ、「行っておしまい！　気味が悪い[10]」、野人には「逃げうせよ！　ごろつきよりもひどい奴め[11]」、ライオンには「汚らわしい奴、とっとと消えておしまい！[12]」と激しい言葉を投げかける。この修道士は初犯だったのだろう、無垢な赤子のように反省して、マリアへの敬愛はいや増したという落ちになっている。キリスト教は性悪説なので、人間という欲望にまみれた生き物には理性のタガをはめて管理しなければならない。しかしながら、ほんの一瞬魔が差してしまうことがある。それを悪魔にそそのかされたと表現するのである。そこには、自分の意志で悪いことを犯したのではないという初めから設定された逃げ道が用意されているため、告解して反省の色を見せることで白紙に戻せるというのが原理原則なのであろう。この話は、ほぼ笑い話のような滑稽譚として、酔っ払い修道士が描かれ、マリア様も悪霊をぶん殴って退散させる非常に庶民的な姿で登場する、それを楽しむ読者がいつの間にか修道士の悪徳を責めることを忘れ、一緒に悪魔を撃退するマリア様を応援する様子が目に見えるかのようである。

　これほど長い棒ではないが、棍棒を振り上げる「お助けのマリア様 Virgen del Socorro」（図3）は、悪魔にさらわれそうになった子供を咄嗟に助けに来るとされ、その信仰はイタリアを中心に14世紀に広まったという[13]。その後、スペインから中南米大陸に伝播し、現在も多くの信者に敬愛されている。『頌歌集』で長い棒を振りかざす豪胆な聖母マリアの姿は、この救難聖女マリアのイメージを先取りしたも

のかもしれない。

図3　ドメニコ・ディ・ザノービ「お助けのマリア」
サント・エスピリツ教会、フィレンツェ、ca.1485

II．「溺れた修道士」（*CSM* 11）

〈あらすじ〉

　怠け者の罪深い修道士は女遊びをするために毎夜修道院を抜け出していた。彼は、出かける前にいつも「アヴェ・マリア」の祈りを唱えるのであった。ある夜、彼は川に落ちて溺れてしまった。悪魔と天使が修道士の魂を奪い合った。悪魔の方が強く、あわや天使が負けそうになった時に聖母マリアが修道士の魂を取り戻し、生き返らせた。仲間の修道士たちは冷たい水の中で彼が生きているのを見出した。

〈挿絵〉（図4）

a.修道士は祭壇の前でアヴェ・マリアの祈りを捧げていた

　教会の中、2本のろうそくと足つき十字架が置かれた祭壇の前に1人の修道士がひざまずいて祈りを捧げている。扉はしっかりとしまっ

図4　「溺れた修道士」(*CSM*11)

ており、修道士の顔つきもいたって真剣である。

b. 修道士は娼館に行くために扉を開けた

　内側の扉の鍵を開けて外に踏み出し、2つの鍵を左手に持ってフードをかぶって修道院を抜け出す修道士の姿が異時同図で描かれる。

c. 修道士が川で死ぬと悪魔が魂をさらって行った

　中央に描かれた川の水底に目を閉じて横たわる修道士の姿が見える。その口からは赤子の姿をした魂が出て来るが、すぐさま、水の中にまで踏み込んで来た悪魔にとらえられている。その上にはもう2匹の悪魔が立ち、向かって右の悪魔は赤子の片足をつかんで右側の2人の天使に示している。右の天使たちは上を指さしている。一方、左側に立つ2人の天使は困惑した表情で互いに顔を見合わせている。

d. 聖母マリアは修道士の魂を悪魔の手から取り戻した

　左から聖女たちを伴って聖母マリアが現れ、長い棒で3匹の悪魔を撃退している。そのすきに右から天使が修道士の魂に手を差し伸べる。

e. 聖母マリアは修道士を蘇らせた

　中央に水の中から救い出された修道士とその体を支える天使、彼の右手を引き上げる聖母マリアが立つ。両脇には黒いマントの修道士たちが本を手に、マリアに向かって祈りを捧げている。

f. 修道士たちは聖母マリアを一層ほめたたえた

　教会の中、十字架とろうそくを載せた祭壇の前に修道士が大勢ひざまずく。鐘を目いっぱい鳴らしているのが、蘇った修道士である。

　この話は、修道士が夜な夜な教会あるいは修道院を抜け出して娼館通いという、前節の酔っぱらいがかわいく思えてくるほどとんでもないテーマを扱っている。それでいて、たった1つの良いこと、すなわち、敬虔に聖母マリアに祈りを捧げる、という行いによって命を再び得るのである。修道女が命がけで修道院を出たり、訴えられたりするのに比べると、買春の罪は一様に軽いと言えよう。悪魔は、当然この魂は自分のものだと考えて取りに行き、天使はほぼ諦めて手を出そうとしない。善悪をはかりにかければ、善が負けたということなのだろう。しかしながら、聖母マリアは天使に見捨てられるようなどうしようもない魂でもお助け下さる。

　修道院の中の修道士たちはそれぞれに役割を持っていたが、この修道士は施物分配係（tesoureiro）であったという[14]。日本語だと会計係または宝物係とも訳されるこの仕事は、おそらく、鍵番あるいは鐘つきといった下働きであり、一定の信頼は置かれているもののそれほど高い役職ではなかったのではないだろうか。ただし、鍵を預かっているため、修道院にいても自由に外に出入りできたということなのであろう。しかしながら、ここで、「出かけようとする時には、絶対に鐘を鳴らさなかった[15]」とあるので、ミサの時間を知らせるために鳴らさねばならない鐘をつくのをさぼって出かけたということであろう。しかし、それだと露見するのが早いように思えるが、別の人が鳴らしたということであろうか。最後のコマで、罪滅ぼしにちぎれんばかりに鐘の紐をひっぱる様が強調されているのが実に愉快だ。

　この話は、次のものとよく似ているが、地名などは触れられておらず、なぜ修道士が川で溺れてしまったのか言及されていない。前出の説話から、酔っぱらって足をふみはずしたことも考えられよう。

Ⅲ.「溺れた司祭」(*CSM* 111)

〈あらすじ〉

　パリに好色な司祭が居たが、聖母マリアには献身を捧げていた。ある夜、彼はまた女を買うべく、セーヌ川を渡る船に乗った。ところが、船が転覆して溺れ死んでしまった。すると、悪魔がやって来て、司祭の魂を連れ去り、業火で責め立てようとした。しかし、彼の叫び声を聞くや聖母マリアが姿を現したため、悪魔は退散した。聖母マリアはその後、川の中に4日間も沈んでいた司祭を蘇らせたのだった。

〈挿絵〉(図5)

a.ある司祭は女たちをくどいてしょっちゅう床を共にしていた

104

図5 「溺れた司祭」(*CSM* 111)

　豪華な天蓋に覆われた寝台の上で剃髪の修道士が若い女性に接吻を
している。いくつもの塔がある建物の扉はしっかりと閉じられており、
高級娼館のようである。

**b. 司祭はベツレヘムに我々のためにお生まれになった神の母に祈りを
挙げていた**

　次のコマでは、司祭の普段のお勤めの様子が描かれる。開かれた扉の上には鐘が2つ見えており、教会であることを示唆している。内部では聖母子像の置かれた祭壇の前に恭しくひざまずき、本を開く修道士の姿が描かれる。幼児キリストは母マリアと顔を見合わせているように見える。

c. ある夜司祭は罪深いことをしようと出かけたが乗った船が沈んでしまった

　肩まで水につかり、浸水した船から天を仰ぎ見て、両の手を上にかかげる司祭の表情は眉根を寄せて掻き曇っている。

d. 悪魔は司祭の魂を火に投げ入れようとしたが、聖母マリアがすばやく助けにやってきた

　ここでは、角のある有翼の悪魔が地獄の業火で罪人をかまゆでにしている場面が表されている。下方の悪魔はふいごを持っているのがわかる。死んだ司祭の魂は、中央に赤子の姿で表され、左から現れた聖母マリアと天使たちの方に向かって手を合わせ、悪魔の方を恐れながら振り返っている。手前の天使は右手に棒を持ち、悪魔を追い払い、マリアは司祭の魂を右手で指差し、連れ去らぬように強く命じている。

e. 聖母マリアは川の中の司祭を蘇らせ引き上げた

　マリアは、水の中から司祭の手を取って助け出し、祝福を与えている。後ろには聖女たちが控えている。

f. 人々は聖母マリアがいつも授けてくださり、今も未来もくださるご加護をほめたたえた

　大勢の男女の信者がひざまずく聖堂内部が描かれる。幼児キリストは司祭の方を向き、聖母マリアは微笑んでいる。

　ここでは、肉欲に抗えない都会の聖職者の姿が表されており、中世パリ界隈の豪奢な町の中で誘惑に打ち勝つのは、荒野で修行するよりもある意味精神修養になったのではないかと思わせる話である。また娼館にたびたび足を運べるほどに聖職者が豊かであり、自由な時間が

あり、自分の裁量で使える金があったことをも示している。買春する聖職者に同情の余地は無いが、ただ1つ、聖母マリアへの献身は忘れていなかった。言い換えれば、一番大事なことを保っていたために命が救われたと言えるのだろう。

キャプションでは触れられていないが、パリの歓楽街へ船で行く修道士であれば、ノートル＝ダムであろうか。前出の11番と同様のテーマだが、最初の1コマで寝台の上で接吻する2人が描かれ、次のコマで、対照的に祭壇の前で祈りを捧げる姿が表される。地獄の描写も生き生きとしており、見て楽しい図柄になっている。

Ⅳ．「情婦を捨てた司祭」(CSM 151)

〈あらすじ〉

ある司祭は、聖母マリアを非常に崇敬していた。彼はマリアの祝日の前夜は小斎を行い、安息日も守っていた。しかしながら、司祭は非常に好色であり、既婚、独身、処女、修道女などありとあらゆる種類の女とことに及んでいた[16]。ある夜、彼は愛人の1人のもとを訪れた。まさしく女と寝ようとしたその時、ふと目をやると窓から聖母マリアの教会が見えた。彼は裏庭に出て行き、また女のもとへ戻って来た。女がなぜ自分を置いて出て行ったのか尋ねると、彼は教会が見えたからだと答えた。司祭は、視界から見えないように窓を閉めるよう女に命じた。彼女は窓を閉めると司祭と横になった。しかし、突風が吹いて、窓が開いたので、司祭はまた教会を目にすることになった。彼は女のもとを去り、罪を告白して、修道院に入った。のちに、修道士は窃盗の罪を着せられ、修道院長たちによって懲罰委員会が開かれた。訴えられた修道士がひざまずいて「アヴェ・マリア」と言うと、彼のかたわらに聖母マリアが現れ、すべての人が目撃した。結局、修道士

は疑いが晴れて修道院長たちは彼に赦しを請うた。

〈挿絵〉（図6）

a.司祭は窓から聖母マリアの祭壇が見えたので情婦を捨てた

　向かって左端に教会から出る司祭が描かれる。第1コマの中央には寝台に横たわる胸をはだけた女性と侍女が顔を見合わせており、司祭は手すり越しに第2コマの教会の内部の聖母マリアの祭壇を目にして慌てて手を合わせている。

b.これは司祭が目にした聖母マリアの教会である

　教会の祭壇の上には聖母子座像が置かれている。

c.司祭は……［キャプション欠］

　向かって左端に両手を合わせて扉口に入る司祭が描かれる。同じコマに上と同様に床を共にする女性と司祭が裸で描かれるが、司祭の方は驚いて半身を起き上がらせている。窓は半開きになっており、第3コマと4コマの枠線上に怪物のような顔をした雲が吹く角笛から突風が出ている様子が描かれている。

d.［キャプション欠］

　このコマには上と同じ構図で教会の祭壇が描かれる。

e.司祭は後に修道院に入り、窃盗の罪で訴えられた

　黒い衣を着た修道士たちに囲まれ、くだんの司祭が祭壇の前で衣をいただいている様子が描かれる。祭壇の上には聖遺物入れを中心に足つき十字架、2本のろうそくが置かれている。キャプションでは訴えられたところまで書かれているが、人々の表情は柔和であり、入会の儀式の描写と考えられる。

f.聖母マリアは訴えられた修道士の窃盗の罪を晴らした

　祭壇の上に幼児キリストを抱く聖母マリアが立ち上がり、右手を軽く挙げている。1人の修道士が祭壇前で手を合わせて背後にいる仲間たちを振り返っている。手前の2人はフードをはらうようなしぐさで驚きを表し、他の人々も祭壇の上のマリアに見入っており、平信徒と

図6 「情婦を捨てた司祭」(*CSM*151)

見られる人も手を合わせている。

　この挿絵では、a-b、c-dの区画を続きで表しており、同じ場所で続いて起きた奇跡であり、a-dはある一夜のできごとである。別の箇所では、キャプションが枠内に収まらない場合、語尾の部分を同じ枠の

下に書いているが、ここでは、最後の単語"estra"がbに書き込まれているので、2コマ続きで描くことは最初から決めていたのだろう。しかし、話では、1回目にマリアの教会を目にし、窓を締めさせたが、風で開いて、罪を悟って情婦を捨てたはずなのに、1コマ目に「情婦を捨てた」と書いてしまったので、2段目のキャプションに書く言葉がなくなってしまったのではないだろうか。bの上に赤字で書かれているのは「これが、司祭が祭壇を目にしたところの聖母マリア教会である」というあらすじに関係無い説明文になっているところからもコマ割りの妙技にキャプションが追い付かなかったかと思わせる部分である。しかしながら、それゆえ、完結部分の残りの2コマの話の展開が詰めすぎになってしまっているようだ。

　女遊びをしまくる聖職者という不謹慎な話題だが、前半では、剃髪ではあるが、在俗司祭であったため、主人公は、比較的自由に遊べたのであろう。フードは頭を隠すには都合が良かっただろうが、室内で一緒になった相手には身分を隠すわけにはいかなかったと考えられる。中世の人々が聖職者の性的放縦に比較的寛容だったと考えてよいのだろうか。主人公は後悔して修道会士となるも、窃盗の嫌疑をかけられる。盗みと言っても修道士は私有財産を持たぬはずなので、院内の金目の物を横流しするようなことが露見したのかもしれない。しかしながら、疑いの目を向けられるというのは、主人公の出自がもともと卑しかったとも思わせるエピソードである。この話では、主人公がふしだらな生活をしている時、聖母マリアは何も直接的なはたらきかけをしないが、修道会に入って危機が訪れると姿を現した。この修道士は今後、修道院内部でそれなりの敬意を払われて暮らしおおせたのではないだろうか。

V.「ピサの司祭」(*CSM* 132)

〈あらすじ〉

　ピサのある司祭は美麗にして富裕であったが大変につつましかったので常に毛衣を身につけていた。彼は聖母マリア像の前で祈りを捧げ童貞を捧げることを約した。彼の両親が亡くなり、ぶどう畑と果樹園を継ぐことになった。彼の親戚たちは結婚するように勧め、国一番の金持ちで美しい女たちの中から花嫁を選ぶように迫った。彼は結局説得されて、結婚式の日を迎えた。客人が集まると、司祭は自分の誓約を守らなかったことを思い出した。彼は祈るために教会に入ると疲れて眠り込み、幻視を見た。聖母マリアが天の主とともにやってきて、彼が誓いを守らなかったことを責め、他の恋人をめとるようにと言った。司祭は目覚めると婚宴を行うように言ったがほとんど食べられなかった。なぜならば彼は聖母マリアに嘘を言ったことに悩んでいたからである。司祭は新婦と初夜の床入りをすると、強く欲しているにもかかわらず不能になってしまった。彼は冨を捨て、聖母マリアの導きにより清貧に生きた。

〈挿絵〉(図7)

a. ある司祭はいつも聖母マリアの祭壇の前で祈りを捧げていた

　祭壇の上には右手に聖体を持つ聖母子像が置かれ、その前で1人の司祭が本を持ち、ひざまずいて祈りを捧げている。

b. 司祭は人々がどのようにぶどう畑や果樹園の手入れをしているか見に行った

　頭巾をかぶり、馬に乗ってぶどう畑を見周りに来た司祭の前には3人の農夫が手に鍬を持って土を耕している。

c. 司祭は親戚の助言に従ってある娘と結婚した

　司祭に司式されて、新郎新婦が祭壇前にひざまずいている。手前の

図7　「ピサの司祭」(*CSM* 132)

花嫁は王冠をかぶっている。

d. 司祭が時禱書を読み眠り込んだところ聖母マリアが現れた

　聖母子像の置かれた祭壇の前で横たわる司祭は目を見開いている。その枕頭に立つ聖母マリアは彼の方を指さしている。奥には5人の聖女と2人の天使が立ち並んでいる。

e.みんなは食事をしたが花婿は聖母マリアに言われたことが気になっていた

　パン、ロースト・チキン、ワインが並ぶ豪華な祝宴の席の右端で頬に手をやり、下を向く男性が描かれる。隣は王冠を身につけた花嫁、その他5人の出席者が歓談している様子である。

f.聖母マリアは花嫁を眠らせ花婿をマリアのもとへと連れて行った

　初夜の床で、花嫁は婿に背を向けて寝入ってしまい、男は半身を起こして、驚いた表情で2人の天使を伴って現れた聖母マリアをみつめている。マリアは男の右手をつかみ、諭すように右人差し指を挙げている。

　原典となったG. ベルセオの『聖母マリア奇跡譚』*Milagros de Nuestra Señora*では、聖母マリアが司祭を「私と結婚しているのに」なぜ他の女を欲するのか、薬でも盛られたのか、と問い詰めており、最後は、花婿は財産とともに花嫁を捨てて修道会に入ったとされている[17]。

　この話では、「富裕な」聖職者が取り上げられている。清貧と童貞をマリアに誓ったものの、それは私的な誓願であり、財産は放棄しないで在俗のままだったのだろう。親が持つ所領を受け継がねばならなくなり、親戚に押し切られて結婚を承諾してしまう。つまらなそうに婚宴の席でそっぽを向く花婿だが、原文では、「2人は床で抱き合った」が、ことに及べなかった、花婿はなんとしても成し遂げようとしたが聖母マリアが阻んだだめにできず、床から起き上がった[18]、とあり、最後のコマは表現を和らげていることがわかる。

VI.「魔術を使って娘をかどわかした司祭」(*CSM* 125)

〈あらすじ〉

　1人の司祭は聖母マリアを敬愛していた。彼はオーヴェルニュ司教の伝令であった。美しい若い女もそこに住んでいた。彼女もまた聖母マリアを敬愛していた。彼女はどのように悪魔から身を守れるか祈りながらマリアに尋ねた。マリアはアヴェ・マリアを祈るがよいと答えた。司祭はその娘に恋をして、彼女をものにしようとした。彼は彼女を誘惑したが、娘は耳を貸そうとしなかった。司祭は魔術によって悪魔たちを呼び出すとある夜娘を連れて来るよう命じた。悪魔は娘を悩ましたが、聖母マリアが娘を守ったため、成功しなかった。悪魔は司祭のもとへ戻ると、叱責され、再び娘のもとへと行かされた。今度は、悪魔は成功した。なぜならば、娘にマリアの祈りを忘れさせたからだ。悪魔のせいで、彼女は病に陥った。娘は気が触れて司祭に来てくれるように頼んだ。彼女は狂ってしまい、彼に結婚を迫った。翌日、2人は結婚した。すると聖母マリアは司祭にいつものように教会に行き時課を唱えるように命じた。彼が祈りを捧げていると聖母マリアが現れ、悪魔と縁を切らせた。マリアはすぐさま修道生活に戻るように命じた。同様に眠っている娘のもとにも現れ、たしなめると夫のもとを離れ修道院に入るように言った。娘は起き上がると、両親に何が起きたか伝え修道院に入れてほしいと頼んだ。司祭は、フェリックスという司教に悪魔に騙されたが修道士になりたいと伝えた。マリアの望み通り、司教は2人をそれぞれ修道会に入れた。

〈挿絵〉(図8)

a. 娘はどのようにしたら悪魔の誘惑から守ってくださるのかお示しくださるよう聖母マリアに祈った

　教会の祭壇の前でベールをかけて赤いマントに赤いヘアバンドをつ

図8 「魔術を使って娘をかどわかした司祭」(*CSM*125)

けた若い女性がひざまずいて手に持つ本をみつめながら祈りを捧げて
いる。

**b.聖母マリアは娘のもとに現れて常に「アヴェ・マリア」を祈るよう
にと言った**

　娘はそのまま祭壇の下で眠ってしまった。祭壇の上には聖母マリア
が立ち、左手で持った巻物に書かれたことを示している。

c.1人の司祭が娘に恋をして思いを伝えた

　娘のもとを訪れた司祭は手を合わせて懇願しているようだが、娘は
城門の入口に立ち、両手を挙げて顔を背けている。

**d.司祭は魔法陣を作り悪魔に娘を彼のもとへ連れてくるようにと命じ
た**

　床に描いた魔法陣の中央に座る司祭の手元には薬の入った瓶が置か
れる。結界の外側を無数の悪魔が取り囲む。

e.悪魔たちが娘のもとへ行くと聖母マリアがいっしょにいたので退散した

悪魔たちが娘のいる館に押し寄せると、椅子に座り祈禱書を手にした娘の傍らに聖母マリアが立ち、肩に右手をかけて守っていた。後ろには天使も控えている。悪魔たちはおそろしげな表情で退散する。

f.悪魔たちが司祭のもとへ戻るともう一度行くように命じられた

再び、魔法陣の中に座る修道士が描かれている。今度は、悪魔に命令するように右手を挙げている。

g.悪魔は執拗に娘につきまとい、マリアの祈りを忘れさせた

寝台に横たわる娘のまわりに悪魔が3匹現れ、眠りを邪魔している。

h.父親に殺されそうになった娘を司祭は助けた

哀れな娘は、剣を振り上げた父に髪の毛をつかまれ、まさに切り殺されようとしているところだが、それを2匹の悪魔と司祭が必死に止めている。向かって左に立つ2人の女性は母親と姉妹か。

i.司祭と娘は悪魔の助言と助けによって婚約した

聖母子像の置かれた祭壇の前で司祭によって祝福を受ける2人の後ろには悪魔が控えている。周囲の人々にはその姿は見えないようだが、祭壇上のマリアはにらみつけるようなまなざしを向けている。

j.聖母マリアは司祭の前に姿を現し、娘と結婚しないように言った

祭壇の上に本を小脇に抱えた聖母マリアが立ち、ひざまずく司祭に声をかけている。

k.聖母マリアは娘のもとに現れ、結婚しないように言った

寝台に横たわる娘の頭を左手で触れ、癒す聖母マリアと枕元で見つめる天使が描かれる。

l.フェリックス司教は聖母マリアの望み通り彼らを両方とも修道会に入れた

中央に紫の衣の司教が立ち、両脇にひざまずく修道士と修道女に祝福を与えている。向かって左に黒いベール、白い衣の修道女が4人、

右には黒衣の修道士が4人立つ。

　この説話は、読み方によって幾通りにも解釈できるだろう。聖母マリアに献身する若い女性に懸想する聖職者という設定自体不謹慎極まりないが、オーヴェルニュ司教の伝令とあるところから、自由度が高い在俗司祭であったのだろう。後述の女子修道院長をはらませたのも同役職の聖職者である。

　聖職者の端くれでありながら、魔法陣を使って悪魔を呼び出すというのがなんとも大それた話であるが、それに加えて、主人公の男は非常に狡猾であり、結婚できなかったら娘を殺すと母親を脅迫し、父親には、「お前は息子の代わりに私が死んだ後、遺産を相続しようとしている[19]」と見透かされている。悪魔にそそのかされる、という悪事にはつきものの設定がここでは崩され、人間によって呼び出された悪魔が手下として働くこともある、すなわち、悪魔より腹黒い人間がいるということを表していることになるだろう。罪の無い未婚の娘に悪魔がとりついて病気になってしまうと両親はなすすべもない。悪魔にそそのかされた娘は愛も無かったのに、翌日、挙式する。その後、花婿が教会へ行き祈りを捧げているとマリアが現れ、次に裸で寝台に横たわる娘の所に現れ、2人を修道会に入れてしまう。後半の5コマはわずか24時間の間のできごとなのである。前節では、窓から見えた教会が好色な司祭を目覚めさせ、ここでは、ふと立ち寄った教会での聖母マリアの御出現が人の心を取り戻すきっかけとなっている。改心には視覚的な刺激が非常に大きな働きをすることがわかる。常に心の片隅で悪いことをしているのではないかという疑心を抱き続けていることも重要かもしれない。

Ⅶ. 「妊娠した修道院長」(*CSM* 7)

〈あらすじ〉

　ある女子修道院長が伝令をしていた男と恋に落ち、妊娠してしまった。修道女たちは、院長の無分別を知り、ケルンから来ていた司教に通告した。司教は修道院長を審問した。司教に呼び出された後、修道院長は聖母マリアの祭壇の前で泣きながら祈りを捧げた。するとマリアが夢の中に現れ、胎児を取り上げ、ソワッソンに連れて行き、隠修士に預けてくれた。司教の前に進み出た修道院長は、服を脱ぐように命じられる。司教は、修道院長が無実であることを宣言し、修道女たちを叱責した。

〈挿絵〉(図9)

a. 修道女たちが妊娠した修道院長を司教に訴えた

　司教館と思われる立派な建物の中、中央の玉座に本を手にした司教が座す。向かって左には侍者が3人控え、右から入って来た黒いマントの2人のシスターたちの訴えに目を見張る。

b. 司教は修道院長に会うために修道院に向かった

　司教は黒い馬に乗り、5人の侍者を伴い、城門を出る。

c. 修道院長と訴えた修道女たちが司教の前に出た

　向かって左に玉座に座す司教と侍者たち、右に両手を合わせて懇願する修道院長、その背後で4人のシスターたちがそれぞれ人差し指を立てて院長を訴える。

d. 聖母マリアは修道院長の脇から子供を取り上げた

　修道院長は、聖母子像の置かれた祭壇の前で倒れ込むように眠っている。赤いニンブスの聖母マリアが奥に立ち、2人の天使が院長の腹部から赤子を取り出している。

e. 天使は修道院長の子供を育てさせるよう隠修士のもとへ連れて行った

岩塊に囲まれ鬱蒼とした森の中、粗末な庵から長髪、裸足の隠修士が姿を現し、天使から産着に包まれた赤ん坊を預かっている。赤ん坊はすでに目を見開いており、喜びの表情を示す。

f. 修道院長は司教の前で衣を脱ぎ、疑いを晴らした

修道院の中、向かって左に司教が玉座に座し、中央に訴えられた修

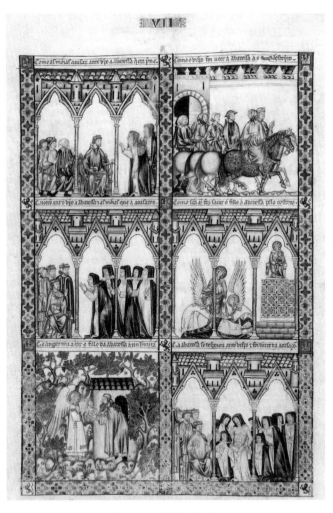

図9　「妊娠した修道院長」(*CSM7*)

道院長が上半身裸になって右手を挙げ、無実であることを示している。訴えたシスターたちは、顔を見合わせ、手を挙げて一様に驚きの表情を隠せない。

　男性修道士と異なり、修道女の場合は、自分の性的破戒が妊娠という隠しようも無い結果につながってしまう。これまで見てきたように、男の修道士が、あらゆる種類の女と交流できるのに対して、修道女の場合は、出会いの場が限られるのが特徴である。相手の身分が高ければ、結婚すればいいだけの話だろうが、修道院長の恋の相手は、「伝令をし、会計を担い仕事をする[20]」男であった。前出の娘をかどわかした司祭（*CSM* 125）も同じ役職であったことから、剃髪し修道衣は身につけながら、市井に身を置いて、修道院に入っている修道女たちと外界をつなぐ役割を負う若い男性が女子修道院を出入りしていたことがわかる。実際、禁域とそうでない場所を行き来する下働きの人がいなければ修道士たちの共住生活は成り立たないだろう。そして、その役割は女性ではなく、若い男性に充てられたものと思われる。そのような状況で、まだ若い修道院長は過ちを犯し、同じ修道院の修道女たちの顰蹙を買うことになった。その後、修道女たちは修道院長を排斥すべく司教に訴えることになるが、頻繁に地方を巡回するわけでない司教が来訪する機会に直訴したのであろう。あるいは、修道院内部での対立の結果、孤立した人を排斥する目的で、盗みの嫌疑をかけられ（*CSM* 151）、冤罪が捏造されるようなこともあったのかもしれない。

　祭壇の前で起きた赤ん坊の取り出しに関して、原文では「聖母マリアは息子を取り出させた[21]」とあるだけだが、表題dでは「聖母マリアは修道院長の脇より息子を取り出させた[22]」と変えてあり、『創世記』のエバの誕生場面を想起させる。衣を着たままの院長の体から抜け出るように描かれる赤ん坊は裸体で、死者の魂と同じ表現であるが、院長の夢をそのまま視覚化したということなのだろう。公の場で修道

女が裸にさせられる屈辱は想像しかねるが、疑念を晴らす最も確かな方法であったことは間違いないだろう。「情婦を捨てた司祭」（*CSM* 151）で描かれる乳房も露わな女性は娼婦であろうが、修道女が司教の前で裸をさらすという異常な状況は果たしてハッピー・エンドになったと言えるのか非常に疑問である。もちろん、訴えられてから流産した、あるいは考えたくはないが生まれた子供を間引きするような修道女がいたことも否めない事実であろう。子供はきちんと育てられていることが強調されているが、赤ちゃんを押し付けられた荒野で修行中の隠修士はさぞかし困惑したのではないだろうか。人前で裸をさらし、赤ん坊を失ってまで地位を守った修道女に聖母マリアが憐みを垂れたと解釈すべきなのかもしれない。

Ⅷ．「騎士と駆け落ちした修道女」（*CSM* 94）

〈あらすじ〉

　修道院の宝物係をしていた修道女がある騎士と恋に落ち、駆け落ちすることにした。逃げる前に修道女は聖母マリアの祭壇の上に鍵を置いて身代わりを頼んだ[23]。修道女は騎士と数年共にして子供を数人もうけた。聖母マリアは修道女が居ない間、教会で勤めを果たした。修道女は後悔して、騎士のもとを去り、修道院に戻った。すると、修道女は自分の修道衣と鍵が置いたままのところにあるのを見出した。彼女は、修道女たちに何が起きたのか告白し、証明するために騎士を呼び寄せた。修道女たちは大いに驚き、歌い始めるのだった。

〈挿絵〉（図10）

a.1人の修道女は鍵と修道衣を聖母マリアに預けた

　燭台のさがる教会堂内部の祭壇には、聖母子像が置かれた祭壇があり、1人の修道女がひざまずいて、左手で大きな鍵を壇上に、脱いだ

修道衣をその下に置こうとしている。彼女の背後には書見台、塔の中には2つの鐘が見えている。

b.修道女は騎士と修道院を出た

　美麗な若者が修道院の扉口で元修道女に赤いマントをかけ、手を引いて出て行くところが描かれる。2人は満面に笑みを浮かべ幸せそう

図10　「騎士と駆け落ちした修道女」(*CSM*94)

に見つめ合う。

c. 聖母マリアは出て行った修道女の代わりに修道院で勤めを果たした

　1コマ目と同じセッティングで教会の内部が描かれ、祭壇の上には聖母子像が置かれている。異時同図手法で、修道女になり替わった聖母マリアが左端に立ち、両手で鐘の紐を交互にひっぱり、中央で書見台の上の祈禱書をめくっている。マリアの修道衣は黒いベールに白い衣で他の修道女たちと同じだが、青いニンブスと王冠を身につけている。

d. 修道女は修道院に戻り、様子を探った

　向かって右に俗人姿の女性が立ち、修道院の前に立つ2人の男性に様子を尋ねている。扉口には1人の修道女の姿がある。

e. 修道女が戻ると聖母マリアは鍵と衣を返した

　再び祭壇の前で、聖母マリアから俗人姿の元修道女がカギと衣を受け取っている。

f. 修道女はできごとを語らせるために子供たちと恋人を修道院に呼んだ

　右端にかけおちした修道女が再び修道衣を身につけて夫と3人の子供たちを修道女たちに紹介している。

　中世世界に若い女性が自立する道は無く、結婚するか修道院に入る以外に生家を出る方法は無かっただろう。しかし、「この美しい娘は、修道会に入るのに微塵の迷いも無く、できるだけ早く修道女になりたいと願っていた[24]」と述べられているため、自分の意志で修道会に入ることはできたことが伺える。そして、すぐに「宝物係になった[25]」ことから、宝物係が若い修道者に最初に与えられる役職であり、仕事の内容は、「溺れた修道士」(*CSM* 11) 同様、鍵を預かり、鐘を鳴らす担当であったことがわかる。その上、ここでは、書見台の前で祈禱書のページをめくっているが、そういったことも職務のうちだったのだろう。

　ここでは、修道女がどのように美麗な騎士と知り合ったのか書かれていないが、第5コマで俗服姿の元修道女が教会内に居る様子を見ると、まったくの閉鎖修道院ではなく、教会は一般に開かれていたのかもしれない。日曜のミサの時に見初められた可能性もあり、この女性の場合は、相手の身分が高いため、修道院から出ることを選択できたのだろう。子供が3人いて1番下の子も歩いている様子から、駆け落ちして6年ぐらいは経っているものと思われ、そのような長期間マリア様が1人の修道女の代わりを務めたという設定が非常に特異である。そして、元修道女が充実した家庭生活を送りながら、なぜ夫と子供を捨てて修道院に戻るにいたったかについては詳しくは触れられていない。

　修道院のある場所に戻り、今どうなっているか近所の人に聞いてみると、人々は「大修道院長もそうだが、修道院長、宝物係もそれぞれがよく働いており、悪いことは何一つ無く、我々のために立派にお勤めを果たしてくださっている[26]」と口々に言う。次のコマで元修道女は、教会の祭壇の前で聖母マリアから鍵と衣を返してもらうが、祭壇の上には聖母子像が置かれている。そのため、ここではっきりと彫像としての聖母子と「生きた」聖母マリアとが峻別されているのがわかる。そして、最後のコマでは、再び修道着を身につけた女性が、捨てた夫と子どもたちを証拠として修道女たちに示している。夫と子供は彼女の話が真実であることを証明するために呼び出されただけというのが腑に落ちないし、母に見捨てられた子供たちは寂しがっていないのだろうかと思ってしまうが、現実的に考えると、夫とうまくいかずに家庭が破綻したとしても女性が逃げ入ることができるのは修道院ぐらいしかなかったのかもしれない。

IX．「秘跡を疑ったドイツ人司祭」 (*CSM* 149)

〈あらすじ〉

　あるドイツ人の司祭は聖母マリアを敬愛しており、毎日ミサを挙げていたが、秘跡には疑念があった。彼は疑いが晴れるようマリアに祈った。すると幼児キリストを腕に抱いて立つ聖母マリアの幻視に預かった。マリアは美しかったが険しい顔つきであった。司祭はもしご聖体をお持ちなら賜らんとマリアに請うた。聖母マリアは、腕に抱いている幼児が捧げられた聖体であると彼に言った。マリアが話し終わるや、司祭は聖体をみつけ、それを口に入れた。彼は天国へ連れて行ってもらえるようにマリアに祈った。司祭が亡くなると、天使たちが彼の魂をそこへ挙げた。

〈挿絵〉（図11）

a. ある司祭がミサを挙げながら、聖体の秘跡を疑った

　教会内の祭壇には聖遺物入れ、足つき十字架、2本の燭台、聖書が置かれている。その前で赤いマントの司祭が手に聖体を持ちミサを挙げている。脇には少年が助祭としてつき従っている。

b. 司祭がこのような疑いを持っている間に聖体が見えなくなった

　前コマとほとんど変わらない構図の中で、司祭がカリスの中に聖体を投げ入れているように見える。口を半ば開けているので祈りの声を挙げているのであろう。

c. 司祭は困り果ててどうしてよいかわからなかった

　前のコマとほぼ変わらない構図だが、司祭がじっとカリスの中を覗き込んでいる。

d. 聖母マリアは司祭のもとに現れて、息子のイエス・キリストをお示しになり、「これが聖体です」と言った

　そして、祭壇の上に現れた厳しい顔つきの聖母マリアは左手で我が

図11　「秘跡を疑ったドイツ人司祭」(*CSM*149)

子を指し示す。足元にはカリスがあり、その中から子供を拾い挙げたように見える。司祭は両手を広げて驚きのしぐさを示しながらも疑いの晴れた歓喜の表情が読み取れる。聖母マリアの幻視は司祭のみが経験しているようで、後ろに控える助祭は、ろうそくを持ちながら、漠然と司祭の背中を見ているだけである。

e. 聖母マリアが司祭に言うやいなや、司祭は聖体が見えるようになり、泣きながら口に入れた

　司祭は両手に聖体をおし頂いて、口にしている。天井を見ると、聖母マリアの赤い衣の裾と両足のつま先が雲の間に見え、まさに、マリアが現れたその次の瞬間であることがわかる。

f. 司祭はしばらく後に亡くなり、天使がその魂を導いた

　司祭は大勢の人が見守る中で安らかに眠りにつく。赤子の形に戻った彼の魂は2人の天使によって天に昇って行く最中である。

　聖体信仰は、宗教改革後にイエズス会等が中心となって、世界的に広められるが、13世紀にはすでに、ミサ聖祭によってホスチアがキリストの血肉となるという教義は確立していた。聖体の秘跡に対する疑義という神学的なテーマであるため、司祭の罪は、本人にしかわからない内奥にある。しかしながら、平信徒でなく、ミサを挙げる司祭が聖体の秘跡に一片の曇りでも持っていたら、ミサそのものが形骸化してしまうし、本人の苦しみもいや増すであろう。だからこそ、『頌歌集』全編を通じて寛容なはずの聖母マリアが厳しく咎めるような身振り表情を示しているのであろう。先述のような、破戒の限りを尽くす落ちこぼれ修道士たちの方が、まだ赦しを得る余地があるという物差しは、異端に向けられる批判と同等のものなのかもしれない。司祭は聖体の秘跡に対する不信がぬぐえて、魂の安らぎを得て帰天するため、周囲の人たちもさほど悲しそうな表情は見せていない。

Ⅹ．結語

　中世において、『贖罪規定書』に定められた聖職者の犯した罪に対する罰則は、当然ながら一般民衆よりも重かった。『頌歌集』の中で

は、聖職者の罪は、殺人のような重いものは描かれないものの、おそ
らくは口減らしで修道院に預けらたようなあまり教育の無い修道士の
酒の不始末であるとか、性的放縦、シスターの恋や出産が描かれる。
概念的な罪としては、司祭職の秘跡の不信が語られるが極めてまれで
ある。破戒聖職者たちは、概して、その罪そのものを糾弾されること
は無く、懲罰を受けることもあまり無い。あり得ないような破廉恥な
生活を送っていたとしても、どこかで聖母マリアへの敬愛を忘れな
かった、ただその一点の美徳を契機として最終的に救われるのである。

　『頌歌集』には、幾つかのカテゴリーの聖職者が登場する。中世キ
リスト教界の実態を反映していると思われるが、女性の場合は、聖職
者になることがすなわち、俗世を捨てることを意味したため、修道院
に入っている修道女しか表されない。しかしながら、男性の場合は、
比較的俗世間とつながりのある教区司祭、在俗司祭のような立場の
人々がいて、女性関係の問題を起こすのはたいていこの種の聖職者で
ある。また、本人の意思とは無関係に教会に入らざるを得なかった人
たちが俗世間への未練を捨てきれずにいた場合もあっただろう。

　男性聖職者の場合は、高位から使い走りのような身分まで描かれる
が、司教が登場するのは、懲戒審問や結婚式など公式な場合に限られ、
『頌歌集』の中ではあまり主役をはっていない。このことから、アル
フォンソ賢王側がキリスト教界を揶揄する目的で破戒聖職者を描かせ
たというよりは、できそこないの聖職者たちの話にユーモアを見出し
ていたと考える方が妥当であろう。

　頻繁に登場するのが、修道院に共生する修道士たちである。『頌歌
集』の中では場所や時代の特定を避け、話を一般化する傾向があり、
修道会の属性も曖昧であるが、白い衣はシトー会かクリュニー会、黒
い衣はベネディクト会、黒白はドミニコ会の修道士などとある程度の
一般的な認識はあったと考えてよいのではないだろうか。修道士たち
は、俗世間と離れた環境で、清貧、純潔、従順という3つの誓願を立

て日々精進する。そのような閉鎖社会では、ワインを盗み飲み修道院の物を横流しするような比較的小さな問題は往々にして起こっていただろうが、共に暮らしていれば、すぐに露見することであったろう。しかしながら、少し役職が高くなり、鍵を預かれる身分になると、夜遊びの誘惑に負ける修道士もいたようである。在俗司祭ともなると、市井の家庭を持つ男性よりもさらに羽を伸ばして遊んでいた節がある。

　『頌歌集』には、使い走りをする下働きの聖職者が何度か言及されており、そのようなおそらくは若い男性は、教会や修道院の聖域と俗世間とを結ぶ役割を担っていたものと考えられる。そして、男性であっても女子修道院に出入りできたことがわかり、秘密裡に行われる会合や噂、内部情報の伝達などをも任されていたかもしれない。また、剃髪しているが、共住せずに仕事も行う在俗司祭の場合は、一層、一般の女性と恋愛沙汰に巻き込まれることが多かったように見受けられる。聖母マリアの導きによって、結婚しようとした2人を両方とも修道会に入れてしまう結論は、そうした在俗聖職者が罪から逃れるには、世間を捨てるしか無いことを示唆している。従って、『頌歌集』が描かれた目的は単なる聖母マリア称揚ではなく、在俗生活で悩みに直面した人たちに聖職者としての道を示し、さらに修道生活への誘いととらえることも可能だろう。

　聖職者のとんでもない性的放縦に関しては、割に寛容に見えるマリア様であるが、司祭の聖体の秘跡への不信は看過できない問題であったようだ。他では見たことが無いほど恐ろしい顔をして司祭をにらみつけるマリアの表情が事の重大さを物語る。司祭はミサを挙げる当事者であり、秘跡不信のまま祭式を行うことは自分に対してはもとより、信者に対しての欺瞞という大きな罪を犯していることになるだろう。罪の重さの序列というものがあれば、赦されざる最も重い罪ということとになる。

　以上のように、『頌歌集』に描かれる卑俗な堕罪聖職者の姿は後の

宗教改革の下地にもなったことが容易に想像できる。ただ、不思議な
のは、『頌歌集』の中では、同性愛が語られないことである。世の中
に存在しなかったとは思えないが、いくらマリア様でも看過できない
罪ということなのだろうか。『頌歌集』では、表現を和らげている箇
所があることをすでに指摘したが、読者が宮廷人であることを前提に
あまりに直截な表現、あるいは、身内である特定の個人を攻撃するよ
うなモチーフを避けた可能性もあるだろう。

注

1　例えば、著名な「縛り首になった男の蘇生」譚（*CSM* 175）では、男性の足を
支えていたのは、本来、聖ヤコブであるが、聖母マリアに置き換えられている。
この175番に関しては、邦訳とともに最近の研究成果を反映した緻密な論考が菊
地氏により刊行されている。菊地（2021: 90-106）

2　Keller and Kinkade（1984: 33）

3　Scarborough（2010: 288）

4　*T*写本は、エル・エスコリアル王立修道院図書館のサイトより画像公開されて
いる。

5　筆者は、カンティーガス挿絵の制作過程に関する考察に関してフィレンツェ
写本をもとに行った。浅野（2001: 122ss.）

6　Mettmann（1959, 1961）

7　OD

8　Pois en figura d'ome| pareceu-ll' outra vez,/ longu' e magr' e veloso |e negro come pez,/
（Mettmann 1986: l. 34-35）

9　スカボローはwild manの訳を充てており（Scarborough 2010: 287）、ロマネス
クの柱頭などに散見される毛むくじゃらの男の顔は、山中に住むと信じられて
いた野人であろう。

10　Vai ta via, muit' es de mal solaz（*CSM* 47, l.30）

11　Fuge, mao, mui peor que rapaz（*CSM* 47, l.35）

12　Tol-t', astroso, e logo te desfaz（*CSM* 47, l.40）

13　IM: "Virgen del Socorro".

14　Mettmann（1986: 86）

15　Quand' esto fazer queria, nunca os sinos tangia（Mettmann 1986: 86）

16　sempre con maas molleres, e casadas e solteyras, nen virgẽes non queria leixar, nen
monjas nen freiras（*CSM* 151, l.3）

17　Assaz eras varón bien casado conmigo, yo mucho te quería como a buen amigo; *MNS*

（1997: 130）

18　logo ambos ss'abraçaron, ... mais no podia.- Ca pero a gran beldade dela fez que a quisesse o novio de voontade e que lle muito prouguesse, a Virgen de piadade lle fez que o non fezesse.（Mettmann 1988: 95-96）

19　e tu seerás come en logar de fillo; e se eu morrer erdarás mui grand'algo que eu tenno（*CSM* : 125, l.75-76）

20　ome que de recadar/avia e de guardar/seu feit' e sa besonna（*CSM* 7, l.20）

21　Santa Maria tirar / lle fez o fill'e criar（*CSM* 7, l.44-45）

22　Santa Maria fez sacar o fillo a abadessa pelo costado（*T*）

23　スカボローは、鍵を目立たせるために故意に大きく描いたと指摘するが（Scarborough 1987: 130）、実際に中世の教会など建物扉口の鍵は鉄製で非常に大きい。

24　Hũa dona ouv' ali /..... / era menynna fremosa; / ...... / tẽer sa orden, que ni- / hũa atan aguçosa / era d' i aproveytar / quanto mais podia（*CSM* 94, l.19-25）

25　e poren lle foran dar / a tesoureria（*CSM* 94, l.26-27）

26　Abadess' avemos tal /e priol' e tesoureira, /cada hũa delas val / muito, de ben, sen mal, / nos fazen de gran maneira（*CSM* 94, l.85-89）

主要参考文献

Mettmann, Walter ed.（1959, 1961）: *Afonso X, o Sábio Cantigas de Santa Maria*, 2vols. Acta Universitatis Conimbrigensis.

Mettmann, Walter ed.（1986, 1988, 1989）: *Alfonso X, el Sabio, Cantigas de Santa María*, I. II. III. Madrid, Castalia.

MNS: Gonzalo de Berceo, *Milagros de Nuestra Señora*,（ed.）Michael Gerli, Madrid, 1997.

John E. Keller and Richard P. Kinkade（1984）: *Iconography in Medieval Spanish Literature*, Lexington.

Connie L. Scarborough（1987）: "Verbalization and Visualization in MS T. I. 1 of the *Cantigas de Santa Maria*, The Theme of the Runaway Nun", *Studies on the "Cantigas de Santa Maria" Art, Music, and Poetry*, Madison, 1987, 135-154.

Connie L. Scarborough（2010）: "Laughter and the Comic in a Religious Text: The Example of the Cantigas de Santa Maria",（ed.）Albrecht Classen, *Laughter in the Middle Ages and Early Modern Times. Epistemology of a Fundamental Human Behavior, its Meaning, and Consequences,* Berlin, 2010, 281-294.

浅野ひとみ（2001）:「アルフォンソ10世の『聖母マリア賛歌集』における「巡礼」の諸相〈その1〉」『純心人文研究』7, 117-146.

菊地章太（2021）:「聖母マリアのカンティーガ（3）巡礼がつどう聖地の調べ」『ライフデザイン学研究』16, 79-115.

IM: Silvia Alfonso Cabrera : *Base de datos digital de Iconografía Medieval.* Universidad Complutense de Madrid. En línea: https://www.ucm.es/bdiconografiamedieval/virgendel-socorro

OD: The Oxford *Cantigas de Santa Maria* Database
　https://csm.mml.ox.ac.uk/index.php?p=poem_list（2023.3.12取得）

T: *Códice Rico de El Escorial (T)*
https://rbdigital.realbiblioteca.es/s/rbme/item/11337#?c=&m=&s=&cv=&xywh=-2183%
　2C764%2C8109%2C3611（2023.3.12取得）

第六章

音楽史におけるカンティーガス・中世民衆音楽の脈絡において

杉本ゆり

はじめに

　マドリッドの中心部レコレトス通りにあるスペイン国立図書館 Biblioteca Nacional de España の正面玄関に美貌の男性の堂々たる像がある。これはアルフォンソ（＝アフォンソ）・エル・サビオ、すなわち賢王アルフォンソ10世の像である。図書館という英知を司る場に彼の像が置かれ、図書館を訪れる様々な学徒を王が迎えているということは、まさに彼は学芸の保護者であることの証である。

　私はこの論考で、カンティーガス Cantigas（＝カンティガス Cántigas）というものをこの時代の文化と霊性史の脈絡のなかで考察してみたい

（©杉本ゆり 2014）

と思う。すなわち聖堂のなかの典礼音楽ではなく民衆的賛歌として、また同時代のカトリック教会のマリア典礼との関係において、そしてカンティーガスと同時代性を有する13世紀の托鉢修道会とのかかわりにおいて、以上の3点から考察を進める。

I. 民衆賛歌としてのカンティーガス

　キリスト教音楽の歴史をみれば旧約聖書時代から人は歌と楽器によって神と対話し歌と共に生きてきた。「教会音楽」という時、我々は聖堂のなかで厳かに行われる典礼音楽をイメージするのではないだろうか。音楽史の教科書に掲載されるような楽曲が聖職者集団によって歌われるイメージである。しかし教会の外にも歌があり、一般民衆にも宗教にかかわる情熱と歌があった。

　カンティーガスとは音楽と文学と美術によって表現された13世紀の総合的なモニュメントであり、その魅力は当時の人々の生活、心象、政治、信心、宗教感情などすべて抱合している総合性にある。マリアの奇跡に鼓舞され、それを収集し、組織化し写本制作という事業によってそれを他者とわかちあっていく。まことに当時の民衆の生活感覚をかいまみることができる文化史的にも貴重な情報源であり、文化全体の脈絡の中で理解されるものである。

　カンティーガスは、同時代のイタリア単旋律賛歌であるラウダ（杉本:2016）のように口頭伝承を前提とはしておらず全曲に楽譜が付され、定量的音楽の記譜のスキルのある者、知的訓練を受けた文人が書き写している。旋律も詩もきわめて民衆的であるが出自は王の宮廷である。聖と俗、身分の上と下をつなぐ文化という点でヨーロッパの他の国々にみられない特殊性がある。

　音楽的には上記に述べた同時代のラウダが平行現象としてあげられ

るのだが、それは主に記譜法や形式に関してある。王が編纂した大規模写本であるが宮廷文化だけを反映しているのではなく主人公は多くは民衆であり王宮と民衆が連続性のなかにいることがこの写本を多面的な豊かなものにしている。

　この多様性は聖と俗が混合していることにあるといえる。教義的、神学的に整合性のあるテキストと教会教義から完全に逸脱するテキストが併存する。これはカトリック文化の土壌の広さと言えよう。カンティーガスは10曲ごとにCantiga de loorといわれる、物語を含まない純粋な賛歌が配置される。これはラテン・イムヌスのマリア賛歌と似てもっぱらマリアの聖性と救済史的役割を語る。そして9曲の奇跡物語が続く。病気からの快復、事故からの救出、死者の蘇生、戦いにおける勝利を含む様々な物語のなかには荒唐無稽なものと真摯なものが混在し、また神学的、教義的、典礼的なもの、マリアを通じて悔悛を促す歌が交互に現れてくることもこの写本の魅力である。

　同時代の、他の民衆的マリア賛歌はどうであろうか。ラウダにしても『モンセラートの朱い本』Llibre Vermell de Montserrat（杉本：2016）にしても典礼外で歌われる民衆歌謡であることに変わりはないが完璧に教義的であり、成立母体となった修道会の霊性を大きく反映させている。そしてまた信仰教育の目的がはっきりしたカテキズムの性格を持っている。しかしカンティーガのほうは400番以降別として全体的に教会側からの信仰教育的な目的はなく、マリア賛歌として教会で使用することは想定されていない。それゆえ世俗音楽に分類されるべきであろう。

　アフォンソ10世の時代のイベリア半島は文化混交が盛んであった。政治的な支配力が宗教的寛容さを促進し、複数の宗教、すなわちキリスト教、イスラム教、ユダヤ教という3つの一神教が並存する多元的世界、ヨーロッパ型の宗教的画一性とは異なる世界を形成していた。これら3つの宗教の共生は文化的に豊かな実りをもたらした。この宗

教的多様性の体制のもとで知的分野では非常に生産的であり豊かで
あったといえる。また重要なことは再征服後のトレドではユダヤ人キ
リスト教徒がアラビア語文献の翻訳活動を行い、ギリシア哲学、天文
学、医学、物理学、光学などがラテン語に翻訳されてヨーロッパもた
らされた。このときにアリストテレスもアラブ経由でヨーロッパに
入ってきた。中世には十字軍がありレコンキスタがありキリスト教と
イスラム教は宿敵のように争ってきた経緯があるがイスラムとの緊張
関係は様々な段階があり、融和的な時期もあり、スペイン独自の宗教
的多元主義が最も豊かさを生んだのがアフォンソの業績であろう。

　実際に彼らがどういう関係性にあったかといえば、キリスト教徒が
イスラムを征服した場合、抵抗すれば殺されるが降伏すれば命も財産
も没収されることなく信仰の自由も許される。このような条件ならば
イスラムも降伏しやすい。イスラム教徒は勤勉で灌漑技術にたけてい
たので征服地を社会再建するのに利用価値が高く有用な人材として重
用された。また逆にイスラム側はアフォンソ10世の法廷によると、
キリスト教徒にイスラムに改宗するように誘ってはならない、とやは
り信仰の自由を認めるが、キリスト教徒との同居、共同の入浴、共同
の食事、キリスト教徒を奴隷に持つことを禁じる。また、医師、産婆、
薬やとしてキリスト教と接触してはならない、これは両者の接触を最
低限におさえておくという権力側からの規制であるが、実際にはやは
り同じ地域に住めば頻繁な人間的な接触は避けられなかったであろう。
キリスト教徒とイスラム教徒が互いの結婚式や葬式に参加する、一緒
に教会に行く、一緒に仕事する、イスラムの吟遊詩人が教会に呼ばれ
て礼拝で歌う、イスラムの医師がキリスト教徒の家庭のみならず修道
院に出入りする（アラブの医療技術がすぐれているので）、ということ
があった。アフォンソ7世は1139年にトレドに入るときキリスト教、
ユダヤ教、イスラム教の歌い手たちが共に歌いながら行進することを
求めた。フェルナンド3世（アフォンソ10世の父）は自分の墓石にス

ペイン語、アラビア語、ヘブライ語の墓碑を刻ませた。

　アフォンソの死後9年後の記録によると彼の息子の宮廷には27人の雇用音楽家が居た。そのうち13人はアラブ系、またムーア人で（2人は女性）、1人はユダヤ人であるという。つまり非キリスト教音楽家ということである。これはアフォンソ10世の時からの伝統であろう。少なくとも2人のムーア人ミンストレルの存在があったようである。異文化の接触によってその先端部分が何らかの影響を受けて変化することを音楽学の用語でアカルチュレーション（文化変容）という。このイスラムとキリスト文化圏の文化変容がいかなるものだったかは民俗音楽の研究分野になるかと思うが楽器に関しては別稿で考察される（第七章、上尾信也参照）。イスラム音楽のほうの文献によるとイスラム中世音楽を論じるのにやはりカンティーガのことを述べており、楽器の例としてカンティーガの写本を示し、ここに使われる楽器はムーア人に起源を持つ、そしてムーア人やユダヤ人、時にはキリスト教徒によっても用いられた、と述べられている。

　イスラムの支配下に入った国のなかでスペインは唯一元の信仰に復帰した国でもある。スペインは非妥協性、国粋主義的、民族主義的な熱狂も併せ持っており、イスラムとの緊張関係に大きく影響されたことは否めない。これはカンティーガスより典礼音楽により強く反映されていることであるのでここでは論じない。しかしひとつ紹介しておきたいのは宗教音楽の範疇に入る大規模写本としてサンティアゴ・デ・コンポステーラに残る *Codex Calixtinus* またの名を *Liber Sancti Jacobi* という『ヤコブ典礼書』である。これも多くの楽曲が含まれる音楽史的にも貴重な写本なのだがイエス・キリストではなく12使徒の1人でありスペインの保護聖人である聖ヤコブに捧げられたヤコブ崇敬の書である。すなわちヤコブの祝日7月25日にしか使用できない楽曲である。これはローマ典礼全体からみれば非常にアンバランスである。しかしこの土俗性といっても差し支えないような信心の方向性

と情熱はまぎれもなくスペイン宗教音楽の特徴であり魅力でもあろう。

Ⅱ．カンティーガスにおけるマリア崇敬

1．マリア崇敬の始まり

　カンティーガは422番まではすべてが聖母をテーマにしている。イエス・キリストではなくその母マリアの存在が人々を突き動かしてこのようなモニュメンタルな大規模写本が成立した。文学と音楽と美術によってマリアが表現され崇敬される。マリアはなぜこのように讃えられるのか。

　マリア崇敬はもともと民間信心から始まっているが典礼を通して聖書的根拠、神学的後づけが行われ教義的確立に向かう。民間信心と神学の両輪でマリアが存在しているということはカトリック教会を屋台骨としている西洋文化の世界を知る上に非常に大切なことである。それはカンティーガスに如実に反映されている。人間の都合や願望が満載されているなかで400番以降はマリア神学を展開しカトリック教会の典礼暦と関連づけている。マリアの7つの御悲しみ、マリアの誕生、無原罪のマリア、お告げ、神殿奉献、被昇天などについて教義的な事柄が平易な歌のテキストとなって歌われる。またマリアの役割、神との親密性について。後述するカンティーガ414番は三位一体の神におけるマリアの三重の処女性について述べる。父と子と聖霊のそれぞれの位格におけるマリアとの関係性においてマリアは終生おとめであったということである。

　カンティーガスのなかに色濃くあらわれる「無原罪のマリア」の神学は古代からのマリア崇敬が発端となったとはいえ、フランシスコ会学派哲学者ヨハネス・ドゥンス・スコトゥス（1265 – 1308）の論考に

結晶していく。そのような背景をふまえながらカンティーガスの理解は深められるべきである。400番以降の神学的マリア論は後述するように王の側近として影響力を持ったフランシスコ会士の存在があるのではないかと推察される。

キリスト教にとってなぜマリアが重要な女性なのか。それは「神の母－テオトコス」という称号があるからである。「マリアは神の母」という信仰表明はエフェソ公会議（431年）にまでさかのぼるので、様々なキリスト教教理のなかでも古い層に属する。この公会議で初めてマリアは「神の母」と宣言され、「キリストの母」「イエスの母」という称号はネストリウス派異端として排斥される。これらの称号はキリストの人性だけを認め、神性を認めないという意味を含むからである。マリアが神の母であるというのはこの公会議が宣言したキリスト論の結果であり、キリストとは誰なのか、どういう者なのかという考察と同時に、それを生んだマリアへの称号が決定した。イエスは神であり人である、両性を備えているという理解のもとでマリアは「神の母」となるのでカトリック教会のマリア理解はあくまでもキリスト論におけるマリアであり、それ以上のものではないということが本筋である。したがって世間で時折言われる「マリア信仰」という言葉は教会教義的にはありえない言い方である。信徒は初期の迫害時代からマリアを「弁護者」、「とりなして」、「仲介者」として頼る傾向があった。それらは本来では聖霊の役割なので、この傾向が強まりマリアの特権を強調しすぎるのは健全とは言えないであろう。しかし神学理論などが及ばない領域において、つまり一般民衆は教会教義などとは無関係に本能のままにマリアを慕って頼る。

マリア崇敬というものが一般的に盛んになるのは降誕（クリスマス）が祝われるようになった4世紀ころからである。ルカ福音書の降誕物語がマリアの偉大さに焦点を当てていることから古代教父のイグナチウスやエイレナイオス、またトレドのイルデフォンススなどがマ

リアに言及していく。マリアはエヴァの名を覆した、EVAは逆さか
ら読むとAVEであり、天使のアヴェ・マリアの挨拶によりエヴァの
原罪を覆すという解釈が中世の歌の中にもよくあらわれるがこれはア
ダムが第2のキリストであるというエイレナイオスの説の延長である。
2世紀ころに書かれたヤコブの原福音書にマリアの出生や幼年時代の
ことが伝承として述べられており、古代教会ではSub tuum precidium
というマリアのとりなしを願う最古のマリア賛歌が歌われていた。キ
リスト教の歴史当初から神の母マリアは、キリスト教教義と平行して
人気のある女性であり、カトリック教会はこのように母性的原理が働
いている。

　マリア賛歌はラテン聖歌（アンティフォナ、イムヌス、レスポンソリ
ウム、カンティクル、セクエンツィアなど）のなかには数多く存在する。
しかし正規の典礼で歌われる聖歌だけではなく世俗曲の形式を持つカ
ンティーガス、「モンセラートの朱い本」という通称で知られる14世
紀のマリア賛歌の写本 *Llibre Vermell de Montserrat*, また同時代のラウ
ダというイタリアの宗教歌謡にはマリアが大きな位置を占め、フラン
スのトルヴェール、トロバドール、レーにも聖母賛歌がある。このよ
うに典礼においても世俗の歌謡においても格別に重要な女性なのだが
マリアの特別な偉大さと位置付けを表すものとしてマリアの4大アン
ティフォナという特別なカテゴリーがある。聖務日課の最後の時間で
ある終課のすべての祈りが終わったあとすべての明かりを消して暗闇
の中で歌われる Alma Redemptoris Mater, Ave Regina caerolum, Regina
caeli, Salve Regina である。この4曲を季節ごとに歌い分けていく。カ
トリック教会は1日の締めくくりをこのようにマリア・アンティフォ
ナで終え、闇のなかで就寝するのである。この伝統は今日でも修道院
のなかで途絶えることなく続いている。悪の力が活発になる闇の時間、
終課（コンプレトリウム）から夜明けの賛課（ラウデス）までの時間を
耐えるようにマリアの保護を願う修道院の習慣は、危機においてマリ

140

アに助けを願うカンティーガスの登場人物たちの心象と変わることは
ない。神の前には誰しも弱い子供であり、人類の母としてのマリアに
無条件で寄り縋る中世の民衆の心象がカンティーガスに多面的に豊か
に表現される。

2．スペインにおけるマリア崇敬の始まり

　イベリア半島にはトレドの大司教であったイルデフォンスス
（Ildefonsus c.607〜667）が「聖マリアの処女性について」(Libellus de
virginitate Sanctae Marie contra tres infideles）によってマリアの処女性を疑
う者たちへの駁論を著し、マリアに関する教父たちの教えをまとめた。
これはスペインにおけるマリア文学の最初のモニュメントと言える。
執筆中に聖母の出現を受け、カズラ（祭服）を賜ったという奇跡のエ
ピソードがベラスケス、ルーベンス、グレコらの画家によって描かれ
ているが、カンティーガ2番のなかにIldefonsoイルデフォンソへのマ
リアの出現の物語が歌われている。また、後述する413番にもイルデ
フォンソは言及されておりマリアを信じて慕う者にマリアが姿を現し、
人間と交流するというカンティーガの中に流れるマリアとの親密さが
ここにも伺える。スペインにおけるマリア崇敬の原点であるイルデ
フォンソの奇跡のことが歌われているカンティーガ2番の拙訳を以下
に掲げておく。イルデフォンソという名はカトリック教会内での統一
表記である。カンティーガスのなかでは（*CSM* 2. *CSM* 413）Alifonsso,
Affonssoと呼ばれる。*CSM* 2:29の3節に現れる Rei Recessiundo（レケ
スウィント王Recesvinto在位649〜672）は、28代目ビシゴート王のこと。
Santa Locaya（Leocadia✝ ca. 304）聖母レオカディアはトレドの守護聖人
である。

　「これは聖マリアがいかにしてトレドのイルデフォンススに出現さ
れたかというお話です。マリアは彼に天国からアルバを送ったのだ。
彼はミサでそれを着ている。

善良な人々よ、おおいに聖マリアを讃えるべきだ。なぜなら、彼女に信頼を置く人に彼女の恵みと賜物を着せたのだから。

・彼女の好意のしるしとしてスペインの、イルデフォンススと言われる高位聖職者、司教にベストを着せた。天国から持ってきたその衣服は彼の体にぴったり裁断されていた。彼は昼も夜も聖母を讃えていたから。

・彼は我々が真実と思われる説教をよくした。聖なる婦人の処女性についての著作によって、スペインではユダヤ人や異教徒の反対があったにもかかわらずマリアの処女性の論が確立された。

・イルデフォンススがレケスウィント王と共に行列しているとき、その地でマリアは大きな奇跡を彼に与えた。聖レオカディアが彼らの前に現れた。王が彼女のかたびらをしっかり摑むと、彼女は言った。「おお、聖なるイルデフォンススよ。聖母はあなたを通じて生きました。」

・なぜなら彼はトレドにおいて聖母の無原罪を力強く怖れることなく讃えたことを知っているから。彼女はその祝日にアルバを彼に着せたのである。彼に着せかけている間聖なる純粋なおとめは言った。「わが子がこれを貴方に送ります。」

・このたぐいなき美しい贈り物をしたとき彼女は言った。「神の名において誓います。貴方以外の誰かがあなたの椅子に座ってこのアルバを取ろうとしたらそれは無謀なこと。神は彼にお仕置きなさいます。」

・この、キリストの証聖者（イルデフォンススのこと）がこの世を去ったあと、不実なドン・シアグリオが司教になった。彼はその衣服を着ようとした。聖母の言ったとおりただちに彼は殺され、責められた。」

3．カンティーガスにおけるマリア典礼

　音楽家写本 *Códice de los músicos*（E, Ms. b-I-2, BRME）の400番台以降
は典礼と関連付けられるのでこの部分は準典礼聖歌といってもいいか
もしれない。民間伝承による奇跡物語とは一線を画している。賛歌に
似た Cantiga de loor とはまた異なる。典礼や神学との関係において以
下にみていこう。

1）カンティーガ403番

　403番は「聖母の7つの御悲しみ」がテーマである。これは9月15
日に祝われる Festum septem dolorum Beatae Mariae Virginis の意向を
歌ったものである。

　このカンティーガは典礼暦に呼応するように見えながらも神学的
ローカリティ以上の逸脱がある。本来のカトリックの教えでは7つの
悲しみの1つ目は神殿奉献におけるシメオンの預言である。ルカ福音
書2章34～35に述べられる「剣で心を刺し貫かれます」、これが第1
の悲しみである。

　カンティーガが1つ目としているエジプト逃避はカトリックの教え
では2つ目である。マタイ福音書2章13節以降の部分である。しかし
1,000人という数字は当時のベツレヘムの人口を考えると史的根拠が
ない。

　カンティーガが2つ目としているのは3番目、ルカ福音書2章41節
以下の少年イエスの迷子事件である。エルサレムに巡礼に行った帰り、
マリアは息子を見失い3日かけて探す。そして見つけたときに「なぜ
こんなことをしてくれたのです。御覧なさい、お父さんも私も心配し
て探していたのです」と、ごく普通の母親の感情を見せる場面である。
しかしカンティーガではユダヤ人が彼を隠し、殺してしまうのではな
いかと解釈されている。彼ら聖家族もユダヤ人共同体の一員であり、

親類、知人と共に旅していた。ここに大きな曲解と逸脱が見られる。ユダヤ人が彼を殺してしまう、という過剰なユダヤ人蔑視がカンティーガに現れている。奇跡物語のなかにはユダヤ人蔑視と差別が大きく現れているが、このように典礼との関係のカンティーガのなかにも強く反映されている。

　カンティーガ3, 4, 5, 6番目に挙げているのは教会の教えでは4, 5, 6に相当するが十字架のもとでの悲しみである。

　7番目の悲しみは、本来イエスが墓に葬られる時なのだが、カンティーガではイエス昇天における悲しみとなっている。これは大きな逸脱である。すでに復活を体験しているのでイエス昇天はアレルヤを伴う大きな喜びの典礼である。マリアが悲しんだはずはなく、まして異邦人の間に取り残されて心細いということはありえない。彼女は弟子たちと共にいて祈っていたということが聖書に記されているからである。以下に訳出した最終節に「天に昇って行ったのを見た。また来るときのように」というのは、使徒言行録1:11をそのまま引用しているが「また来るときのように」というのは再臨の希望であるから悲しみではありえない。

　このように実際のカトリックの教えにローカルな解釈を加えていくのをみることによってこの写本制作に携わった人々の宗教的感覚がクローズアップされる。

「この歌の50番（トレド写本を参照している）はマリアがその息子ゆえに被った7つの御悲しみについてです。

・もしマリアがその息子ゆえに被った数々の悲しみについて私が思い出さないのなら、こんなに涙を流すことはなかったろう。

・これらの悲しみの1つはマリアがエジプトに逃避したときのことだろう。ヘロデが自分の王国のために1,000人の男の子を殺すというのだから。

・2番目は息子が3日間迷子になったときのことだ。彼女はユダヤ人

が彼を隠していると考え、彼らが息子を殺してしまうのではないかと想像し、泣いた。息子は戻ってきたが。

・3番目の悲しみは実に大きい。知らせが来て真の息子、イエス・キリストが逮捕されて連れていかれ、弟子たちも皆彼を捨てたと聞いた時だ。

・4番目の悲しみは、美しい息子が十字架を負わされひどく鞭打たれ、あざけられた時だ。

・5番目の苦しみは、十字架につけられ、彼が渇いているとき酸い葡萄酒と苦いものを与えられたときだ。彼らはくじびきで彼の服を喜んでとった。

・6番目は疑いなく、彼が十字架から降ろされた時だ。彼を埋葬の場所に運んだ時。間違えがあってはいけないので彼ら（ローマ兵）は墓を守った。しかし彼らはそこに彼を見出さなかった。

・聖書が告げるように7つめの悲しみは非常に深く、痛いものだ。神が天に昇って行ってしまうのを見たときだ。また来るときのように。彼女は異邦人の間で心細さを味わった。」

2)　カンティーガ413番

　413番はマリアの無原罪について歌うものである。無原罪の教義が定まる前の段階のスペインのテキストとして興味深い。そしてまた同時代のラウダのなかに平行する表現が見られるのでそれも合わせてテキスト原文を掲げる。

　この歌の前口上として次のように紹介される。(Mettmann 1989:332)

Esta terceira é da virgīidade de Santa Maria, e esta festa é no mes de dezembro, e feze-a Sant' Alifonsso; e começa assi:

　この3番目の歌は聖マリアの処女性について歌うものである。この祝日は12月にある祝日で、聖イルデフォンススによって制定された。それはこのように始まる。

Tod'aqueste mund'a loar deveria

a virgĩidade de Santa Maria.

Ca ela foi virgen ena voontade,

e foi-o na carne con tan gran bondade,

por que Déus do céo con sa deïdade

en ela pres carne que el non avia,

Ond' ela foi prenne. Mas como x'ant' era

ficou virgen, que foi maravilla fera

ca tant'ouve door como ant'ouvera

que ouvesse fillo. Queno cuidaria

Que aquestas cousas de sũu juntadas

fossen e en corpo de moller achadas

que ouvess' as tetas de leit' avondadas

e pariss', e fosse virgen todavia?

Mas aquesta Virgen amou Deus atanto

que a enprennou do Espirito Santo,

sen prender end' ela dano nen espanto;

e ben semella de de Deus tal drudaria.

E desto vos mostro prova verdadeira

do sol quando fer dentro ena vidreira,

que pero a passa, en nulla maneira

non fica britada de como siya.

Que macar o vidro do sol filla lume,

nulla ren a luz do vidro non consume;

outrossi foi esto que contra costume

foi madre e virgen, ca Deus xo queria.

この世の者はすべて聖マリアの処女性を讃えるべきである

・なぜなら彼女は自身の意志によって純潔だったので。その心において
も肉体においてもいとも善良であったのだから。それゆえ天の神
はかつて持たなかった肉体を聖性とともに彼女の内に持たれたので
ある。

・そのようにしてマリアは子を宿した。しかし変わらず純潔であり、
それは驚くべき奇跡であった。ゆえに子を宿すとき抱く痛みと同じ
ほどの痛みを抱いたのである。誰が考えられようか。

・このようなことが1人の女性の体に同時に起こるということを。乳
房には母乳があふれ、出産したのになおも純潔であるということを。

・だが神は処女を大変愛したので主はこの処女を聖霊によってみごも
らせたのである。彼女は傷を受けず、怖れを抱くことなく主の深い
愛のしるしを受けたのである。

・これについてあなた方に真実のたとえを示そう。太陽の光線がガラ
ス窓に射し込むとき、光は向こう側に通り抜けるがガラスは割れず
に変わることはない。

・たとえガラスが太陽の輝きを受けても光がガラスを損ねることはな
い。それと同じようなかたちでそれは起こった。世の常識と異なり、
彼女は母であり、しかも処女であった。主がそう望まれたのだから。

　太陽光線がガラスを通して射しこむメタファーを用いて無原罪を表
現するこの美しい詩句はペトルス・ダミアヌスに由来すると言われる
（Mettmann 1989: 333）。興味深いのは全く同じ表現がコルトナ・ラウダ

3番に用いられていることである。13世紀のラウダはフランシスコ会
士の指導によって作成されているので、フランシスコ会士がかかわっ
たカンティーガとの共通項がここにあるのではないか（杉本:2003）。
以下にその原文と訳を掲げる。（該当箇所は太字にしてある）

Ave, donna sansitima,	めでたし、聖なる婦人
regina potentissima	最も力ある妃
La vertù celestiale	神は
colla gratia supernale	超自然の恵をもって
en te, virgo virginale,	おとめであった貴女のうちに
discese benignissima.	慈しんで降りてきた
La nostra redemptione	私達の贖い主は
prese encarnatione	受肉した
k' è sença corruptione	汚れのない貴女から
de te, donna sanctissima.	いとも聖なる婦人よ
Stand' al mondo sença 'l mondo	世にいても世のものではない
tutto fo per te iocondo:	貴女はすべてが喜ばしく
lo superno e 'l profondo,	天のものも地のものも
e l'aere süavissima.	ささやかな空気も喜びであった
Quasi come la vitrera	**太陽の光線が**
quando li rai del sole la fiera	**ガラスを突き刺し**
dentro passa quella spera	**太陽光線が通りこしていくように**
k'è tanto splendissima.	**大きな輝きがあった**
stando colle porte kiuse	**貴女は閉じられた門**

en te Cristo se renchiuse: キリストは閉じたまま貴女に入り

quando de te se deschiuse 閉じたままの貴女から出て行った

permansisti purissima 貴女は清らかなままで

3) カンティーガ414番

　414番は三位一体の神とマリアとの位格的交わりを述べたものでコルトナ・ラウダのマリア賛歌13番との類似がみられる。

「4番目の歌は聖マリアと三位一体についての歌です。

・神は完全なる三位一体であり、それ自体増えることも減ることもないので1つの本質に3つのペルソナがあることは確かで証明されたことでもある。これに従って私は示してみたいのだ。この3種類の処女性において聖マリアはいかに処女であったかということをすべての人が知るように。

・彼女は結婚することになっているヨセフに嫁ぐ前にその意思と肉体において処女であった。彼女は清さを保って処女であり妊娠したときも、男の子を生んだときも処女であり、前と同じようにそれを保った。このように3つの処女性が1つにある。

・神は主であるが、その祝福された母と同じであろうと望み、マリアは神の母でもあり、はしためでもあったが、神はご自身をマリアより偉大な価値あるものとはなさろうとせず、人と同じように彼女の肉体に宿り、ご自分が創造した被造物であり娘でもあるマリアを母とした。これは真実のことだ。

・彼女は謙遜な人だったので、神が天から下ってくることができ、彼女と共にそこに住んだ。あらゆる善性において完璧で、神は偉大な恵と驚くべき力を与え、人を病気においやる悪魔を退け、彼女を通し健康を得る。

・それ故、天使（ガブリエル）が訪れたときに彼女がそれ（聖霊）によって妊娠した神に彼女を通じて憐れみを求めよう。あらゆるとき

に我らを守り悪魔の姦策から救ってくれるマリアに。」

コルトナ・ラウダとの平行箇所を参考までに掲げる。

Honorata se' dal Padre	貴女は御父から誉を受け
di cui tu se' filia et madre	その父の娘であり母であり
in Trinita sancta quadre	三位一体の4格
in sustantia luce ardente	それは燃える光

　三位一体のペルソナの個々のペルソナにおけるマリアの緊密性を歌い、特別な被造物であること、つまりマリア論の中心的な部分を歌っている。同時代の準典礼聖歌（典礼の外にある聖歌）の脈絡のなかにカンティーガの作者がいたということの証左と考えられる。

4) カンティーガ415番

　415番は「お告げ」のカンティーガである。Annuntiatioは現在では「神のお告げ」としてイエスに属する祝日であるが、この時代はマリア祝日のカテゴリーであった。

　これは聖書の記述にほぼ基づき典礼的にも正統なテキストであり、ガリシア語による信仰教育と言ってもよい内容である。ただ不正確なのは、「あなたは女のうちで祝福され」「ご胎内の子も祝福されています」というのは天使ガブリエルではなくエリザベトの言葉である。そしてその言葉と同時に妊娠したのではなく、その言葉を言われた時点ですでに妊娠している。

　お告げの祝日は3月25日である。「3月の日に」と冒頭で述べているので教会暦をはっきりと意識したカンティーガである。そして内容的には完全に正統的な受肉の教義が述べられ、土俗的な逸脱がない。ただし「ユダヤ人によって苦しみを受け」という表現が403番と同様スペインの同時代のユダヤ人蔑視を強く反映している。

「5番目の歌はいかに天使ガブリエルが聖マリアにあいさつに来たかという話です。そしてこの祝日は3月になります。

　そのような祝福されたあいさつによって我らは救い主を見るだろう。

・その挨拶は忠実な使者、天使ガブリエルによってマリアにもたらされた。神はインマヌエルとなり肉体をとるだろうと。彼がまさに「アーヴェ」と言ったときに神は人となった。これは真実である。そして彼は力あるお方だがおとめのなかに入った。

・そして、「恵みに満ちた方」と天使がマリアに言ったとき、我らは神を知るものとなった。かつて見ることができなかった方を。しかし後に我らははっきりと神を見るのだ。

・天使がマリアに「主はあなたと共におられます」と言ったとき彼女は神を妊娠した。そのお方はユダヤ人によって苦しみを受けることを選ばれ、私たちを死の牢獄から救う方だ。

・「あなたは女のうちで祝福され」と言ったとき、彼女はすぐにイエス・キリストを妊娠し3人の博士は贈り物をたずさえてやってきた。

・「ご胎内の御子も祝福されています」と言ったとき我らが神からの赦しをいつもいただけるのだという道が与えられた。」

5）カンティーガ417番

　417番は「マリアはいかに御子を神殿に連れて行きシメオンに捧げたか」という口上、そして2月の祝日としていることからこれは「マリアの御浄め」Purificatioの日のカンティーガである。2月2日は現在では「主の奉献」と言われるが当時は「マリアの御浄め」であった。出産後の浄めの期間が過ぎると神殿に捧げものを持って行く習わしがあった。

「この7番目の歌は聖マリアがいかに息子を神殿に連れていき聖シメオンに捧げたかという話です。この祝日は2月にある。

聖マリアは息子を神殿に連れて行ったとき、神に最も高貴なすばらしい奉納をしたのだ。

・聖マリアほど豊かな捧げものを神殿でシメオンにしたのを見た者はないだろう。息子のイエス・キリストを捧げ、シメオンは腕に抱いて祭壇上で大変喜んだ。

・聖マリアが神殿に息子を捧げたのは律法に従って出産後40日過ぎてからで、2羽のキジバトと1対の家鳩と共に捧げた。

・彼女が息子を捧げたシメオンは聖なる人で、死ぬ前に世の救い主の誕生を見たいと主に求めていた。

・彼はキリストを見ると腕に抱いて足にキスし喜びに泣きながら言った。「私を生きたまま神を見たのだから、平和のうちに私を連れ去って下さい。

・なぜなら私の目があなたを見たのだから。あなたを待っていたすべての人の救い主、イスラエルの主を。主よ、私はもうこれ以上この世にはいたくありません。」

6)　カンティーガ418番

418番は神が与える7つの賜物をすでに母に与えていた、とはじまる。7つの賜物とは聖霊の7つの賜物のことである。聖霊降臨のあと聖霊が人間に与える賜物をマリアはすでに与えられていたという。この考え方は他ではあまり見られないがマリアの特権の強調、特別な被造物であるということの強調である。

イザヤ書に由来する7つの賜物の信心について述べている。Sapientia, intellectus, consilium, fortitude, Scientia, pietas, timorの7つが正しく対応して歌われている。

「神が与える7つのたまものはすでに神の母に与えられていた。」

・そして私は今あなたに語りたいのだ、いかにして神が7つのたまものを母に与えたかを。なぜならこれを聞くものは皆彼女に仕え、罪

から離れ、彼女の憐れみを持ち、それを持つ者は祝福されるからです。

・この賜物の最初のものは、完全な善性を知ることです。神を歓ぶために。聖マリアはこの賜物を持っていました。だから神は彼女のなかに肉体をとり、この肉体によって後に我らを裁くために来られるのです。

・2番目のたまものは理解力です。聖マリアはこれを持っていました。私は信仰によって確かなことだと思います。それ故神は彼女を母とし、彼女は天において神の傍らに座り、彼女はわれらに恵みを下されます。

・3番目は賢い判断力です。正しく、彼女はそれを持っています。今生きている、また過去に生きていた女のなかで神からこのように恵まれた女はいませんしこれからもないでしょう。

・4番目は強さです。彼女はこれを大いに持っています。なぜならその力で魔は一瞬にして力を失います。神が彼女の体を通して肉体を持ち人となり、そのとき悪魔は破壊され牢獄に入れられ、けして復帰することはできません。

・5番目は叡智と思慮です。聖マリアはそれをふんだんに持っています。そのため彼女は天使の語りかけに答え、彼女はすべてを超える母になり言いました。「私は主のはしためです」と。

・6番目は同情です。彼女は自分を呼び求める人すべてに答え、大きな困難から救います。それゆえ罪人はマリアを神の前にいる弁護者としています。こからもずっとそうでしょう。

・7番目は神への畏れです。彼女はこれを持っていますがいつも愛を伴っています。それ故彼女はわれらの主イエス・キリスト、神であり人であり永遠に統治する方の母になったのです。それ故、この7つの賜物のために彼女を讃えます。そして彼女に御子がわれらの罪を許し、過ちから守ってくれるように求めます。そうして彼の王国

で彼と共に生きるように。

7)　カンティーガ419番

　419番はマリア被昇天という最も大きなマリア典礼の日についての
カンティーガである。被昇天の諸伝承におおよそ沿っているがイエス
の死去の苦しみからマラリアに罹りということは他に類例を見ない。

　そして「悪魔のユダヤ人」という表現、自分の死後、自分の遺体を
ユダヤ人が汚すことへの怖れなどここにも激しいユダヤ人憎悪が見ら
れる。

　カンティーガスを理解するためには必ず押さえておいた方がよい祭
日であるので少し詳しく述べたいと思う。祭日というのは主日を上回
る等級の祝日である。

　被昇天は8月15日で固定祝日なので主日(日曜日)と重なる場合が
ある。一般の祝日は日曜日と重なった場合は消えることになっており
主の日に勝るものではない。しかし被昇天は母であるマリアの日が主
に勝り、重なった場合は主日の典礼が消滅する。

　カンティーガスのテキストの中で「マリアの日に」「8月の祝日に」
といった言い方がされているものは概ね被昇天を指しており、マリア
の祝日の代名詞のようになっている。カンティーガスが造られた時代
には被昇天はキリスト教の教義にはなっていなかったが典礼では古く
から被昇天が祝われ、歌もたくさん造られてきた。したがって当然カ
ンティーガスにも被昇天は反映される。

　被昇天はマリアの体が腐敗することなく天に挙げられた、つまりマ
リアは原罪がないのだから罪の結果としてこの世に入ってきた死とい
うものからまぬかれているはずだという理屈が成り立つ。しかし聖書
にはマリアの最後については何も述べられていない。何もないからこ
そ迫害時代を生きる信徒たちはマリア様の最後はどんなだったろう、
死後どうなったのであろう、と思いめぐらせる。初期の迫害時代にす

でに信徒たちはマリアの取次ぎを願って祈っていたと言われる。前述したSub tuum praesidiumという最古のマリア聖歌はオリジナルがギリシア語であり、典礼がラテン語化される以前のものである。そしてカタコンベ時代もマリアの被昇天を祝う考えがあったといわれる。記録も伝承もないゆえにそこから伝説が生まれる（菊地章太2020: 214）。シリア語、コプト語、ラテン語など30種類の伝説でマリアの遺体は腐敗せずそのまま天に昇ったというのがおおよそ共通している。そしてマリアの「死」という言葉は用いず、「御眠り」、あるいは「この地上での生涯を終えた」という表現をとる。神であるイエスを生んだ御方の肉体が墓のなかで腐敗するはずはないという願望からこの被昇天の信心が始まっている。

　民衆からでてきたこの信心は神学的には発展しないが典礼のなかに入ってくる。16世紀には被昇天は盛大な祝日になっており、また絵画にも描かれ、被昇天のセクエンツィアなどの聖歌も多数ある。しかしすべての信者が信じるべきことではない。「敬虔な説」pia sententiaとみなされていた。19世紀〜20世紀にかけてマリア信心が高まりマリア被昇天を教理として宣言することを要請する嘆願書が多く教皇に提出された。第2次世界大戦も終わった1946年にピウス12世は全司教に意見を聞く。圧倒的多数で1950年に被昇天の教理宣言がなされた。実に2000年の年月をかけて民衆の素朴な望みが教理宣言によって勝利したのである。

　以下、教理宣言に700年先立って歌われていた被昇天の歌謡の重要な証となるカンティーガ419の訳を掲げる。11節に「書物に書いてあるように」と訳したのはダマスコのヨハネによる*Homilia II in dormitionem B. V. Mariae*である。（Mettmann 1989: 342）

「この9番目の歌は8月の聖マリアのヴィジルについて歌う。彼女がいかにしてこの世を去り天国にあげられたか。神がその母を天国に引き上げたのだから、彼は私たちのためにも門を開けてくださったのだ。

・彼は女王として私たちにマリアを与え、母として神は彼女を我らに示し、彼の王国に招いてくれる。これほど偉大なことがあろうか。

・しかし最初に語りたいのは彼女がいかにしてこの世を去ったか、神がいかにして彼女と共にきて、聖人たちの女王として彼女に冠をかぶせたか、そのような偉大な名誉を与えたかということだ。

・神が死んだ日、母は十字架で我らのために苦しんでいる彼を見て、大きく悲しみ衝撃を受けてマラリアを患い、そこから快復しなかった。

・その後彼女はエルサレムに住んだが、病気の人が彼女のところに来て、治らないということがなかった。しかし彼女のマラリアは死ぬまで治ることはなかった。

・しかし完全な信仰の持ち主である彼女が神殿にいると、天使が来て話しかけた。「こんにちは、神の母よ、あなたの御子から告げるように遣わされました。この悪魔の世から去る時が来ました。

・彼（天使）は棕櫚の枝をしるしとして与え、間違えることなく3日後に彼女をイエスのもとに連れて行った。

・聖なるおとめは言った。「ご主人様、あなたのお名前は？」天使は答えた。「私の名をしらないとは偉大なことだ。まもなく使徒たちもやってきます。あなたの死の時に弟子たちがあつまるように神が命じたのです」天使は素早く去った。彼女は1人でいつも祈るために行くオリーブ山に行き、それからお風呂に入り、最後になる服を着た。そして聖ヨハネを呼んで、天使が来て告げたことを話した。

・泣きながら彼女はヨハネに言った。「思い出して。ヨハネ、神のご意志で、イエスはあなたの保護のもとに私を委ねました。だからあなたは私の死を看取らなければなりません。

・私が聞いたところによると、異教徒のごとく息子を殺した悪魔のユダヤ人は私が死んだあと私の骨から肉体を燃やしてしまうでしょう」

・2人がこのようなことを話し合っていると、明るく雲が11人の弟子を連れてきた。その時、トマスはそこにいなかった。到着時間が間に合わなかったのだ。

・書物に書いてあるように彼らが着くとすぐに聖なる女王は喜んで彼ら迎えて言った「友よ、神様があなた方をここに集めてくださったことは幸いなことです。

・集まってくださったのだからお願いします。私とともに徹夜してください。私は決められた日の早くにこの世を去るのですから。天使が私にそのように告げたのです」

・彼らはこれを聞くとひどく泣いて言った。「おお、婦人よ、私たちはあなたが喜ぶようにいたします。」彼らは律法に定められたように詩編を歌った。彼女は彼らの前でベッドに横たわった。

・翌日ペテロは神がこう言うのを聞いた。「私はあなたとともにここにいる。同時に皆はとてもよい香りを感じた。そして場所全体を光が包むのを見た。

・しかし私は語ろう、おとめマリアの父なる、そして子なる神が六時課になさったことを。彼はマリアの魂を抱きとると、彼女の体の背中に置いた。

・彼は聖ペテロに言った。「お前がなすべきことを言おう。わが母が死ぬとき、朝まで待っていてはならない。彼女の体をヨシャパトの谷に埋葬せよ。墓は彼女があなたがたに示すだろう」

・これは8月の半ばに起こったことだ。イエス・キリストは母の魂を取った。ペテロと他の10人の弟子は彼女をヨシャパトに埋葬した。とてもしい墓にマリアを埋葬した後彼らは街に行った。しかし同時に天使ミカエルがきて他の天使たちと共に歌いながら彼女の体を持ち去った。

・彼らが歌っている間、雲にのって神が連れてきたトマスが空中に登っていくものを見た。そして彼ら（天使）とともに運ばれていく

マリアを見た。それが誰なのか知るために彼らに聞いた。

- マリアは答えた。「トマス、わが友よ、息子が私の魂を取ったのです。確かなことです。今聖なる天使たちが私の魂を天国へ連れていくのです。私は仲間たちと行きます。」

- トマスは言った。「わが婦人よ、信じることができるためにしるしをください。それが必要です。もしよろしければ」彼女は身に着けていたガードルを投げた。それは贈り物ということではない、とあなたに言おう。それは美しく造られ、複雑な刺繍がしてあった。彼はマリアにガードルを手にたくさんの賛辞を送り、街に到着した。

- 11人は彼を見たとき言った。「ここから出て行け。神はお前を愛していない理由を見せるだろう。お前は聖母が死ぬのを見ず、我らが彼女を埋葬したときもそこにいなかった。それだけ神はお前を軽蔑しているのだ。」

- 聖トマスは泣きながらやっとのことで答えた。「彼女をどこに置いたのか言ってくれ。でも私はあなたたちが彼女をどこにも見つけられないことを知っている。ブリタニアのアーサーが見つけられなかったように。でも私は見たのだ。彼女が雲の上に昇天していくのを。そして彼女は私に声をかけてくれた。そしてたぶんあなたたちは信じないだろうから、彼女は私にガードルをくれた。私が言っていることが確かだとわかるだろう。彼女の体は百合より白く、天に昇り、長くはとどまっていなかった。

- 聖ペテロは言った。「愚か者が私に語ったこの話が本当かどうか確かめに行くのが賢いだろう。もしこれが真実でなかったらキャベツの葉っぱ1枚ほどにしか彼をみなさない。彼はいつでも疑い深いのだからな。」

- 彼らは口々に言い始めた。「彼は嘘を言っている」そして彼らは息子を十字架上で死ぬのを見た彼女の墓を確かめた。しかし一条の光しかそこにはなかった。聖ペテロは何度も行き来して他の者も地面

を見た。そして泣きながら聖トマスに神の名において赦しを求めた。彼は言った。「なんとも思っていない。私は正しいのだから。」

8）カンティーガ420番

カンティーガ420番は被昇天後のマリアについて大変興味深いテキストを持つ。マリア賛美の集大成の内容であるとともに被昇天したマリアが天国で戴冠するところまでが歌われる。その後の421, 422は最後の審判におけるマリアへの嘆願となっている。神学的な逸脱や齟齬はないが、天国におけるマリアの様子は民衆的なイマジネーションであり、中世の人々の想像力の豊かさをかいまみることができる。

以下に訳を掲げる。

「これは行列の日のための10番目の歌です。マリアが天に昇ったとき聖マリアを迎えた天国がどのように行列を下かを話すもの。

・祝福された方、御父であり息子である神の娘であり母でありはしためであるマリア。これはすでに証明されていることです。あなたが宿られた時は祝福されよ。あなたの魂は神によって聖化された。あなたが生まれた日は祝福されよ。あなたはアダムの罪から解放されていた。あなたをくるんだ布は祝福されよ。そしてあなたが吸った乳房も。祝福されよ、あなたを洗った浴槽の水は。そしてあなたを養った食べ物も。祝福されよ、あなたが聞いた言葉、そしてあなたが読んだ文字は。

・祝福されよ、貴女が住んだ家、そしてあなたが捧げられた神殿も同様に。あなたが織った絹は祝福されよ。ヨセフと婚約した時は祝福されよ。結婚することなく守られた。あなたが聖なる天使に挨拶されたときは祝福されよ。神によってみごもった。祝福されよ、あなたは罪なく、汚れなく純粋で、罪から自由である。祝福されよ、息子キリストがそこに横たわり、成長し、体を形成したその肉体は祝福されよ。

・祝福されよ、あなたがベツレヘムに入り、出産した時は。あなたは
　すぐに神であり人でもある息子を痛みもわずらいもなく出産した。
　祝福されよ、あなたの聖なる処女性は前と変わらない。祝福されよ、
　息子の体を養うためのあなたの母乳は。それによってキリストは成
　長した。祝福されよ、聖なる人を世話したあなたの手は。祝福され
　よ、彼とともに歩んだあなたの生活は。しかしあなたは貧しく乏し
　かった。

・最も祝福されるのはあなたがこの世の生を終えてそこから過ぎ越し
　て行く時である。祝福されよ、貴女の息子イエスはあなたが横た
　わっているところに来て、あなたの魂を体から抜き取り、いったん
　ミカエルに委ねた。祝福されよ、秩序正しく行列する美しい天使た
　ちの軍団を。そして他の誉れある仲間たちはあなたを受け入れ、讃
　える。あなたに挨拶するために送られた座天使と主天使は祝福され
　よ。

・祝福されよ、あなたは天に昇って能天使、偉大な天使たちと会う。
　ケルビムとセラフィムがあなたを見つけ、あなたにひれ伏す。祝福
　されよ、あなたは天の聖人たちに囲まれ、彼らに讃えられる。祝福
　されよ、あなたの息子も急いであなたの傍らに来て、聖人たちに言
　うのだ。「私の母のところから去ってください。彼女は疲れている。
　祝福されよ、彼は腕の中にあなたを抱き、彼のかたわらに休ませる。

・聖人たちが声を高くあげ「ようこそ、希望の婦人よ」と言ったとき
　は祝福されよ。祝福されよ、息子はあなたを神のところに連れて行
　き、「父よ、彼女は貴方が私に与えた母です」という。祝福されよ、
　神は彼女の肉体と魂を一緒にし、冠を授ける。それゆえ祝福された
　神の友である婦人よ、弁護者よ、私を憐れんでください、私の魂が
　この世を離れるとき天国の門を閉じないでください。」

9) カンティーガ421番以降

　カンティーガ421番は最後の審判における弁護者マリアへの歎願。422番も同じである。しかし423番から内容的に大きく異なる。*Cantigas de Santa María* ではなく *Cantigas de nuestro Señor Jesu Cristo* というべき内容になる。トレド写本 Toledo Codex では、イエス・キリストの5つの祝日についてのシリーズなのである。ここはマリア賛歌本体とは区別されるのでかいつまんで紹介しておきたい。

　カンティーガ423番は天地創造と受肉、救済の意味を説いている。

　カンティーガ424番は3博士の到来、エピファニーである。イエスの生後13日目に来た、と具体的に日数がかかれていることが興味深い。また「アイスランドより遠いシェバとタルシシュからきた」という当時の人の地理感覚。また「黄金、乳香を捧げた。彼らが捧げたのはマラヴェディ金貨ではない」と当時のスペインの通貨マラヴェディを用いているという点も自分たちの生活の座にひきつけていることが興味深い。

　カンティーガ425番は復活についてである。概ね聖書の記述に基づき3人のマリア（マリア・サロメ、マリア・ヤコビ、マリア・マグダレーナ）にあらわれ、彼らはアロエを運んでいた、と書かれている。アロエということは聖書にはない想像で、これも史的ではなくカンティーガスが書かれた時代の生活感覚からでてきたものであろうか。そして最後に最大の喜びは聖母に復活のイエスが出現したことの喜びである、と言われ、聖書にはない信心、しかし確実に信じられていたことが述べられる。

　カンティーガ426番は昇天がテーマである。世界中にいって福音を宣べ伝えなさい、ということがおよそ聖書を基盤として聖書に忠実に述べられる。

　カンティーガ427番は聖霊降臨である。聖書に書かれていない言説としては「三時課のときに」と聖務日課の時課が示され、「空からの

燃える舌」を彼らは「悪魔のフォークだ」と大騒ぎしたことである。先端がわかれわかれになった炎を悪魔のフォークと形容している。しかしバベルの塔の破壊によって取り去られた異言語の壁が再び取り去られ「この時から弟子たちは恐れることなく説教して福音を告げ、多くの人々をイエス・キリストに回心させた。彼らはイエスのために困難を耐え、死さえも受け入れた」という重要な一文がある。そして最後に、聖霊を受け取るのに聖母が助けてくれる。なぜなら神は彼女から生まれたのだから、という決定的なフレーズでカンティーガをしめくくる。

　5つの祝日というのはテキストを見る限り「降誕」「公現」「復活」「昇天」「聖霊降臨」である。これはコルトナ・ラウダがそうであるように歌によるカテキズムである。時系列的に教会暦に従っていることもコルトナ・ラウダと共通である。

　マリアに自分のわがままな嘆願をすることからは完全に一線を画して、キリスト教的な生き方を聖職者の立場から説き、最も重要なこと「全世界に行って福音を宣べ伝えよ、人々を回心させよ」というメッセージ、すなわち托鉢修道会の創立目的である異端の制圧、民衆への正しい福音宣教の熱意が感じられる。この5曲は伝承や奇跡物語とは無縁で聖職者によって書かれたものであることがうかがえる。アフォンソ王の側近にいる聖職者として浮上するのが3.1で述べるフランシスコ会士サモーラである。というのは教区司祭には全世界への福音宣教というテーマはなく、フランシスコ会の最重要課題だからである。

Ⅲ．フランシスコ会とのかかわり

　カンティーガスと同時代の13世紀にイタリアで創立された托鉢修道会であるフランシスコ会はラウダという単旋律聖歌を宣教の道具と

してスペインでも活動した。Ramón Menéndez Pidal: *Poesía juglaresca y juglares*, 1924 によるとトロバドールより古いスペインのジョングルールたちの活動が記録されている。その記録のなかにフランシスカンが登場する。チェラノのトマス Thomas de Celano（1190-1260）の伝記を引用して「神の道化師」としてフランシスコの活動を記録しているのだが、その記録に組み込まれているということは興味深い。そしてジョングルールとしては聖フランシスコが最高の者であった、敬虔さと信仰において最高であったと述べられている。フランシスコ会士たちはラッパを吹いて民衆を呼び集め、説教し、歌ったという。歌はスペインの民衆歌から旋律がとられ、そこに宣教の言葉がつけられていった。「神のラウダ」を歌っていた、と記される。チェラノのトマスによる第2伝記「魂の憧れの記録」135章によるとスペイン人聖職者がフランシスコを訪問し、スペインにおけるフランシスコ会士の敬虔な働きによって周囲によい影響を与えていることが報告されている。

　フランシスコ会は異端への説教のためにスペインに初期のころ遣わされた。バルセロナの年代記作者によると、バルセロナ、レリダ、ヘローナなどのカタロニアにまず多くの修道院を作っている。筆者自身スペインを旅してフランシスコ会の大きな修道院、フランシスコに捧げられた教会が非常に多いことに気づく。

　13世紀半ば頃にはすでにイベリア半島にはフランシスコ会が定着していた。1217年にベルナルド・デ・クインタヴァレ、1219年にジョヴァンニ・パレンティがカスティーリャに宣教に出かけている。1226年にフランシスコが帰天するまでの間にイベリア半島には15のフランシスカンの拠点が設立されていた。そして1230年には3つの管区に分かれた。サンティアゴ、アラゴン、カスティーリャである。レオン・カスティーリャのフェルナンド3世、アラゴンのハイメ1世、その後継者たちの助けによってフランシスコ会は13世紀の終わりには少なくとも60の修道院を設立していたと言われる。

　中世にスペインで影響力を持ったフランシスコ会がカンティーガス
に何らかの影響を及ぼすのは当然であろう。聖母崇敬の強い修道会の
司祭が熱意をもってアフォンソに協力したことは伺える。アッシジの
聖フランシスコは聖母への熱烈な詩を残しておりフランシスコ会は聖
母崇敬を大きな特徴とする。聖フランシスコは人となった神、イエス
の受肉の秘儀において中心的な役割を果たすマリアを特別な存在とし
て観想し、『幸いな処女マリアへの挨拶』(Salutatio Beatae Mariae Virginis)
というラウダ、また聖務日課の各時課に唱えるアンティフォナを書い
ている。

　自らを「神のジョングルール」としたフランシスコの精神が「マリ
アのトロバドール」であるアフォンソの精神に流入していったことは
想像できる。それゆえ奇跡物語だけではなく中世の教会を取り巻く環
境、中世を代表する托鉢修道会とのかかわりもここに見ていきたい。
カンティーガスのなかにも説教するフランシスコ会士が登場する。以
下に掲げる143番である。(Mettmann 1988:120)

Como Santa Maria fez en Xerez chover por rogo dos pecadores que lle foron
pedir por merçee que lles desse chovia.

　　Quen algũa cousa quiser pedir

　　a Deus por Santa Maria,

　　se de seus pecados se repentir,

　　ave-lo-á todavia.

　　Porên vos quero contar sen mentir

　　Quen algũa cousa quiser pedir

　　como Santa Maríi quis oyr

　　Quen algũa cousa quiser pedir

　　un poblo, que se lle foi offerir

por chuvia que lle pedia.
Quen algũa cousa quiser pedir...

En Xerez, preto d' Aguadalquivir,
foi este miragre, que sen falir
ouv' i tan gran seca, por que fugir
a gent' en toda quería.
Quen algũa cousa quiser pedir...

Mas un frade mēosros fez vĩir
e fez-lles sermon, en que departir
foi como Deus quis por nos remiir
nacer, como dit' avía,
Quen algũa cousa quiser pedir...

Da Santa Virgen, e com' ar fiir
quis por nos na cruz e pois resorgir
do sepulcr' e o demo destroyr,
que ante nos destroya.
Quen algũa cousa quiser pedir...

E disse: "Se quisessedes gracir
est' a Deus e a sa Madre servir
e de voosos pecados vos partir,
a chuvia logo verria.
Quen algũa cousa quiser pedir...

Poren cada ũu com' a mi vir

fazer faça; e sei que nos oyr

querrá a Virgen que Deus foi parir,

que ante de tercer dia

Quen algũa cousa quiser pedir...

Averemos chuvia que nos conprir

e per que poderemos ben guarir

e daquesta mui gran coita sair,

dest' eu fiador serya."

Quen algũa cousa quiser pedir...

Pois esto disse, sen al comedir,

log' en terra das mãos foi ferir

e diss': "A esta gente faz sentir,

mia Sennor, que en ti fia,

Quen algũa cousa quiser pedir...

O teu ben, con que possamos goir."

E log' a gente fillou-s' a rogir

e as molleres chorar e carpir

cada hũa a perfia.

Quen algũa cousa quiser pedir...

Enton a Virgen as nuves abrir

fez e delas tan gran chuvia sayr,

que quantos choravan fezo riir

e yr con grand' alegria.

Quen algũa cousa quiser pedir...

聖母マリアがヘレスの地にいかに雨を降らせたか。雨が欲しくて聖母に乞い求める罪人の祈りを、いかに聖母が聞き届けられたか、という話しである。

・聖母マリアを通して神に何事かを願う者はたとえ罪人であっても必ず受けいれられるであろう。

・それゆえ私はあなたに語りたい。聖母マリアが雨を求める村の祈りを聞きいれられた次第を……

・奇跡はグアダルキビール川のそばのヘレスで起こった。そこはひどい干ばつに見舞われた。それゆえ住人はすべてその村を離れようと願った。

・しかし、1人のフランシスコ会士が村人を集め、説教した。神がいかにして、約束されたとおりおとめマリアから生まれ、そしてさらにいかに我らのために十字架上で死に、墓からよみがえり、我々を破壊する悪魔を打ち破ったかを。

・フランシスコ会士は言った。「もし、あなた方がこのことを神に感謝し、聖母マリアに仕え、罪から離れるなら、雨はすぐに降る！」

・「それゆえ、神が求めることをしようではないか。神をお生みなさった聖母が3日以内に我らの願いを聞き入れてくださることは確かだ。

・我々はこの大きな禍を逃れ、雨に飽き足りるだろう。私はこの言葉に私を賭ける」

・こう言うと、彼はただちにその手で地面を打ち、言った。「おお、私の聖母よ、あなたを信じるこの村人に感じさせてください。"そこにおいて感じるあなたの恵みを"」すると人々はただちにうめき始め、女たちは泣き、叫び声をあげて泣き、最高潮に達した。

・すると聖母は雲を開き、大雨を降らせ、すべての人は泣き笑いし、幸せになった。

ここにおいてフランシスコ会士は説教者のシンボルになっている。

またカンティーガ85番、171番に伴う挿絵には内容とはかかわりなく図像学的に明らかにフランシスコ会士とわかる修道服をまとっている。(Peter V. Loewen: 2013)

1. フランシスコ会士　サモーラ

　カンティーガスの音楽を語るうえで避けて通れない人物がいる。1260年から80年ころに活躍したJuan Gil de Zamoraまたの名をEgidius de Zamoraである。名前からしてスペインのサモーラ出身であろう。フランシスコ会で聖職者としての研鑽を積んでいた段階でレオン・カスティーリャ宮廷と親密な関係にあった。サモーラがどのような経緯でアフォンソの宮廷にかかわるようになったのかは定かではないが、活動的な精神の持ち主であったといわれるサモーラは司祭にして音楽理論家であり、アフォンソによって促進された活発な学問文化活動と合致したと推察される。彼はアフォンソ10世の息子の家庭教師であった。またアフォンソ10世の聴罪司祭であったと推測する者もいるが証拠はない。しかしアフォンソに随行して1260年にセビーリャに行ったことは確かである。

　サモーラ自身の報告によると、彼はアフォンソ10世とその息子サンチョに秘書という立場で仕えたという。彼はこの2人に献呈した2冊の著書に自らを "Scriptor suus" と記している。その2冊とはサンチョのために "Liber de preconiis Hispanie"（c.1278）、アフォンソ王のために "Officium Almiflauae Virginis"（c.1278）である。また "Ars musica"（1270）を執筆してフランシスコ会の総長に献呈している。

　聖務日課である "Officium Almiflauae Virginis" は彼のマリア伝承集 "Liber Mariae" とあいまってカンティーガスの重要な源泉史料であるとみなされている（P.V. Loewen, 2013:199）。前章に述べたマリア典礼のテキスト（カンティガ403, 413~419）においても典礼的な要素のなかに伝承が入り込んでおり、本来は相いれない2つ、典礼と伝承がカン

ティーガスにおいて交じり合った感がある。『カンティーガス・デ・サンタ・マリア』が成立した13世紀はなんといっても托鉢修道会の世紀である。

　聖フランシスコと聖ドミニコの精神がキリスト教世界を高度に刷新した。ラテン教父の権威に基礎を置く古典的な神学の教えを越えて人々の生活の座において人々に理解できる日常の感覚において神を感じ取っていく道が開かれた。そして民衆文化として俗語による宗教歌謡が力を得た。そのような時代精神、また民衆霊性とカンティーガスは無縁ではないだろう。聖母と423番以降のイエスの生涯を歌うのにラテン語を選ばなかったというアフォンソの選択は大きな文化的貢献であり、それはフランシスコ会とドミニコ会がラテン語ではなく俗語で賛歌を歌って宣教したことと同時代性をもつ平行現象であると私は考える。民衆文化を担った托鉢修道会がアフォンソの宮廷文化と交わったところにもカンティーガスの生命力があらわれている。アフォンソ王はマリアの奇跡物語を収集し、検証し、それらを芸術と結びつけることを望み、写本制作という形で後世に残した。マリアの存在と美を結びつける偉業を聖職者の領域ではない宮廷で行ったことに大きな意義がある。

　サモーラはアフォンソ王について次のように述べる。「ダビデにならいて、かのお方もまた聖母を讃え怖れ多くも幾多のこの上なく美しいカンティレーナをおつくりになられた。それは調和のとれたソヌス（響き）とプロポルツィオ（比率）とによって整えられたカンティレーナであった」(Anglés:1958, III S.134)。

結　び

　カンティーガスを典礼との関連から、また同時代の民衆賛歌との関

連から考察した。典礼に関しては、「7つの御悲しみ」「無原罪」「お告げ」「お浄め」「聖霊降臨」「被昇天」、また特殊な例として被昇天後の「戴冠」についてのカンティーガ（420番）をみた。またイエスのカンティーガともいえる423番以降は明らかにカテキズムの性格を持つ。俗語で書かれたカテキズムとしての民衆歌謡の側面はあまり論じられることがないがカンティーガスの多面性を示すものであろう。

　カンティーガスの現代的意義とは何であろう。まず演奏されなければ意味をなさないのだが、地理的にも時間的にもはるかに隔たっているこの音楽にどのようにアプローチし、何を実現していくのか。どのような声で、どのような楽器で、どのような響きをもとめたらよいのか。賛美するとは何か、マリアのトロバドールになるとはどういうことか、マリアの根源は何かということを自分自身の実存から問いかけなければならない。珍しいものを鑑賞して愛でるのではなく生きるための音楽として、またカンティーガスを現代に活かすものとしてどのようにカンティーガスにアプローチしたらよいのか。まずアフォンソ王がここに讃えている聖母マリアとは誰なのか、どのような存在なのか、演奏する者、それにかかわる者たちにとってマリアとは何かということを見据えていく必要があるだろう。そのきっかけとしてマリア典礼との関係性をここに論じた。典礼には教会の意向と民衆の思いが両方詰まっているからである。私自身にとって聖母マリアは「美の根源」である。マリアは美しいものを湧き出させる泉であると同時に、美とは真理への道、神への通路である。マリアはヘブライの貧しい一女性として生きた。同じヘブライ女性でもエステルやユディットのような英雄的な働きをしたことはなく、寡黙であり、イエスが十字架上で息絶えたときも聖書中では一言も発しない寡黙さである。しかし聖書中での登場回数、発言数が非常に希薄であるにもかかわらず民衆の想像力によって天の元后にまでなり、天国で戴冠しすべての天使に歓迎されている。これ自体奇跡的な想像力の表現である。それを歌と楽

器で飾り、人々を潤すのがカンティーガスの演奏である。我々は身を
低くして中世に向かって旅をしていかねばならない。中世のカス
ティーリャの宮廷という遠さにたじろぐことなく過去に遡及していく
巡礼者の魂をもたねばならないと思う。

参考文献

Anglés, Higinio: *La música de las Cantigas de Santa María del Rey Alfonso el Sabio*. 3
vols., Barcelona, 1943, 1958, 1964.

Kulp-Hill, Kathleen（translation）: *Song of Holy Mary of Alfopnso X, The Wise; Medieval
and Renaissance texts and studies, vol. 173,* Arizona Center for Medieval and
Renaissance Studies, 2000.

Loewen, Peter V.: *Music in Early Franciscan Thought, VIII: The Ars musica of Juan Gil de
Zamora; Musical Expression and Instruments of the Reconquista*, Boston, Brill, 2013.

Mettmann, Walter（ed.）: *Cantigas de Santa María*. III. Madrid, Castalia, 1989.

Kinkade, Richard P.（ed.）: *Studies on the Cantigas de Santa Maria: art music, and poetry:
proceedings of the International Symposium on the Cantigas de Santa Maria of
Alfonso X, el Sabio (1221-1284) in commemoration of its 700th Anniversary Year
1981): Schlastic Philosophy and art of the Cantigas de Santa Maria*, New York, 1982.

Pla Sales, Roberto（Ed）: *Cantigas de Santa María Alfonso X el Sabio. Nueva transcripción
integral de su música según la métrica latina.* Madrid, Música Didáctica, 2001.

Sage, Jack: *The New Grove Dictionary of Music and Musicians.* London, Macmillan
Publishers Limited, 2001 second edition.

杉本ゆり「コルトナ・ラウダ概論」『聖グレゴリオの家研究論集I』聖グレゴリオ
の家宗教音楽研究所、2003.

杉本ゆり「コルトナ・ラウダにおけるマリア賛歌」『フランシスカン研究』vol.1 東
京フランシスコ研究所、2006.

杉本ゆり『コルトナ写本におけるマリア・ラウダ注解（1）』私家版、2013.

杉本ゆり『コルトナ写本におけるマリア・ラウダ注解（2）』私家版、2015.

杉本ゆり『モンセラートの"朱い本"について——その本質と霊性——』私家版、
2016.

菊池章太『聖母マリアのカンティーガ 中世イベリアの信仰と芸術』東京、サンパ
ウロ、2020.

第七章

『聖母マリア頌歌集』エスコリアル*E*写本にみる中世の楽器と楽師について

上尾信也

はじめに

エスコリアル*E*写本（*Códice de los músicos* 分類番号 RBME Cat. Ms. b-I-2）の10歌ごとに（10, 20, 30 … 400）添えられた美しい挿絵（ミニアチュール）は、当時の音楽・楽器の様子を今に伝える貴重な資料かつ美術品である。そこにはキリスト教徒のほか、イスラムの楽師も描かれており、当時の様々な楽器やその奏法についても教えてくれる。

王はプロローグ（序B）で「歌う技芸」を語る。
歌の技芸に必要なことごとを記した、〈聖母マリア様の頌歌の序〉[1]
「歌をつくるということは世事に通ずる必要がある技芸であり、それをなす者はこれを思い知り良き判断を持たねばならない。さすれば分かり、分かりえたことを伝え、作った歌でそれを示すことができるであろう。

さりながら、望むべき熟達のこの2つの水準に達していないとはいえ、神の恩寵により、主の叡智によるこの技芸について知りうるほんのわずかでも披露することを許されたい。

主の助けにより、探し求めたいくばくは成し遂げることができたのではなかろうか。探し求めたことは、神の造られた至高の驚異にして、主

の御母聖処女マリア様を讃えることである。今日から私はマリア様の歌人（trobador）となることを願い、マリア様が私のもとに訪れんことを祈る。

　歌人として歌をもって、マリア様がなした奇跡を披露いたしたい。今より他のどのような貴婦人にも歌うことはなく、余力を全て捧げていく所存である。

　マリア様の慈愛、それを得た者は永遠に恩恵に授かれる。熱望しても授かれなかった者は、不幸にして、善行から見放され、悪行に走る。慈愛を失ってしまえば、なすすべはない。

　マリア様から見捨てられないためには、マリア様の恩寵をけして失うことなきよう、知る限りのすべてをもって心よりマリア様をお助けする。慎み懇願して恩寵を失ったものは未だおらず、マリア様は祈りを常にお聞き届けくださる。

　マリア様の御意志にかなうべく祈り、マリア様について私の歌で語ることはマリア様のお喜びである。マリア様を喜ばせるならば、それが私へ下さったマリア様の慈愛という報酬である。これを約する者はマリア様のために喜んで歌おう。

　ここに聖母マリア様の頌歌の序、終わる。」

　12世紀に南フランスで全盛を迎え、ギロー・ド・リキエによってカスティーリャに伝えられたトロバドールの技芸をもって、王は聖母マリアの歌人として頌歌を歌う（trobar）のである。トロバドールは歌の作者であり、その技芸を奏し伝えるのは楽師（jograr）である。第8の頌歌にその姿が現れる。

　「これは、いかにしてロカマドールにて聖母マリア様が蠟燭を彼女の前で歌う楽師のビオラ〔弦楽器〕に下されたか、の話である。」

　リフレイン（以下R）「聖母マリア様の祝福を望む者は歓びをもって歌で讃えるべし。」

さてここで、ロカマドールでイエス様の御母にして聖処女マリア様
が起こされた奇跡について語ろう。聞けばお気に召すはず。この物語
をお聞きなされ、貴方にも関わってくるはず。

　R シグラのペドロと呼ばれた楽師がいた。歌に秀でていたがビオラ
（ビウエラ）はさらに上手であった。比類なき乙女の教会すべてでい
つもライス（lais）を歌っていたことは、私の知るところ。

　R

　彼が聖像の前で、涙を浮かべて、歌ったレは聖母様についてで、歌
の後こう唱えた。「ああ、栄光に満ちたお方、我が歌を喜びたもうな
ら、共に晩餐いただくために蠟燭を私に投げ与えたまえ」と。

　R

　聖母マリア様は楽師の歌を喜び、蠟燭をビオラ（の上）に下された。
しかし、宝物係の修道僧はその手からそのビオラを奪おうとした。
「この魔法使いめ、お前たちにはそれを貸さないぞ」と言いながら。

　R

　しかし、聖母マリア様に心を捧げた楽師は歌うことをやめようとは
しなかった。するとまた蠟燭がビオラに降りてきた。いらいらした修
道僧は、告げるより早くまたひったくった。

　R

　修道僧が楽師のビオラから蠟燭をひったくれば、前にあったところ
にもっとしっかりと蠟燭は降りてきて置かれるのだった。修道僧は
言った。「楽師殿、そこから蠟燭を取り去れないなら、あなたは魔法
使いとしか思えない」と。

　R

　楽師は気にすることなく以前のようにビオラを弾き続けると、蠟燭
がまた降りて置かれるのだった。僧はひったくろうとするが、「そう
することはゆるされていない」からと言い募られよう。

　R

　修道僧は頑固であったが、奇跡を見たとすぐさま悟り大きな過ちに気づいた。楽師の前に身を投げ出し、我らが全幅に信ずる聖母マリア様の御名に赦しを請うた。

　R

　栄光の聖母マリア様が楽師を守り、僧を改心させたこの奇跡をなされてからは、毎年くだんの楽師はマリア様の教会に長い蠟燭を捧げるようになった。」

　この逸話は人口に膾炙したようで、これ以降同様の話がいくつかの写本にみられ、19世紀にまで伝承され続けていった[2]。いわば、その後の聖母マリアの庇護下に置かれる楽師像を決定づけたといってもよい有名な話である[3]。

　このロカマドールの楽師（jograr）の持つ楽器は「ビオラ viola」と記されている[4]。楽師は歌もうまく、聖母のライスを歌う。ライス lais（オック語で歌の意味）は、リフレインと短詩から成る有節歌曲で、『カンティーガス・デ・サンタ・マリア』に多く見られる形式である。それぞれ頌歌は聖母マリアの祈願や感謝が主題となった楽譜による旋律つきのリフレインと朗誦される物語から成る。10番ごとには楽器が描かれた挿絵があり、楽譜が付されたリフレインのみのものが多く、その歌詞のほとんどは祈願で物語的な内容には乏しい。歌詞には描かれた楽器名の記載はない。集成としては、カンティーガの順序に、物語としての経過的なつながりや、主題的なまとまりは見られない。全編を通じてレチタティーヴォとアリア（コーラス）といった近代的な構成の趣気も感じられるが、物語の進行ではない。

　読まれるための写本というよりも、演じられたままに写本に編纂された、あるいは編纂されたものが演じられた可能性もある構成である。トロバドール写本のヴィダスのような解題的なプロローグの「語り」に続いて、聖母マリアの奇跡譚が10篇ずつ朗誦され楽譜付きのリフ

レインが歌われ、10番ごとに明らかに楽器の伴奏つきの旋律性の高いリフレインのみの頌歌が歌われた（斉唱された）といった演じられ方が考えられる。その場と時に応じて抜粋され短縮され「散文的に」演じられたであろう。

　また、「パラテクスト論」を借りるなら[5]、ペリテクストとしての頌歌の本文は、歌われるリフレインの旋律は楽器伴奏を含む音楽行為としてのエピテクストを伴い提示され、「作品総体（パラテクスト）」となっている。さらに写本挿絵の楽器は、写本に詩に旋律を付した楽譜を書くことで歌われる行為の存在を示すのと同様に、図像で楽器を示すことで歌う以外の楽器伴奏などの演奏形態の存在をエピテクストとして示している。描かれた楽器にしてもその形態や種類、演奏者の風俗によって示される、歴史的な地域的な文化的な重層し併存する「音楽継承システム」を示す[6]。その楽器の継承システムは、考古学でいう「モデル論」を借りれば[7]、楽器のモデルは図像としてどのような「ハード」（楽器）と「ソフト」（演奏）を伝播・継承していくのかのパラテクストであり、またパラテクスト創出者の情報と意識を知る術にもなる。

I．楽器のリアリティ―― キタラからビオラへ

　楽師の奏楽場面には楽器名はビオラの名でしか残されていない。ビオラは先に触れたように弓奏・弾奏問わず弦楽器の総称である。しかし、頌歌の「挿絵」には弦楽器のみならず種々の楽器と奏者が描かれている。前述の「モデル」の類推を用い、後世や他地域の楽器と比定すると、一世紀前（12世紀）のコンポステーラの「栄光の門」の弦楽器群に管と打楽器群が加わり、以降の写本挿図や絵画などに描かれ、「音楽継承システム」の一環として巡礼の道の復路をなぞるように東進していく。

弓奏される弦楽器で箱型胴のフィドル（ヴィエール）[8]は、エスコリ
アル*E*写本の序文、10番、20番、100番の挿図に描かれている。既出
の序文ではビオラ（viola）とあり、これが挿図（図1）の王の左右4人
の楽師の弾くフィドル型（後のヴァイオリンタイプ）とシターン型（後
のギタータイプ）の弦楽器を想起させる。

図1　1 Ms. b-I-2. folio 29R

　王の左側の2人のフィドルは半月形の響孔をもつ楕円形胴に直線の
指板付きの棹（ネック）、水平に糸倉（ペグボックス）がありそれに垂
直に糸車（ペグ）がついている。3つの弦は駒があるかは不確かだが
緒止め板で留められている。うち1人はヴァイオリンのように肩にの
せて楽弓で弓奏擦弦の体勢だが、1人は左手に棹をもち吊り下げてい
るが弾奏の前の姿勢かは定かでない。一方右側はシターンやマンドー
ラと15、16世紀に呼ばれた楽器の特徴をもつ。薔薇窓状の円形の響
孔に上部が台形状でくびれのある楕円胴、フレットのある指板の先の
糸倉に垂直に糸車が左右に2本ずつあり、頭部飾がついているように見
える。4つの弦はギターのような表板に直接ついた緒止めのような駒で
留められている。弦はその先の胴の尻尾の緒止めボタンまでつながっ
ているのか定かでない。その両横には2つの丸い響孔が空いている。
ただし、この2人は弓奏でなく、指での弾奏の姿勢である。

　10番（folio 39V）の聖母マリアの頌歌のリフレインは〈薔薇の中の薔薇、花の中の花 *Rosa das rosas, fror das frores*〉で、まさに聖母の象徴である。この4節に「私の貴婦人である聖母様、私は彼女の歌人（trobador）、彼女の慈愛が得られるならば、ほかのすべての愛を悪魔にくれてやってもいい」の一節があるが、この私とは王であり、挿図（図2）の奏者ではないであろう。

図2　folio 39V

　向かって左の奏者は序の左手と同じ弓奏フィドルで、右は序の右手の弾奏のシターンである。

　20番（f. 46 V）の頌歌〈エッサイ（ダビデの父）の支族（の御身）、誰が、御身に相応しく御身を讃えて歌い、いかに私たちの身代わりとなってくれたかを語れようか Virga de Jesse〉では、弓奏フィドルと弾奏のマンドーラが描かれている（図3）。右のマンドーラは、卵型の楕円胴にフレットの無い指板の棹が付き糸箱は垂直に孤を描き動物の頭部飾りがつく、弦は3，4本であるが糸車はよくわからない。

図3　f. 46V

　150番（f. 147R）では10番のシターンと20番のマンドーラが共演している（図4）。このマンドーラの弦は5本に見える。後世の区分は

図4　f. 147R

図5　f. 110V

さておきこの写本挿図でのシターンとマンドーラと名称をひとまずこのように使い分けて進めたい。

100番（f. 110V）〈聖母マリア、夜明けの星、神への道標 *Santa Maria, Strela do dia*〉では、豪華な椅子に座した楽師が左膝に立てたフィドルを弓奏している（図5）。この髭の楽師が「聖母のトロバドールである」賢王自身とみなされているが頌歌本文には書かれておらず、序の挿図中央でクラウン（王冠）を被りダルマティカ（長衣）に豪華な金刺繍の入ったパルダメントゥム風マントを羽織って、序に描かれた王の姿に比べて質素なようにも思える。左膝を持ち上げ楽弓と弦の触れる位置を調整し、左手で指板を抑えるさまは、16世紀のトレブル・ヴァイオル（高音小型ヴィオラ・ダ・ガンバ）の奏法に近く、理にかなっている。

図6　f. 118R

膝に立てた楽器を弓奏する挿絵（図6）は110（番 f. 118R.）〈聖母マリア様は善に満ちるあまり、讃える時も人生も足りない *Tant' é Santa Maria de ben mui conprida*〉のレベックにも見られる。レベック[9]は平らな表板と木をくり貫いた（後には湾曲させた合板）洋梨状の胴体を持ち、クローバー状の響孔や両側に半月状の響孔を持つ表板と一体化した棹がのび、尖端は垂直に折れ両側に糸車をつけた全体として細い形状である。弦は2本で、駒があり緒止めが胴の尻尾についているか、胴体に緒止めがついているか定かではない。弦を押さえる指使い、楽弓の毛を親指で握ることで弦圧を調整しようとする奏者目線の図像表現が垣

間見える。

　レベックは弾奏もされた。90番
（f. 104R）〈女性たちの中であなたひ
とり、乙女よ、同じではない *Sola
fusti, senlleira*〉の挿絵（図7）の3弦
のレベックを楽師の1人が爪弾くそ
ばで、1人は糸車を回し調弦してい
るように見える。ぴったりとしたコ
タルディに腋の下の広くあいたサー

図7　f. 104R

コート、白いレースの上にシャブロン（頭巾）の左手の楽師は女性か
もしれない。右手の楽師はコロネット（冠）状の帽子、コタルディに
サーコートと白い短マントを羽織っている。レベックは北アフリカの
地中海沿岸を中心に今日まで民族楽器ルバーブとして継承されている
が、イベリア半島への由来は定
かでない。

　トルコを始めイスラム圏の民
族楽器ウードとの関連が深い楽
器リュート[10]は、レベックと共
に170番（f. 162R）〈善にしてす
べての徳を備えた聖母マリア様
を讃えよう〉で描かれている

図8　f. 162R

（図8）。この2弦のレベックは指板にフレットが付き、表板の下半分
は象牙のように白く描かれ装飾的である。リュートは、装飾的ないく
つもの響孔をもつ平板な表板に2つに切った琵琶状（合板）の胴体を
持ち、表板と繋がった指板の棹が直角に折れ曲がり9つの糸車を両側
に持つ。この糸箱に幾何学装飾が施され先端には架けておくための紐
さえ見える。指板にはフレットか模様か分からないが線が引かれてい
る。9本の弦は表板に直接つけられた緒止めに繋がる。華奢な左手の

指で指板を押さえ、右手は弦を指弾するのかプレクトラム（弾棒）を握っているのか微妙な棒状の線が描かれている。ちなみにウードにはフレットはなくプレクトラムを使い、近世のリュートにはフレットが付けられプレクトラムは用いない。

図9　f. 54R

　30番（f. 54R）〈神よ、お救い下さい、私たちの罪のためにお祈りくださる聖母マリア様をお遣わしにならなかったら、私たちはこの世に生まれたくなかったでしょう *Muito valvera mais, se Deus m' anpar*〉で描かれた2本のリュートは、装飾的な胴体や棹は同じであるが、糸巻の数から弦数が8本と12本と異なっている（図9）。左手の楽師は弦を爪弾き、プレクトラムを使っていない。これらのリュートの形状は、今日のウードに近いものであり、同じ14世紀エジプトの写本に描かれたウードにも似ている（図10）。

図10

これらウード型のリュートを持つ楽師たちの着衣はダルマティカ（長衣）ではなく、オリエントやイスラムのカフタン（前開き長衣）のように見え、楽器の伝播の示唆なのであろうか。

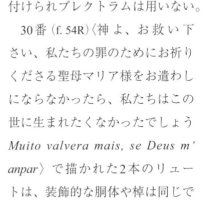

図11　栄光の門レプリカ

　サンティアゴ・

デ・コンポステーラの聖ヤコブ
聖堂の栄光の門は12世紀後半
に作られた（図11）。その「栄光
の門」に彫られた『黙示録』の
24人の長老のもつ弦楽器（キタ
ラ）と、おなじ「モデル」から
描写されたであろう楽器が「カ
ンティーガス E 写本」の楕円形
フィドルと楕円型のリュートで
ある（図12）。

図12

　頌歌130番（f. 133R）〈完全な
慈愛を求め分かる者は聖母マリア様
を求めます *Quen entender quiser*〉、
140番（f. 140V）〈聖母マリア様に従い
敬い讃えん *A Santa Maria dadas/ sejan
loores onrradas*〉の挿絵では、楕円
形の胴体から長く伸びた棹と水平状
の糸箱に垂直に糸車の付いたリュー
トである。130番は2弦で3ツ星響
孔が両側に2つ、140番は3弦と4弦
で2つの楕円響孔であり、130番で
は曖昧だが緒止めは胴の尻尾まで伸
びている（図13）。140番では「栄光
の門」の楽器のように緒止めボタン
に繋がる緒止め板に弦は張られ、駒
も見受けられる（図14）。130番は指
弾であるが140番ではプレクトラム
のようなものが描かれ撥奏の可能性

図13　f. 133R

図14　f. 140V

図15　f. 193V

図16　f. 125R

もうかがわせる。130番（f. 133R）の挿図で興味深いのは、両楽師が指板を押さえる左手の指と弦を弾く右手の指がシンクロしている点である。同じ曲を弾いている、いや教え合っているのであろうか。

　また210番（f. 193V）は4弦の同種の楕円形リュートを立った楽師が楽器を左手から下げ弓奏しようとしている（図15）。これには響孔が描かれてなく、胴体の裏面も分からないが、弓奏という点から、箱型胴のフィドルの可能性もある。指あるいはプレクトラムによる弾奏か撥奏か、あるいは楽弓による擦弦かといった奏法は、この時代の弦楽器を特定づけるわけではなく、時宜に応じて奏法が選ばれていたかもしれない。しかし、奏法に相応しく楽器のくびれ形態や、駒の有無・形状や緒止め、弦長、指板は工夫されていったであろう。

　この楕円形リュートで注目すべきは楽師図像であろう。120番（f. 125R）〈信ずるすべてで私たちを援ける乙女を讃えます *Quantos me creveren loarán*〉の挿図（図16）に描かれた楕円形リュートは中央に薔薇窓風の、4隅にも3点の響孔が配された装飾的な表板と特徴的な円形の糸箱を持つ。糸車が正確に描かれてなく、4あるいは5本の弦は駒を通り胴の尻尾から繋がった緒止めに留まっている。しかし、注目すべきは2人の楽師である。右の楽師は白い肌、コロネット（冠）形の帽子に金髪がなびき茶黒のコタルディ（長衣）を赤茶の紐で結び、

赤タイツに尖靴のいでたちに対し、左の楽師は黒い肌に赤と白の頭布
（クーフィーヤ）を巻き、白の長衣（トーブ）に青のサーコート（ガウ
ン）をつけているが、裸足である。黒い肌はムーア人の、クーフィー
アはまさにアラブ・イスラム人の特徴である。『カンティーガス・
デ・サンタ・マリア』には、ムーア人に言及した話が40ほどあり[11]、そ
こでは敵のイスラム教徒として描かれるが、ムーア人にも様々な人々
がおり、キリスト教国内での奴隷や捕虜として混在していた様子がう
かがえる。

　さらに「栄光の門」の楽器との
関連が色濃いのが、ハープやプサ
ルテリウム、オルガニストルムで
ある。ケルティック・ハープと呼
ばれ今日のハープの形状になって
いく古代エジプト以来の3角型の
ハープが380番（f. 341R）〈遠慮や
躊躇なく聖母マリア様を永遠に誇
り讃えよう Sen calar/ nen tardar〉
に描かれている（図17）。背景が透
けて描かれ、柱頭の動物彫像や共
鳴胴の胸部側の膨らみ、両手指で
の弾奏は、楽器を実見したゆえの
筆致であろう。楽師はふたりとも
特徴的な平底帽を被り豊かな顎ひ
げを蓄えている。

　共鳴用の矩形胴を持つ多弦楽器
プサルテリウム（ソータリー）[12]は
それぞれが異なる形状と奏法で
描かれている（図18）。頌歌40番

図17　f. 341R

図18　15 f. 62V

(f. 62V)〈神は御身を救われたもう、栄光の女王マリア、すべての聖人の光、天国への道よ *Deus te salve, groriosa/ Reȳa Maria*〉では、響腔を3角形の共鳴板に持つプサルテリウムを縦に抱え、画面右手の年配の髭の楽師は左手で横木に上向きにつけられたペグを廻し右手で弦に触れ調弦するかのような体勢である。対面するより若いコイフ（白頭巾）の楽師は同様な動きだが楽器を逆向きに構え、調律を教わっているかのようである。左右対称の楽器は図像上の処理なのか、本当に左向きと右向きの楽器があったのか定かではない。

50番（f. 71V）〈神が乙女に血肉を与えたことを疑う者はいない *Non deve null' ome desto per ren dultar*〉は、響腔を持つ台形の共鳴胴に長

図19　f. 71V

図20　f. 89R

い下辺から短い上辺へと横弦が張られているプサルテリウムを2人のダルマティカを着た楽師が膝の上に抱え、プレクトラム（撥爪）で弾いているように見える（図19）。画面右の楽師は11弦、左は10弦、それぞれ違う弦を弾いているようにも見える。複数の旋律による合奏であろうか。

70番（f. 89R）〈マリア様の名には5つの文字のみがある *Eno nome de Maria*〉では、台形の共鳴胴のプサルテリウムだが下辺が短く上辺が長く手前に向かって弦長が伸びている（図20）。両側の腕木は湾曲し幾分装飾的である。先端を結んだ帽子を被り、トーガ風のマントを肩で結び、髭を蓄えた2人の

楽師は膝の上に抱えた楽器を左手で支え、右手の指で弾奏しているように見える。この2つのプサルテリウムは後世の撥による打弾奏の多弦楽器「ツィター」の形状に継承されたのであろうか。

80番（f. 96V）〈おお、聖母マリア様、神の愛に満ちたお方、我らの救いにいらしてください *De graça chẽa e d' amor*〉は、長方型の共鳴胴で中央に大きな四方に小さな計5つの響腔を持つ（図21）。両側の腕木に十数本の同じ長さの弦が横に張られ、音程差は張力によるのであろうか。無帽の2人の楽師が正面を向き左手で膝の上の楽器を支え、右手でプレクトラムを使って弾奏しているように見える。

図21　f. 96V

290番（f. 260R）〈すべての善である聖母マリア様を讃えないものに災いを *Maldito seja quen non loará*〉は、肘台が装飾された椅子に座り、赤白黒の模様のあるトーク帽とコイフを被った長髪の楽師（女性）

図22　f. 260R

が、かなり大きな距型共鳴胴のプサルテリウムを左膝から右手へと抱え、左の指で弾奏している（図22）。楽器の左辺のみが曲線を描き、縦長に14、5本の弦が張られペグで止められている。湾曲になっていることで弦長が段階的になり音程を作ることができる構造である。下部に3、4つの糸留らしきものも見ええる。「栄光の門」の楽器と同様に演奏法はおおむね理にかない、それにこたえる楽器の構造の図示である。つまり、それぞれ異なるタイプの楽器とその演奏を実見し描かれ

図23　f. 154V

た可能性が高い。

　頌歌160番（f. 154V）〈徳のある女性を讃えようとするものは比類ない聖母マリア様を讃えよう *Quen bõa dona querrá/ loar*〉の楽器はまさに「ブラックボックス」である（図23）。装飾が彫られた箱型胴体の下部に釦状の突起が付き、これを左指で押さえ、右手では箱から出たハンドルを回す。画面左の楽師は剃髪（トンスラ）し修道僧を思わせ、右はコイフ（頭巾）を被る楽師は僧に話しかけているようにも見える。「栄光の門」の大型のオルガニストルムと16世紀以降のハーディ・ガーディから類推すると箱型のハーディ・ガーディと呼ばれるべき楽器であろう[13]。これらの「楽器モデル」からブラックボックスの中を推測すると同様の擦弦アクションや鍵板アクションを備えているとは思われる。上蓋を開けると、のちのピアノに継承される最初期の鍵盤構造がみられるかもしれない。

II．楽器の地中海──古代から中世へ

　「栄光の門」には24人の長老のもつキタラが様々な弦楽器として刻まれ、1世紀後の『カンティーガス・デ・サンタ・マリア』の挿絵では、頌歌では「ビオラ」の名称しか与えられていないが、これにも様々な弦楽器が描かれている。さらに、ローマ時代以来の楽器3分類にある弦楽器以外の管楽器と打楽器の姿を目にすることができる。

　古代から続く管楽器の形状は、実際の楽器ではなく、写本挿絵の模

写・引用に由来するのであろうか。12、13世紀の写本文化の中心で
あり、例えば「ラッパ」などは聖書挿図などにも描かれる伝統はあっ
た。しかし、実際のローマの Lituus, Tuba, Cornu といった管楽器が継
承され実在していたのか、ギリシア語やアラビア語の文献の翻訳の中
心地であったこの地域にイスラム文化からの管楽器の伝来があり、そ
れを『カンティーガス・デ・サンタ・マリア』の挿絵には、実見して
描いたものか、明示することは難しい。

　まずここでは「ショーム」に類する名称で呼ばれるダブルリード管
の管楽器についてみてみたい[14]。

　ダブルリード管は吹き口にリードを差し込む継ぎ目を持つ形状が一
般的でそれは各図像にも見られる。

頌歌300番（f. 268V）〈聖母マリ
ア様を讃えるものはその善行を告
げ 知 ら せ る Muito deveria/ ome
sempr' a loar〉の文様付きの赤い
円形帽を被った楽師のもつ楽器は、
歌口にダブルリードの頭部管と6
〜8の指孔のある胴部管と革の巻
かれたようにも見える開口部に広
がった足部管がジョイントで繋

図24　f. 268V

がっている細部までうかがえる（図24）。楽師は逆手（通常は左手が上
部）で指孔を抑え、画面右手の白いウィンプル（修道女の被り物）の
ようなベールを被った女性は右肩に真ん中の括れた両面太鼓を担ぎ右
手を添え左手で叩いている様子は、奏楽の一場面を切り取ったかのよ
うである。

　330番（f. 295V）〈マリア様が生まれた前でも後でも誰が聖とされた
であろうか Qual é a santivigada〉の管楽器は歌口のリードからひとつ
ながりの直管で、黒く塗られた楽器素材は黒檀なのか黒革を巻いてい

図25 f. 295V

図26 f. 276V

図27 f. 350R

るのか定かではない（図25）。白い折り返しのついた赤いバレット帽で白いシャブロンに赤いサーコート（外衣）の楽師と、カスタネット（クロタル）を両手に持ち、なびかせた髪を組紐で結んだ赤いブリオー（長衣）の女性による奏楽の場面であろう。

310番〈(f. 276V.) イエス様の冠の花のようにこの世に生まれた天の女王を崇め奉ろう *Muito per dev' a Reynna/ dos ceos seer loada*〉は濃い髪の楽師（順手）と白い頭巾に金髪の楽師（逆手）が向き合って、瘤のような膨らみを足部管にもつ楽器を吹き合っている（図26）。

390番（f. 350R）〈私たちの救い主の御母は常に最上である *Sempre faz o mellor*〉は白頭巾で金髪の2人の女性楽師が同じ方向を向いて頭部管と足部管に膨らんだ瘤のある楽器を逆手で持ち吹いている（図27）。この膨らみが玉葱のような大きな袋付きとなった笛は250番（f. 227R）〈聖母マリア様、私たちのためにあなたの父であり子であり友である神に祈ってください *Por nos, Virgen Madre*〉の楽器であ

る（図28）。頭部管に袋が付き、一体となった胴部と足部は大きく U 字型に曲がり、のちにクロムホルンと呼ばれたリード楽器の形状と類似している。

230番（f. 209R）〈救いの聖母を讃えよう *Tod' ome deve dar loor*〉の楽器は同じく頭部管に袋を持つが、胴部には指孔のない管もあり複管のように見える（図29）。

60番（f. 79V）〈アヴェとエヴァの間には *Entre Ave e Eva*〉の楽器もリードで複数の管を同時に鳴らす3本の管には指孔が空けられているのか定かではないが、管の長さは1:4/3:2のようにも見える（図30）。するとオクターブと5度の協和音のドローンかもしれない。一定の音程を持続させて鳴らすこのドローン管はバグパイプのように賑やかな効果をもたらした。地中海世界でアウロスと呼ばれていた管楽器は複管として描かれたものが多い。

頌歌220番（f. 201V）〈すべての悪を払う聖母を讃えない者がすべての恵みに預かれようか？ *E quena non loará*〉の楽器は230番

図28　f. 227R

図29　f. 209R

図30　f. 79V

190

図31　f. 201V

図32　f. 323V

と同様に胴部管が並行の複管にな
りいずれにも指孔がみられる（図
31）。しかも天宮儀や分度器を思
わせるような半円形の装具がつい
ている。半円装具はどのように音
に関係しているのか分からないが、
少なくても複管により2声の旋律
の演奏が可能である。

　360番（f. 323V）の楽器は複管
というよりも2本のリード管楽器
を一度に左右の手で持ち演奏して
いる図である（図32）。しかし、指
孔は片手分しかないこともうかが
われ複管リード楽器とみてもよさ
そうである。古代ギリシア以来の
複管「アウロス」の系譜として描
かれているが、実際の楽器という
「モノ」の継承があったのか、複
管楽器の存在という「コト」が伝
えられて図像となったのか、ある
いは「コト」から「モノ」を「復元」したのか、推測の域を出ない。
　バグパイプは一定の音程を持つブルドン管1、2本と指孔により音
程を作るチャンター（旋律管）からなる複管のリード楽器であり、中
世末から近世にかけてはヨーロッパのいたるところで、舞踏などの野
外の演奏機会に用いられていた。バグ（風袋）に吹管から息を入れて
肘で押し付け音を出す気鳴楽器で途切れることなくまた賑やかな音が
出せる。袋は羊の皮から作られ牧羊文化圏に類似の楽器が流布してい
た[15]。

『カンティーガス・デ・サンタ・マリア』には260番（f. 235V）〈歌人たちよ、どうして貴婦人の中の貴婦人を讃えないのか教えてください Dized', ai trobadores〉、280番（f. 251V）〈聖なる教会の鑑である聖母マリア様に祝福を Santa Maria bēeita seja〉、350番（f. 313V）〈我らの聖母マリア様、私たちが求めるときにお助けください Santa Maria, Sennor〉に3種類のバグパイプが描かれている（図33・34・35）。ブルドン管のないチャンターだけのもの、ブルドン管1本のもの、ブルドン管2本2組（4本）のものである。

気鳴楽器である管楽器は歌口の発音方法によって、ダブル（オーボエ、バクパイプ）やシングル（クラリネット、サクスフォーン）、あるいは薄片を使ったフリーリード（ハーモニカ）のリード属、鍋型（トランペット、トロンボーン、チューバ）や漏斗型（ホルン）の唇受け歌口のトランパット属、くちばし状（リコーダー）や吹き口（フルート）でエッジを震わせるフルート属に現在は分類されている。

図33　f. 251V

図34　f. 235V

図35　f. 313V

192

図36　f. 218V

図37　f. 304V

図38　f. 333R

頌歌240番（f. 218V）〈すべての罪びとは赦しを得るべく聖母マリア様を讃えるだろう *Os pecadores todos loarán*〉はフルート属の横吹き笛であるが、2人の奏者は現在の奏法の逆構えのいわば鏡像で描かれている（図36）。見てきた中にも逆構えや逆手はみられるが、描画構図上の都合なのか、写し間違いなのか、鏡に映った画家自身をモデルとしたのか考えられるが、楽器が多様であったように実際に多様な構えが存在し、近代の教育的な技巧の規格化にとらわれてはいけないと考えられよう。

340番（f. 304V）〈栄光に満ちた聖母マリア様 *Virgen Madre groriosa*〉は小型の縦笛を奏する2人の楽師（図37）、370番（f. 333R）は片手笛とテイバー太鼓（pipe and taber）をもつ、突き出したリリパイプ付きのシャブロンと長めのコタルディに交互に赤と黒の色を配した2人の楽師のデザイン性の高い図像である（図38）。片手笛と太鼓の組み合わせは旋律とリズムを1人で演奏できることから舞踏の伴奏に用いられることが多かったよ

うで、この図の後の写本挿図にも描かれている。この楽器とこの衣装は典型的な楽師のスタイルと研究書に引用されているが案外この図像の影響かもしれない。

図39　f. 243V

頌歌270番（f. 243V）〈私たちは喜びの響きで歌い全霊で乙女マリア様を讃えよう *Todos con alegria/ cantand' e en bon son*〉は歌口の形状や湾曲している胴部から角笛（ホルン）であろう（図39）。色調からしておそらく動物の角製か木製であろうが青銅製のものもあり、古代ローマのブーキナやコルヌとトゥーバの名称と実際の楽器の照合も曖昧である。

図40　f. 286R

320番（f. 286R）〈聖母マリア様はエヴァが失った善を取り戻された *Santa Maria leva/ o ben que perdeu Eva*〉の楽器は、直管のトランペットである（図40）。ジョイントによって広がった足部管と鍋型の歌口の頭部管が分けられ、しかも、紋章幟旗がつけられていることから、王権の儀礼に吹奏されていることもうかがえる。色調から金属製のように見えるが、素材の金属については黄銅（真鍮）か銅かあるいは金かも定かではない。合金技術と冶金技術に、15世紀には革新的な進歩がもたらされ、曲管トランペットも現れる。この時代ではまだ直管しか見られない。

金属製のパイプを持つ楽器にパイプオルガンがある。200番（f. 185R）〈聖母マリア様を永遠に讃えよう〉は小型のポルタティーフ・オルガンであり、空気を送り出すための鞴と黒みがかったおそらく金属

図41　f. 185R

図42　f. 176V

製の2列10本ほどのパイプが描か
れている（図41）。楽師は330番（f.
295）（図25）のショームの楽師と
シャブロンの形状が違うだけのよ
く似たいで立ちである。実際にこ
のような楽器があったのか、また
片手で空気を送り出し片手で何ら
かの操作でパイプに空気を送り込
み、音を出すこと可能であったか、
そこに近世以降のパイプオルガン
と同じ鍵盤構造があったかは、こ
の図像からは分からない。これに
ついては古代の水力オルガン
（ヒュドラウロス）の継承をふくめ
て考えねばならない[16]。

　金属製の素材は体鳴楽器、いわ
ゆる打楽器にも用いられる。190
番（f. 176V）〈神が私たちをお救い
くださるように聖母マリア様が私
たちを守って下さるので、悪魔を気に留めなくてよい Pouco devemos
preçar〉は、おそらくは金属製のシンバルを、リリパイプ（頭巾）と
サーコートのコントラストのきいた色合いの2人の楽師が打ち鳴らし
ている（図42）。聖書にも記された「シンバルム／シンバラ Cymbalum/
cymbala」はオリエント由来の楽器とされている[17]。同様の金属の打
楽器は東西の古代文明において祭儀や祭祀あるいは邪気除け魔除けに
用いられているが、頌歌190番の内容の悪魔祓いと関連付けられてい
るかは推測の域を出ない。

　180番（f. 169R）〈老婆と少女、母と乙女、貧者と女王、女主人と女

中 *Vella e Minÿa*〉、400番（f. 359R）〈道を教えてくださる聖母マリア様を讃える喜びのうちに、さまざまな頌歌を作ってきましたが Pero cantigas de loor/ fiz de muitas maneiras〉はカリヨン（鍾楽）の原型ともいえる連鍾が描かれている。180番の金槌状の鉢での打奏から（図43）、400番の修道僧が大きさの違う7つの小鍾をスライダーの上げ下げで打奏するアクション（図44）は、枠組みに吊された4から8個1組の小さな鐘をハンマーで打つ最初期のカリヨンのひとつといえよう。教会での鍾の使用は、前述のシンバルムから始まり、天国、あるいは神の声の象徴として祭儀用に用いられた。聖務日課の

図43　f. 169R

図44　f. 359R

定時課の合図[18]は、鐘楼が建てられることによって時刻を示す鐘の音として広まることとなる。ヨハネス13世（在位965-972年）が、初めて鐘を命名し祝聖したといわれ、その後教会に鐘さらには鐘楼の設置が推奨された[19]。今日に至るまで、ミサ典礼（罪の告白、賛歌、司祭と会衆による交唱、祈りと聖書朗読、聖体拝領「キリストの血と肉を共に分かち合う」中の、奏楽と賛歌行列。感謝の賛歌の鈴、聖別の際の鐘、司式者（司教や司祭）の衣の鈴など）では鐘、鈴、歌、奏楽による音の道具立てによって、霊的雰囲気を感性に訴える儀式の効果は大きい。

　『カンティーガス・デ・サンタ・マリア』写本の構成には詩編唱の影響もうかがえる。詩編唱の前後に付くアンティフォナ（先唱句）は、

それぞれの頌歌（カンティーガ）の冒頭に反復句（リフレイン）が歌われ、その後に朗誦される節、節の間に反復句は、聖務日課の詩編唱の構造、あるいは聖句の応答であるレスポンソリウム（リフレイン）といった祈願文的構造である[20]。実際に、朗誦され歌われ演奏されたカンティーガスにとって、なじみやすい形式であり、聖母マリアへの祈願や奇跡譚にふさわしくも思える。

おわりに——楽師のリアリティ

　カンティーガスの挿図に描かれた楽器は、「栄光の門」の楽器と同様に写実的である[21]。カロリング・ルネサンスの旧約聖書の詩篇の想像の産物から、10世紀のベアトゥス写本の黙示録でのより写実的な描写に、そして「栄光の門」の長老たちの実物を模したと確信できる楽器のモデルが示された。しかし、主題はあくまでもキリスト教内部の登場人物が持つ楽器であり、いわば架空の人物に現実の楽器を持たせたのに対し、カンティーガスの楽師たちは俗世の現実の人物が実際の楽器をもっているのである。一方、世俗いや異教徒の彼らがキリスト教に取り込まれている姿ともとれるが、この時代の基層としての奴隷社会ではユダヤ人の蔑視やムーア人との関係はキリスト教国内での奴隷や捕虜として混淆している状況の描写ともいえる。栄光の門やカンティーガスの舞台のイベリアは、自由都市も封建都市もなく、耕地（荘園）と荒れ地と羊と山羊、小城に領主と小宮廷に、道（巡礼路）と教会・修道院のみある印象である。レコンキスタの戦いは局地戦であり、略奪のための戦いとなる。そこには移動と流布伝播に携わる民がいる。彼らは戦いでは情報戦に寄与する。深い森や隔絶する山河があり、都市や荘園といった独立した自給自足のみの立地ではなく、略奪できやすい「開放的」なイベリアは、宗教を越えた奴隷や不自由民、

自由民、さらに定住と非定住、移動者への差異の曖昧さと受容の寛容さの風土であった。

　その民に楽師がいた。カンティーガスは貧富貴賎に宗教に平等なマリア信仰と聖母への祈りの形をとる楽師の「存在証明」である。また、楽器を奏する楽師の姿と付された楽譜は、『カンティーガス・デ・サンタ・マリア』のパフォーマンスのしるしである。楽器は、歌の伴奏であるだけでなく、「舞踏」にも大きな役割を担う。聖母の頌歌も舞踏もいずれも共同体、いやキリスト教徒やイスラムの信仰をこえた共同体的紐帯を生み出す民衆の現場の共存を演出していたのではないだろうか。

　一方、13世紀には「文学作品が、音声が伝承される〈言葉〉というよりもむしろ、文字と挿絵を収めた〈書物〉として意識されるようになった」といわれている[22]。その意味でも、音楽が旋律として楽譜という〈書物〉となったように、同時代の「目に見える」の認識の重視は、本来はキリスト教以外には不寛容な修道院ですら、挿図製作や彫像建造においては現実を映し出していった。その系譜は、コンポステーラの「石のオーケストラ」とカンティーガスの楽器挿絵が、そののちの楽器と演奏の「カタログ化」に寄与することにもなる。

注

1　訳は以下の英訳を参照した:Alfonso X (King of Castile and Leon), *Songs of Holy Mary by Alfonso X, the wise: a translation of the Cantigas de Santa Maria*, translated by Kathleen Kulp-Hill ; with an introduction by Connie L. Scarborough. (Medieval & Renaissance Texts & Studies (Series) v. 173). Tempe: Arizona Center for Medieval and Renaissance Studies, 2000.

2　ラーデが収集した『民話、伝承、逸話のなかの音楽と音楽家－1, 中部ヨーロッパ 編』(Laade, Wolfgang, *Musik und Musiker in Märchen, Sagen und Anekdoten der Völker Europas: Eine Quellensammlung zum Problemkreis.*《Musik als Kultur》, I: Mitteleuropa. Baden-Baden: Verlag Valentin Koerner, 1988) には、「哀れな楽師と聖母様」(ヘッセン地方) の話として採録されている。楽師がイエスや聖母、聖女

や聖人の恩恵により差別的な境遇から脱する奇跡譚は数多く、そこには音楽の不思議な力が介在する。グリムも『ドイツ伝説集』でこの種の奇譚をあげている（Jakob und Wilhelm Grimm, *Deutsche Sagen,* Winkler Verlag 3/1891; The German Legends of the Brothers Grimm, edited and translated by Donald Ward, Institute for the Study of Human Issues, Philadelphia,1981（桜沢正勝・鍛冶哲郎『グリム　ドイツ伝説集』京都：人文書院、1987）

3　　上尾『楽師論序説』（東京：国際基督教大学、1996）、上尾『吟遊詩人』（東京：新紀元社、2006）など参照。

4　　楽師の名ペドロ・デ・シグラール（Pedro de Sigrar）はドイツのジーグラー（Sieglar）出身の意味で、広範囲な活動がうかがえる。ビオラ（viola）はビウエラとも訳されるが、中世ラテン語聖書のキタラ（cithara）と同様に弓奏でも弾奏でも弦楽器全般を示していた。サンティアゴ・デ・コンポステーラの聖ヤコブ聖堂の栄光の門のレリーフなどの長老の持つキタラの多様さが、総称としての楽器名キタラをよく示している。

5　　ジェラール・ジュネット、和泉涼一訳『スイユ──テクストから書物へ』東京：水声社、2001を参照。

6　　例えば、山田光洋『楽器の考古学〈ものが語る歴史1〉』東京：同成社、1998は、「音楽継承システム」について、音楽文化が存続するために必要な、それを継承する人間と継承のための人為的な仕組みや行為のこととしている。

7　　山田光洋『楽器の考古学』は、また、「ハードウェアとは、楽器は人間の身体的能力の範囲内で演奏できる身体の限界を考慮するとともに、文化の美意識や宗教観、技術水準なども形状・装飾に影響する。音量や音質、単音か和音かも、人間集団の文化や社会構造、環境に左右される。楽器が音楽を奏でるという機能的な側面だけを持つ道具ではない」と述べている。『カンティーガス・デ・サンタ・マリア』における楽器・演奏そしてその記録ともいえる挿絵を含むパラテクストは、頌歌の内容というテクストを越えて、イスラムとキリスト教の混淆の意味を持たされている。

8　　ここでは楽器名を、以下の注記にもあるように、ウルガタ版聖書のラテン語楽器名や後世の楽器の「モデル」から類推し名づけているのだが、楽器そのものについては、17世紀のストラディヴァリウスのようなモデルとなる名器の存在は遠く、奏者にもなりえた製作者の個々の技工による規格化されえない楽器の時代であることはいうまでもない。

9　　レベック／ラバーブ（rebec, rebeck ヨーロッパ系言語）; rebeca, rebecum ラテン語 /rabab, rebab（中央アジア、西アジア、北アフリカ系言語）。

　　中世ヨーロッパのレベック（rebec, rebeck）は、アラビア起源といわれるラバーブ、レバーブ（rabab, rebab）が伝播した楽器であり、11世紀にイスラム支配下のイベリア半島でルベバ（rubeba）、ルベク（rubec）、レベック（rebeck）と呼ばれている。現代でもレベカ（rebeca）はポルトガル語でヴァイオリンの意で用いられている。レベックは、中世末期にはほとんど消滅し、後のルネサンス・バロック期のヴィオラ・ダ・ガンバあるいはヴィオラ・ダ・ブラッチョ系の弦

楽器に移行していったと思われる。

　アラビアのラバーブがイスラム世界から西方にヨーロッパにわたってレベックとなり今日のヴァイオリンの元祖となり、東方に渡り胡弓類の元祖となったとよく言われているが、西方への伝播はある程度その過程を追っていくことができる。イスラムからの楽器の伝播については、リュートなどと同じく9世紀のイスラムの音楽家ズィルヤーブの伝承に語られているが、中世のイベリア半島を中心に、特にサンティアゴ・デ・コンポステーラへの巡礼路を逆行するように、ヨーロッパの中心部へこの楽器は伝播していったようである。もちろん、シチリアや南イタリア経由での伝播も見逃せないが、カスティーリャ王アルフォンソ10世賢王によって編纂された『聖母マリア頌歌集』は、王の宮廷を中心とした文化レベルの高さ、またイスラム文化の影響を跡付けるとともに、現存するカンティーガスの写本はまた細密画芸術の宝庫であるため、この楽器の伝播をみるにも貴重な資料となっている。

　この西欧世界への伝播の過程はイスラム文化の西欧への流入の過程であり、そのため中世では先進的な弦楽器としての機能とともに象徴的な意味もレベックに与えられた。たとえば、実践的な面では音楽的な旋律性あるいは即興性を発揮でき、また持運びが容易なため、器楽や専門の弦楽器奏者の拡大に寄与した。その音楽には、キリスト教世界にはないイスラム的な雰囲気を漂わせ、そのため様々なイメージでこの楽器あるいは奏者は語られている。キリスト教の図像にこの異国伝来の楽器が描かれるようになるのは、ほぼ13世紀以降で聖母マリア崇拝などとの関連も指摘されている。

10　リュート（lute 英；luth 仏；Laute 独；lauto, liuto 伊；laúd 西）

　主に瓢箪や梨を半分にした形態の木製共鳴胴を持つ撥弦楽器。弦の数やフレットの有無は時代と地域によって異なる。表板は薄い材質の木、裏板は胡桃や楓の寄せ木細工（4〜6コース）、プレクトラムには鷲の羽根製や薄いプラスチック製。ピックホルンボステルとザックスの分類によればハープ類やツィター類以外のほとんどの弦楽器が、例えばヴァイオリンは弓奏擦弦リュート、シタールは撥弦リュートのようにリュートに分類される。

　古代ペルシャのバルバットを起源とするこの種の撥弦楽器は、東へ伝播し琵琶と、西に伝播しアルード［ウード］（al'ud）からリュート（lute）となったように、いくつかの文明にまたがったダイナミックな伝播の一例となった。ヨーロッパ世界にはウマイヤ朝のイベリア征服以来持ち込まれ、初期の4弦から5弦に改良され、イスラム教国支配下のイベリアでは盛んに用いられた。13世紀になるとイスラムと接触するキリスト教国でも、この種の楽器が用いられるようになり、ウード（al'ud=the "ud"）の転訛した「リュート lute, lut, Laute, liuto」の名称が用いられる。構造もフレット付きで6コース以上のものが主流となり、14世紀以降、北はイングランド、東はロシアに至るまで、主に貴族によって愛好され、楽器そのものも表板中央の響孔（薔薇孔）のアラベスク、幾何学模様の浮彫り、裏板の象牙を使った寄せ木細工といった精緻な装飾が施されるようになる。

　ビザンチンあるいはイベリア経由でもたらされたこの西方への伝播の背景には、イスラム文化の担い手であったペルシャやトルコのアーシュック、オザーンとよばれた吟遊楽師の活動があった。彼らは、叙事詩をはじめ、恋愛、酒などの世俗の題材を歌い、その伴奏楽器としてウードやレバーブを用い、それが、西ヨーロッパ世界の音楽や楽器に大きな影響を与える。

　たとえば、イスラムの音楽家ズィルヤーブ（Ziryab）の伝承がその一端を物語る。彼は9世紀にバグダードを追われコルドバに辿りつき、イスラムの歌舞音曲・楽器などをスペイン経由でキリスト教ヨーロッパ世界に伝えたとされる。このズィルヤーブにまつわる伝承にウードからリュートへの伝承譚もある。当時知られていた人間の四臓を意味したもともと4弦のウードを、ズィルヤーブはそれに魂を加えて5弦に改造した。これがカリフへの機嫌とりと、師のイスハーク・アルマウスィリーの反感を買い、ズィルヤーブはバグダードを追放されるが、アンダルシア太守アブド・アル・ラーマン2世（822-852）の宮廷に招かれ、アンダルシアへ辿り着く。乾燥した気候のアンダルシアでは上質の材木の木が採取されたので弦楽器は盛んになり、また持ち運び簡単なことから遍歴楽師の楽器として伝播していったという虚実交えた伝承譚である。

　また、リュートの亜流のギターン（後のギター）やマンドリンなども、さらにはアラブの横琴カーヌーン（kanun）（24コース60余弦のサルテリー型撥弦楽器、プレクトラムは両手の人差し指に付けたツメ）、あるいはイランのサントゥールの西欧の鍵盤楽器、たとえばヴァージナル、チェンバロやクラヴィコードやピアノフォルテへの影響も、大きく言えばこの伝播の系譜を辿っている。

　12世紀には、サンティアゴ・デ・コンポステーラの聖ヤコブ大聖堂の内陣入口の栄光の門の上部アーチに石工マテオによって刻まれた『黙示録』の24人の長老の持つ楽器のひとつとなるほど、リュートはキリスト教世界にも受け入れられる。《カンティーガス》にリュートを描かせたカスティーリャのアルフォンソ賢王（1221-84）以来、とくに王侯貴族あるいは上層市民階級の教養のひとつとまでなったリュートの愛好と演奏習得の一大文化は、精緻な楽器リュートにまつわる様々なシンボリズムを案出していく。性愛の詩歌の伴奏に好んで用いられたリュートとその歴史的経緯の裏にあるイスラムへの西洋のオリエンタリズムが見え隠れする。十字軍以来の聖地エルサレムへの憧憬や文化の先進地のイスラムについての言説は、15世紀以降のリュートの社会的役割に高尚な意味と愛の小道具、ハーレム・イメージといった俗性を綯い交ぜにした感情を与えた。本来、聖書や神話にリュートの言及はなく、後のルネサンス絵画などでの奏楽天使にリュートを持たせる解釈は、クーピッド（愛使）と転移する天使像とその意味でも結びついている。天使以外のアトリビュートにはこの性愛や恋人との関わりが密接で、「音楽」や「聴覚」の擬人像の楽器、ムーサのポリュヒュムニアの楽器、アポロンやオルフェウスがリラ（ハープ）の代わりにリュートを奏でることもあった。

　ひとつの芸術的造形表現となった楽器そのものにしても、ひとつとして同じ物が存在しないほどの個性的なリュートに、カラフルな合わせ板、幾何学模様、

極限的な響板の薄さ、透かし彫りといったイスラムのあらゆる装飾を施し、そこにイスラム的宇宙を封じ込めようとしている。リュートの音楽も同様で、ルネサンス以降は宮廷や市井の歌や踊りの伴奏としてではなく、独奏楽器として極度に技巧的な音楽が名手によって作られた。そこには、リュート独創の舞曲形式にしばしば冠せられる「メランコリック」、「幻想」、「神秘」、「迷宮」、「官能」、「爛熟」、「即興」という形容詞が示す思弁的音楽の小宇宙が封じ込められ、もはやイスラムやオリエンタリズムも凌駕したヨーロッパ的なる独自のシンボリズムを生み出している。バロックまでの静物画での、弦の切れたリュートでの「和声の破壊」＝「調和の喪失、不和」の隠喩などは、この聴覚の宇宙観の典型的な視覚表現であろう。爾来、ヴァイスやバッハに至るまで綿々とリュートの名手とリュート音楽の系譜は続くが、近代合理主義や理性主義の前にバロックで頂点を極めたリュートの音は、もはや響きを失ってしまうのである。

　だが、リュートの本家といえるべきイスラム世界では現代も、旋回舞踏と、詩歌、音楽のなかに神との一体感を求めるスーフィー（イスラム神秘主義）のメヴレヴィー教団のセマー（旋回舞踏）にウードは欠かせない楽器となっている。つまり、太陽の象徴シェイク（seikh）を奉じ、行者デルウィーシュ（dervis）が死の象徴の黒いマントを脱ぎ捨て、その下の白衣の裾をひるがえし時計と逆回りに、宇宙の惑星の運行のごとく自転しつつ美しい円を描きながら旋回する。伴奏音楽には、（6コース11弦の）ウードとともに、葦笛（ネイney）、レバーブ、カーヌーン、高低音2個1対の太鼓クデュム（kudüm）が、歌と即興的な器楽合奏を徐々にテンポをあげながら、興奮を高め、絶頂に達してからは静かな即興演奏でおわる。

11　以下のカンティーガにみられる。28, 46, 63, 83, 95, 99, 165, 167, 169, 181, 185, 186, 192, 205, 215, 229, 233, 264, 271, 277, 305, 323, 325（白いムーア人）, 328, 329, 344, 345, 348, 358, 359, 360, 361, 366, 374, 379, 395, 397, 401, 406番

12　プサルテリウム、ソールタリー［サルテリー］（聖書Psalterium 羅、独; psalterion ギ; psaltery 英; psaltérion, saltere, sauterie 仏; Psalter 独; saltèrio 伊、salterio 西）

　　3角形から等脚台形の形の胴体のうえに十本以上の弦を張り、指で弾いて音を出す。同種の楽器は古典古代、聖書世界のオリエント、エジプトから地中海世界を中心に知られていた。中世後期には、ヨーロッパの図像表現のとくに天使の奏楽やダビデ王とその楽師たちの楽器、あるいは神話世界のムーサたちのアトリビュートとして描かれる。

　　ラテン語プサルテリウムは弦楽器の代名詞として中世には、ハープ、擦弦楽器のクルス（crwth）、ハンマーで弦を叩くダルシマー（dulcimer）、プレクトラムで弦を引っ掻くチター（zither）といった楽器も含まれた。そのため聖書でいう「琴」、「十弦の琴」はプサルテリウム、竪琴（立琴）はハープと解された。中世の聖書解釈では、たとえば、ペリシテ人討伐後、ダビデ王によるユダのバアラにある神の箱をエルサレムに奉じ遷す行列で、「ダビデと全イスラエルは、歌を歌い、竪琴、十弦の琴、タンバリン、シンバル、ラッパを［in canticis, et in citharis, et psalteriis, et tympanis, et cymbalis, et tubis] 鳴らして、神の前で力の限り喜び踊った。」(『第一歴代誌』13・8)での十弦の琴はプサルテリウムと表現され、ダビデ王によってレビ人アサフ、ヘマン、エドトンとその子孫が神に奉仕する楽器とされる。「また、ダビデと将軍たちは、アサフとヘマンとエドトンの子らを奉仕のために取り分け、竪琴と十弦の琴とシンバルを持って [in citharis, et psalteriis, et cymbalis] 預言するものとした。」(『第1歴代誌』25・1)。中世の聖書図像学では、ダビデの楽師は、アサフ [Asaph]、ヘマン [Heman](角笛)、エドトン [Idithun](竪琴)の3人にエタン [AEthan/Ethan] が加わり、それぞれ擦弦楽器(フィドルあるいはヴィオール系)、撥弦楽器(竪琴、プサルテリウムあるいはキタラ。ダビデのもつ楽器と重ならないように)、打楽器(シンバル)、管楽器(ティビア、ラッパ類)を持つが、必ずしも旧約聖書中の彼らの楽器と一致しない。また、ダビデ王のアトリビュートは、王冠とともに、ハープやプサリテリウムであるが、ルネサンス以降はしばしばヴィオール属の弦楽器を奏でる。

このような楽器の実態とその語法の乖離は、現存するサルテリーに類する民俗楽器の形態の多様性と、古代・中世以来の図像に表現された楽器の多様性に、それぞれの名称が同定できないからでもある。だが、この種の撥弦楽器は、中世において想像上の楽器としてではなく、実在の楽器として詩歌や歌物語の伴奏に使われ、その演奏の習得は高貴な身分の人々の教養であった。

楽器の使用が流布し活発化されることによって多様化する形状は、現代のエレクトリック・ギターの形状の個性化とも比較できよう(ブラッド・トリンスキー、アラン・ディ・ベルナ、石川千晶訳『エレクトリック・ギター革命史』東京:2018参照)。

13 ハーディ・ガーディ／オルガニストルム(hardy-gardy 英;viele à roue, chifonie 仏;Leier, Drehleier 独;lyre tedesca, ghironda, sambuca, rotata 伊;symphonia ラテン)／(organistrum ラテン)

ハーディ・ガーディは、基本的には箱型あるいは8の字型(レベックやリュート型)の胴体と棹に旋律弦とドローン弦を張り、右手で胴尾のハンドルを回すと、ハンドルに直結する円盤が回転し一度に数本の弦を擦って音を出す。その際左手が、棹に付いた鍵盤状のダンパーフレットを押さえて旋律を奏するという特異な構造をもつ。この種の楽器に付けられた数多くの異称は、この楽器の時代的にも地域的にも広範囲な流布の示唆している。

オリエント世界が起源とされるこの楽器は、ビザンチンあるいはイスラム・スペイン経由によって中世ヨーロッパ世界に伝えられ、初期のラテン語の「オルガニストルム organistrum」あるいは「シンフォニア symphonia」という名称から、この独特な演奏法に主に由来する各国語の名称、たとえばフランス語の「回転円盤付きヴィエール viele à roue」やドイツ語の「回転ライアー [リラ・琴] Drehleier」、イタリア語の「回す楽器 rotate」などへと移っていく過程で、この楽器の社会的な位相は移り変わり、そのため様々に異なる宗教的あるいは世俗的な文脈で楽器のイメージが語れている。

ラテン語の名称「オルガニストルム organistrum」(organum に由来)やイタリ

ア語の名称「サンブカ sambuca」で跡付けられるように聖書中の何らかの弦楽器が、この楽器に比され、様々な図像表現や言及に表された。ところが、中世の聖書における楽器用語は非常に錯綜しており、実際に聖書のどれにあたるかは後世の著述者や画家の解釈によった。中世盛期以降のゴシック美術の図像表現において聖書世界の楽器が当時の中世の楽器と解釈され描かれた時期に、オルガニストルムは修道院の音楽教育においてポリフォニーや歌唱指導に用いられたとされている。

13世紀以降の「シンフォニア symphonia」（仏語 chifonie の原意）は、世俗の楽師がひとりで奏するこの楽器に付けられた名称で、同時に音を響かせるほどの意をもつ言葉である。中世末期にはハーディ・ガーディは、シャンソンや舞踏の伴奏楽器として、宮廷や都市で主に楽師や放浪楽師によって奏され、さらには宗教行列や宗教劇にも用いられたという言及が残っているほど各地に広まっていった。

「立琴」に比されるほどのキリスト教にとっても重要な意味をもつ楽器が、ハーディ・ガーディの前身「オルガニストルム」であった。ところが近世になるとブリューゲルやボッシュの絵画にみられるように、次第に、巡礼や放浪楽師の楽器、野外での農民の舞踏や祭りの伴奏楽器、さらには物乞いや盲目の楽師の楽器という面が強調されていく。ドイツ語の異称「農民のライアー Bauernleier」はこのような事情による名称であり、もはや物乞い、貧困、（その喧しい重音がネックとなって）無秩序、時代遅れといった否定的なイメージが付された民俗楽器となっていく。17、18世紀に一時フランス宮廷の田園趣味としてこの楽器は〈雅な宴〉や〈四阿〉で貴族の愛好するところとなるが、これは高踏趣味の裏返しあるいは偽悪趣味にしか過ぎない。実際は18世紀のパリにはラ・トゥール描くところの盲目のハーディ・ガーディ弾きがひしめき合っていたといわれる。中世盛期から18世紀にかけて、初期は教会の、後に民衆の楽器として広範囲に流布していたが、近世になると奏者が賎民視されていたこともあり、現代では民俗楽器としてハンガリーのテケレ、ベラルーシのリーラが農民の歌や踊りの伴奏として使われている。

14 ショーム（シャリモー、シャルマイ）(shawm 英; chalemie, chalemelle 仏; Schalmei 独; ciaramella 伊; chirimia スペイン)

ダブルリードをもつ木管楽器で、世界各地に同様の構造をもった楽器はみられる。サイズはバスからソプラノまで様々で、同種の楽器でアンサンブルを構成することもある。欧米言語のショーム系の名称はラテン語の「カラムス calamus」（葦、葦笛）に由来するが、楽器そのものの初源はペルシャの「スールナ surnay」（葦の意）、あるいはトルコの「ズルナ zurna」、あるいは北アフリカの「ガイタ ghaita」に関係があるとみられている。とくに、オスマントルコの軍楽隊メヘテルハーネで用いられていたズルナが、ウィーン包囲に至るオスマンの西進とともにヨーロッパの軍楽に与えた影響のひとつとしての、ダブルリード系楽器（ショーム、ボンバルト）などが普及したと考えられる。

ヨーロッパ世界のショームは13世紀以降イスラム世界を通じて持ち込まれた

か、あるいはそれ以前に東地中海沿いにビザンチン文化とともに持ち込まれた
か定かでないが、13世紀から17世紀まで盛んに用いられ、それ以降は同じ発音
構造をもったオーボエに受け継がれる。因みに「オーボエ」oboeの名はフラン
ス語のhaut-bois（うるさい木管楽器）の意からわかるように、この種の楽器の
けたたましい音色を示している。このけたたましく賑やかしい音色、また比較
的よく通る大きな音のおかげで、とくに軍楽あるいは儀礼の音楽さらには祝祭
用の楽器としてショームは頻繁に用いられた。

　そのような文脈から、西洋の図像表現においてもいくつかのショームが描か
れている。たとえば、太鼓やラッパとともに宮廷や都市で演奏されるショーム
の一隊が描かれているが、これは第5回十字軍（1217-21年）以降、イタリアへ
のトルコ・アラブにおけるショームの用法の流入の結果と思われる。流入した
ショームは、初期はビザンチン文化やイスラム文化といった東方的色彩を帯び
た楽器として表現されていたが、次第に西欧の音世界に欠かせない楽器となり、
ダブルリードの構造の面でもヨーロッパ本来のバグパイプに影響を与える。ま
た14世紀以降は、フランスやブルゴーニュの宮廷を中心に、専門のショーム奏
者（木管楽器奏者）としてhaut menestrels（オーの楽器の宮廷楽師）が、婚礼・
戴冠式・入城式といった各種の祝典、宴会や舞踏の際、楽師のバルコニーから
奏楽をする様がミニアチュールをはじめとする図像表現に頻繁に残されるよう
になる。その賑やかしい音ゆえに、本来なら金管楽器で表されるはずの「天使
のラッパ」の図像にも描かれるようになり、この異教徒の楽器はキリスト教の
図像表現に組み込まれていく。

　この頃から16世紀にかけてが、この楽器の全盛期で、「賑やかな楽器」のアン
サンブルとして、サックバット、トロンボーン、コルネットといった管楽器と
ともに、主要な王侯の宮廷や都市はこの種の楽隊を有し、野外での祝祭や行列、
屋内での祝宴や舞踏の際には欠かせない楽器となる。このアンサンブルは近代
のオーケストラ誕生の一因でもある。日本にはキリシタン期に持ち込まれ宗教
行列の際に演奏されたという記録が残っており、江戸時代以降も、明清楽など
にも活躍する。その際イタリア語、スペイン語の呼称が転じて「チャルメラ」
と呼ばれた。

　今日でもなおアラビア半島あるいは地中海世界では、この種のダブルリード
の管楽器は、そのけたたましい音量のため野外での祝祭には太鼓などとともに
活躍している。

15　バグパイプ（bagpipe）

　ヨーロッパ古来の楽器と思われているバグパイプ（風笛）は、実はトルコの
トゥルム（tulum）、オリエント世界のガイタ（gaita, ghaita）などが、バルカンあ
るいはイベリアなどの地中海経由でヨーロッパに伝播したものである。伝播の
時期は、イスラムによる、あるいはそれ以前のケルトやローマによるという説、
また11世紀以降の十字軍による説などあるが、アルプス以北では13世紀以降に
普及した。本来は牧畜民族の楽器であり、楽器の皮袋には伝統的に羊の皮を用
いていることなどもその名残であり、神話世界の図像表現でもサテュロス神

（牧神）のマルシュアスのアトリビュートとされ、また中世末期から聖書世界でも牧者あるいは犠牲の羊などと関連づけられ表現されていることも首肯ける。古代ローマのネロ帝が愛好していた楽器とも言われているが、真偽は別として、牧畜を中心とした地中海世界への早い時期の普及がうかがえる。牧羊文化を背景とした聖書世界の図像表現では、特にキリスト生誕の際の牧者の楽器（「羊飼いの礼拝」などの主題）として描かれることが多い。これも、バグパイプが羊の皮製の空気袋を用いていることもあり、牧羊さらには農業と関わりの深い楽器ゆえであろう。後には、天使の奏楽にも登場する。

　中世末期から16世紀にかけて、このような図像は数多く見られ、特にP・ブリューゲル（父）以降のフランドル絵画では、農民の祝宴の場面では欠かせない楽器として、当時の風俗そのままに描かれている。そのせいもあり、バグパイプあるいはバグパイプ奏者には、皮袋を膀胱と見立てる楽器イメージも重なり風俗紊乱者、反体制の扇動者、さらには賤民、放浪者、貧相といった近代的なマイナスのイメージが付されていく。「雅な宴」を主題とした絵画に残されているような17、18世紀フランス宮廷でのバグパイプの一種の「ミュゼットmusette」の流行は、民衆文化に対する諧謔の意味もこめられた近代初期のエリート文化の田園趣味と結びついていた。

　そのため、いわゆる西洋古典音楽の伝統からみれば異端の楽器として、低俗な民俗楽器のイメージを付された不幸を経て今日に至るが、民俗楽器としてのバグパイプは、今日でも西ヨーロッパの牧羊地帯（スコットランド、アイルランド）に広く分布している。代表的なものでは、アイルランドのイリアン・パイプ（Yilleann pipe）は13～14世紀頃から用いられ、右肘に抱えた鞴を使って羊の皮袋に空気を送り込み、笛の部分は柘植や黒檀製で金属や象牙の装飾付き、音程を可変のドローン管3本、2オクターブのチャンター（旋律管）の構造をもつ。居酒屋などでの娯楽用、今日では観光用である。今日のバグパイプといえば、スコットランドの「ピーブ・モール（piob mor ゲール語）」であるが、これは口から袋に直接空気を送る型で、戦場用の小型の楽器もある。18世紀には一時衰退したが、その後改良大型化され、現在では主に祝典用や舞踏の伴奏用に使われ、広く喧伝されている。スペインのガイタ（gaita）は、マヨルカ島で守護聖人へ奉納される夏祭りの踊り「コシエルス cossiers」の際、一団が広場に入場する際、奏されるバグパイプである。同じ地中海文化圏には南イタリアのツァンポーニャもある。さらに東欧のドゥデ（dude）、ドゥディ（dudy）（セルビア、チェコ、スロヴァキア）、ガイダ（gajda）（ブルガリア、アルバニア、セルビア、スロヴァキア）などもバグパイプの一種で、バルカンからカルパティアに至る牧羊地帯に広く分布している。典型的な羊飼いの楽器として、羊や山羊の皮袋と2～3本のドローン管をもつこれらの楽器は、農民の舞踏の伴奏あるいは歌の伴奏に用いられ、近代以前の農民文化の名残を伝えている。

16　「中世末期における古代水力オルガン「ヒュドラウロス」の継承」、『上野学園教育研究紀要』第2号（2018年）（オンライン）ISSN 2434-0375参照。

17　シンバル（cymbals 英；kymbos ギリシア；cymbales 仏；Becken, Schellbecken,

Tellern 独; piatti, cimbali 伊）

　円盤型あるいは椀型の2枚の湾曲した丸い金属板を打ち響かせる打楽器。

　西洋世界では、歴史的には、シンバルはオリエントからギリシア・ローマを経て西洋に伝播した楽器である。その起源は古く、紀元前700-600年頃の古代バビロニアの銘板に太鼓奏者とともにシンバル奏者が描かれており、アッシリア（紀元前680年頃）の図像にもその痕跡が認められる。エジプト（紀元前850年以降）およびギリシア（紀元前500年頃）からはブロンズ製の小型シンバルが出土している。古代ギリシアやローマにおいても、大理石彫像（ヘレニズム時代、紀元前3世紀）やモザイク（ポンペイ、紀元73年）に、シンバルが描かれている。前者ではバッコスの巫女とともに女性のケンタウルスがシンバルを左手に持ち打ち鳴らしており、おそらくはバッコスの乱交饗宴の情景であろう。ギリシアではシンバルは、チベレの女神やデュオニュッソス（バッコス）の祭礼のような乱交饗宴で、打楽器ティンパヌム Tympanum や管楽器アウロス Aulos とともに、その激しいリズムと高く騒々しい音で、参加者を陶酔状態にするため用いられたと思われる。

　中世以降の西洋世界では、図像表現としてのシンバルは、キリスト教およびギリシア神話の様々な主題のなかに、華やかな場面を演出する楽器の一群として古くから示されている。ヨーロッパ中世では、14世紀にはまだ、2枚1組のシンバルが図像表現にあらわれることは稀であったが、15世紀になるとイタリアで天使の奏楽にシンバルが見られるようになる。これ以降、キリスト教図像のみならず、神話の図像表現においても、たとえば、前述のように豊饒神にして酒神バッコスが、テセウスにナクソス島に置き去りにされたアリアドネを救出し凱旋する際に、驢馬にのって酔っ払ったシレノスに先導された賑やかな行列を行ない、そこでサテュロスたちによって笛やシュリンクス（パンパイプ）が吹き鳴らされ、マイナスたちによってシンバルが打ち鳴らされる、といった主題のもとにシンバルの描写は復興する。

　そもそも、キリスト教図像においてのシンバルは、旧約聖書では、ダビデ王時代の奏楽の場面に由来し、たとえば、ダビデ王はペリシテ討伐後、神の箱を捧げた凱旋行列を行ない、「ダビデとイスラエルの全家は歌を歌い、竪琴、琴、タンバリン、カスタネット、シンバルを鳴らして、主の前で、力の限り喜び踊った。」（『サムエル記第二』6・5）など、シンバルはダビデ王に関わる記述を中心に、祭礼や祝宴をにぎやかす楽器あるいは舞踏の伴奏楽器としての役割を果たしている。

　中世ヨーロッパの図像では、このダビデ王のシンバルは、「シンバルム／シンバラ Cymbalum/cymbala ラテン; Kymbalon ギリシア」とよばれる小鐘や鈴をいくつか集めた打楽器として表現されることが多い。古代や聖書世界の2つ1組のブロンズ製で平たい椀型シンバルが、中世ヨーロッパの図像表現では枠組みに吊された4から8個1組の小さな鐘をハンマーで打つ楽器シンバルムとして描かれている。オルガンのピッチと同様に、これらのシンバラはピタゴラス音階をとり、12世紀頃まで実際に教会でオルガンとともに演奏されていたようである。

　一方、東洋では、シンバルの歴史は古代中国に遡れるとされるが、実は古代中国のシンバルは中国に伝播してきたものである。東トルキスタン、あるいはチベット伝来という記述が中国の文献に見られるなど、おそらくインドもしくはトルコがシンバルの起源と考えられている。紀元前1200年頃に小アジアで用いられはじめたシンバルが、東は中国あるいはインド方面に伝来し、西はオリエント世界から、ギリシア・ローマに伝播した。そのため、エジプト（古代エジプトの「クロタルム Crotalum」と呼ばれる楽器はその音や形態もシンバルに極めて類似している）や聖書世界のヘブライにおいても、随所にシンバル奏楽の記述や図像が見られるのである。（前述のダビデ王の神の箱の3人の楽師アサフ、エドトン（エタン）、ヘマンは金属製のシンバルを奏した。「これらはみな、その父の指揮下にあって、シンバル、十弦の琴、竪琴を手に、主の宮で歌を歌って、王の指揮の下に神の宮の奉仕にあたる者たちである。アサフ、エドトン、ヘマン」（『歴代誌第一』25・6）。

　現代では、アジアの円盤型シンバルには、バラ（朝鮮半島）、プオ（中国）、チャプ（タイ）、チェンチェン（バリ）、マンジーラー［モンディラ］（インド）、ジル（トルコ）などがあり、また、椀型シンバルにはポンリン（中国）、チン（タイ）、シー（ビルマ）、ターラム（インド）などがある。チベット仏教の宗教音楽ではシンバルのシルニェン（シルナン）やシルチョル（ロルモ、リム、チュシャ）が祈祷あるいは読経の前後や間に、他の打楽器、ラッパとともに演奏される。カンボジアではチンと呼ばれる小型のシンバルが、クメール以来の宗教儀礼や古典芸能「ラーム・ケー Ram Ker」（クメール版『ラーマヤーナ物語』）で演奏されるピン・ピート（pin peat）と呼ばれる合奏に配されている。インドのターラムはヒンドゥーの宗教音楽ではナーガスワラム（ダブル・リード楽器）やターヴィル（両面太鼓）とともにシヴァ神などの神に捧げる舞踏の伴奏楽器であるというように、宗教儀礼や宗教舞踏と深く結びついている。

　西アジアでは、オスマントルコの軍楽（メヘテルハーネ）に、独特のリズムを打ち鳴らす打楽器群のひとつとしてジルと呼ばれるシンバルは有名である。クラシックのオーケストラで用いられる大型シンバルはこのトルコの軍楽のジルに由来し、現代のシンバルの大手メーカーのひとつジルジャン（Zildjian）は、このトルコのメーカーである。

18　5、6世紀に固定化された聖務日課（oratio canonicalis）は、朝課（matutinalis真夜中0時）、賛課（laudatio, laus午前3時）、一時課（primae午前6時）、三時課（tertio午前9時）、六時課（sextus正午）、九時課（nonae午後3時）、晩課（vesperae午後6時）、終課（completae午後9時）の祈祷であり、教会音楽のジャンルとしても後世に影響を与える。

19　教会法（1169年）では、すべての教会および公的礼拝堂は1つ以上の鐘を備えることが望ましい。だが鐘の設置は命令ではなく、それゆえ望むべき効果を得るよう、それぞれの教会においては慎重かつ時機を得て鐘を配置するようにとされた。

20　近代の日本芸能における読経と講談の声調の影響と通じるのではないか。

21　頌歌26番は「悪魔に唆されサンティアゴ巡礼の途上で自殺した巡礼者の魂を
いかに肉体に戻らせ悔悛させたか」の奇跡譚で、サンティアゴ巡礼はカンティ
ーガスの世界の中にあった。
22　前川久美子『中世パリの装飾写本——書物と読者』東京 : 工作舎、2015. p.105。

参考および図版引用文献

Alfonso X（King of Castile and Leon）, *Songs of Holy Mary by Alfonso X, the wise: a translation of the Cantigas de Santa Maria*, translated by Kathleen Kulp-Hill; with an introduction by Connie L. Scarborough.（Medieval & Renaissance Texts & Studies（Series）v. 173）. Tempe: Arizona Center for Medieval and Renaissance Studies, 2000.

Alfonso X., *Chronicle of Alfonso X*, trans, Shelby Thacker, Jose Escobar, Introduction by Joseph F. O'Callagham.（Studies in Romance Languages, 47.）Lexington: University Press of Kentucky, 2002.

O'Callaghan, Joseph F., *Alfonso X and the "Cantigas de Santa Maria": A Petic Biography*. «The Medieval Mediterranean, 16». Leiden / Boston / Köln: Brill, 1998.

Parkinson, Stephen（ed.）, *Cobras e son: Papers on the Text, Music and Manuscripts of the "Cantigas de Santa Maria"*,（Legenda.）Oxford: European Humanities Research Centre, University of Oxford; [London]: Modern Humanities Research Association, 2000.

Scarborough, Connie L., *A Holy Alliance: Alfonso X's Political Use of Marian Poetry*.（Juan de la Cuesta Hispanic Monographs, Series: Estudios de Literatura Medieval "John E. Keller" 6.）Newark: Juan de la Cuesta, 2009.

Los Instrumentos del Pórtico de la Gloria. Su reconstrucción y la música de su tiempo. 2 vols., coordinación:José López-Calo, traducción de los textos y al inglés:Keith Ammerman, Fundación Pedro Barrié de la Maza, Conde de Fenosa, La Coruña, 1993.

http://csm.mml.ox.ac.uk/index.php?p=poem_list

http://www.3to4.com/Cantigas/index.html

ジョージ・ファーマ著『人間と音楽の歴史 イスラム』3 第2巻、音楽の友社 1986.

第八章

『聖母マリア頌歌集』にみる中世のダンス

浅香武和

はじめに

CSM 409（F写本 folio 109v. F 86）のリフレインに *Cantando e con dança/ seja por nos loada/ a Virgen corõada/ que é noss' asperança.* とあるように、歌いながらダンスをすれば、栄光なる聖母は我々により称讃されよう、それは我々の希望である。

このリフレインは、聖母を称讃する本文を導くものであり、6音節4行詩で楽天的な内容で明るい音調である。それはマリアさまを崇める時の合唱であり、テーマは救いのなかの希望である。

この章では、カンティーガスとダンスとのあいだの関連性を写本のミニアチュールから分析してみたい。

1．CSM 5,（Mettmann のエディションでは 15）T写本 folio 12r. miniatura 挿絵 5

この挿絵を見ると2人のダンサーが両手を摑んで高く上げている姿が確認できる。これは聖母マリアを讃える教会の内部である。題辞5の説明を見ると、Como San Basilo e os da cidade loaron muito Santa Maria.（如何にして聖バシロと町の人々は聖母マリアをとても称賛したか。）とあるように、カエサレアの町の戦いに、聖母マリアは如何にして町を護ったかの話で、聖バシリオの奇蹟として知られている。物語の舞台

はパレスチナの Cesaira である。

　挿絵を見ると、教会内でビオラを弾く吟遊詩人、歌い手たち、先頭の聖バシリオは大ロウソクを持ち跪き、もう1人も跪き御祈りをしている。

2．*CSM* 62, *T*写本 folio 90Vv. 挿絵 5

　物語の舞台はフランスのサン＝リキエ Saint-Riquier である。城壁に囲まれた道で、人々が大きなグループとなりダンスをしてラッパの音

にあわせて歌っている。このカンティーガの43行目に «e viu-o estar u fazian dança a gente da vila»（町の人々が踊っているその場所に息子を見た。）ここで踊っている人たちのダンスがどのようなものなのか分からないが、4人でフォーメーションを組み両手を摑んでいるように見える。そして数人が輪のなかに入り、別の数人が外にいるあいだに4人は輪をつくっている。摑んだ両手は、ある時には持ち上げたり、下ろしたりして輪のなかに人が入ったり出たりしている。またペアーになった踊り手が腕でブリッジを形作り、他のダンサーがさらにトンネルをつくりトンネルの最後まで踊っていけるようにしている。

　フランスが舞台となっているこの物語は、Filgueira Valverde（1985:114）によると12世紀にHugo Farsitusが編纂した*De miraculis*『奇蹟について』から採られたものである。そしてオック語話者の吟遊詩人でもあり音楽家ギロー・リキエGuiraut Riquier（c.1230-1292）の発案と考えられるが、確証はない。ただアフォンソ十世の文書室に1274-1275年に執務していることから推測するに過ぎない。韻律は10音節ＡＡ/ｂｂｂａである。

3．*CSM* 79, *T*写本 folio 117r. 挿絵1

この挿絵は1人の少女ムーサである。彼女が1人で踊っている姿を現し、あたかも気が狂ったかのようなさまである。題辞には次のように記されている。Como a meninna Musa estaba fazendo garridenças con pouco siso. （少女ムーサは少し頭が悪いが明るく振舞っていた。）

そこに聖母マリアが現れて、彼女と一緒に楽園に行くようにと誘っている。そして、次のように言う。"Eu te rogo/ que, sse mig'ir quere, leixes ris' e jogo,/ orgull' e desden." （もし私と来たいならば、お前に祈ろう、お前は笑い、戯れ、自惚れ、つれなくするのをやめなさい。）

ムーサは誘いを受け入れ、26日後に熱病に罹り亡くなった。すると聖母マリアが現れて彼女をつれて天国に行った。メロディーは応唱の形式を強調している。

4.. *CSM* 120, *T* 写本 folio 170Vv. 挿絵1, 題辞なし

*T*写本の挿絵のなかで、演奏とダンスが一番よくわかるものである。聖母マリアの前で跪いた王と共に吟遊詩人の一団が歌い踊り演奏している様子は、*T*写本のミニアチュール170Vv. m.1で確かめることがで

きる。この挿絵には3人のダンサーが円舞をしている姿が描かれている。ダンスは応唱という宗教上の踊りだとされる。ロンドと呼ばれる音楽形式で円形になり踊るもので、演奏家と歌手そしてダンサーのグループで構成されている。このダンスはアフォンソ十世がカンティーガスのなかで実演したものと推測される。その裏付けとなるアフォンソ十世が認めた1284年1月21日の遺言状に、聖母マリアの祝日に聖母に捧げるカンティーガスを歌うように命じている。Solalinde（1980: 255）

図　踊っている部分の拡大

　サンティアゴ・デ・コンホステーラ大学の音楽学者Villanueva（1998: 41-42）は、このダンスについて次のように分析している。聖母を讃えるカンティーガ120番は、アフォンソ十世が楽器を演奏させていることは明らかである。下列には調和をとりながら5人の楽士が見える。プサルテリウムが2人、ハープ・プサルテリウムが1人、竪笛（ショーム）1人、4弦のビオラ1人である。後列に2人の楽士のほかに賛歌を歌う人、ダンサー3名で構成されている。ダンスをしている姿を見ると、3人が輪になって踊っている様子が描かれている。このダンスの特徴は修道会の交唱聖歌のフレーズと強いリズム構成で、おそらくrondeau形式（輪舞）に合わせてリズミカルなベースラインを増強する指で叩く奏法を伴っているように思われる、と記している。

120番で繰り返される文は次のようである。*CSM* 120, Esta é de loor de Santa Maria

Quantos me creveren loarán/ a Virgen que nos manten.

（我［王］を信じるすべてのものは、我々を護る聖母を称讃しよう。）

この繰り返しをFilgueira Valverde（1979 :195, 369）は、民衆歌のような印象で子供歌の特徴があるとしている。

この詩はカンティーガの120番であることから聖母マリアを讃えるもので、助言や教訓の意味をもつものである。それは応唱という形式である。創造するすべての事と王様を信頼するように、声を合わせて、あらゆる場面で成就するように聖母マリアの完全なる加護を得られるように、ということである。ダンサーの2人の口を見ると歌っているかのように口をあけている。

5．*CSM* 280, *E*写本 folio 251 v. 踊っているガイタ奏者

2人のガイタ（バグパイプ）奏者が描かれている。左の奏者はガイタの皮袋に空気を入れながら、右足の踵をいくぶん上げて右の奏者に歩み寄ろうとしている。右の奏者は脚を交差して後退しながら、踊るポーズをしてステップを踏んでいるかのようである。このミニア

チュールは*E*写本（音楽家写本）のなかで、唯一踊っている音楽家の姿である。

6．*T*写本 folio 36r. *CSM* 24, 59-62行のテキストに見るダンス

Esto teveron por gran don/ da Virgen, e mui con razon;/ e pois fezeron en sermon,/ levarono con dança.（こうして、聖母の大いなる恵と本当に正しく、説教がおこなわれ、踊りながら彼は運ばれた。）

　この最後のスタンザのミニアチュール*T*. 36v. m.6はおそらく当時の埋葬の儀の何らかのダンスを言及しているものであろう。古代アテネでは王様の葬儀、またスペインの地方都市には埋葬のダンスの記録がある。ウエルバ県エンシナソラ Encinasola では、女性のグループは少年が亡くなると太鼓の音にあわせて踊っていた記録がある。これはレオン王国からの移住者に関連している中世の記録である。さらに関連性を探すと、バレンシアでも子供が昇天する儀式にベトラトリ vetlatori またはアルバエットのダンス（暁の踊り?）danza del albaet というダンスがあり、バダホス南部のアローヨ・デ・ラ・ルース Arroyo de la Luz 地域にアラビア人の家系にユダヤ文化とグレゴリア聖歌の影響によりダンスが行われていた報告がある。

　こうした死者への踊りは、日本でも平安時代にはじまる「踊り念仏」に起源を発し、現在では夏の風物詩になっている「盆踊り」に通じるものである。

おわりに

　13世紀の『カンティーガス・デ・サンタ・マリア』の写本に見るダンスは、わが聖母に捧げた踊りである。*T*写本のミニアチュールに描かれたダンスは1,264画のうち4点にすぎない。*F*写本 folio 109 r. v

（*CSM* 409）には、ミニアチュールは描かれ詩も書かれているが、残念ながら題辞と楽譜は空欄のためどのようなものか判断できない。6連14行詩の最初に4行のリフレイン韻律は6A6B6B6A, Cantando e con dança歌いながら踊りながらの文言から、わが聖母に捧げるメロディーの特徴をあらわす重要な痕跡を示していると考える。一方では、カンティーガと死のダンスの伝承の関連性も否定できない。

＊

　本章を執筆するにあたり、Jota Martínez（2021）から pp.236-240を参考にさせていただいた。学恩に感謝したい。

参考書目

Alfonso X, el Sabio: *Cantigas de Santa María*, I. II. III. Edición de Walter Mettmann. Madrid, Castalia,1986, 1988, 1989.

Afonso X, o Sábio: *Cantigas de Santa Maria*, I. II. Editadas por Walter Mettmann, Vigo, Xerais. 1981.

Fidalgo, Elvira（2004）: *As Cantigas de Loor de Santa María.* Coordinadora, Elvira Fidalgo. Centro Ramón Piñeiro para a Investigación en Humanidades. Santiago de Compostela, Xunta de Galicia.

Filgueira Valverde, José（1979）: *El Códice Rico*, Estudio crítico. Madrid, Edilán, vol II.

Filgueira Valverde, José（1985）: *Cantigas de Santa María,* Madrid, Castalia.

Jota Martínez（2021）: *Instrumentarium musical alfonsí.* Valencia.

O Códice de Florencia das Cantigas de Santa Maria（B.R.20）. Transcrición paleográfica. Elvira Fidalgo Francisco, Antonio Fernández Guiadanes. Santiago de Compostela, Centro Ramón Piñeiro para a Investigación en Humanidades, Xunta de Galicia, 2019.

Solalinde, Antonio G.（1980）: *Antología de Alfonso X el sabio,* séptima edición, Madrid, Espasa-Caple.

Villanueva, Carlos（1998）: « As cantigas do mar de Martín Codax » *Cantigas do mar, Homenaxe a Joan de Cangas, Mendinho e Martín Codax*, Fundación Pedro Barrié de la Maza, A Coruña, 1998, 13-53.

第九章

『聖母マリア頌歌集』における
カステラニスモと過剰訂正

浅香武和

はじめに

　13世紀にアフォンソ十世により編纂された *Cantigas de Santa María*
（*CSM*：聖母マリア頌歌集）は、中世ガリシア語で認められたものであ
る。エスコリアル*T*写本のミニアチュールは1,264画におよび、この
挿絵の上部に物語の説明をゴシック筆記体 Gótica libraria で示した953
の題辞（rúbricas）がある。例えば、*T*写本 *Cantiga* 141, folio 197葉 r 表
m2（m：ミニアチュール）は青インクで次のように認められている。

　𝕮. o abade o mãdou g̃rdar a dos mõges q̃ o aiudaſſe a leuãtar.

（写本はゴシック筆記体で認められているが、標準フォントにはこの書体
がないため、それに近い Unifraktur Maguntia を使用、母音上のプリカまた
はティル~は鼻音、－は内破鼻子音または省略を表す。）

校訂すると Como o abade o mandou guardar a dos monges que o aiudassen a leuantar.（如何にして修道院長は2人の修道士に立ち上がらせるように命じたか。）

　この題辞にカスティーリャ語で記された dos が確認できる。これをカステラニスモ（カスティーリャ語主義）と呼ぶ。本章は、*T* 写本と *F* 写本における題辞からカステラニスモおよび過剰訂正の記述についての分析を試みたい。

　使用する写本およびコンコーダンスは次の通りである。

T 写本 Real Biblioteca del Monasterio de San Lorenzo de El Escorial, Ms. T-I-1. RBD: Real Biblioteca Dixital. [consulta no outono, 2021]

TMILG = Varela Barreiro, Xavier（dir.）（2004）: *Tesouro Medieval Informatizado da Lingua Galega.* Santiago de Compostela, Instituto da Lingua Galega. [consulta no outono, 2021]

DDGM = González Seoane, Ernesto（coord.）（2006 - 2012）: *Dicionario de dicionarios do galego medieval.* Corpus lexicográfico medieval da lingua galega. Seminario de Lingüística Informática. Instituto da Lingua Galega. Santiago de Compostela. [consulta no outono, 2021]

F 写本 Biblioteca Nazionale Centrale di Firenze,（Alfonso X, re di Castiglia e di León, *Cantigas del Rey D. Alfonso el Sabio*, ms., sec. XIII, BNCF, Banco Rari 20. Biblioteca Dixital, Internet Archive, [consulta no outono, 2021]）

　カンティーガス本文の言語について Lorenzo（1979:268）は、ガリシア・ポルトガル語のテキストに顕著な特徴を表す語彙があると指摘している。1つはガリシア・ポルトガル語とは異なる形態があり、ガリシスモ（galicismo フランス語的表現）とプロベンサリスモ（provenzalismo プロバンス語的表現）の語が多く見られる。もう1つは13世紀からガリシア人の作家に使用される aire 空気、arçobispo 大司教、arçobispado 大司教区、dulce 甘い、mismo 同じ、のようなカステラニスモの語彙

がある。一方では、さらにガリシア語の方言形態も存在する。Lorenzoの指摘を基にカステラニスモを14項目に分類して考察する。< >は書記素を表す。

Ｉ．カステラニスモ（castelanismo）の分析

1．ガリシア語の二重母音<ou>の単母音化、<o>で表記している場合

　この事実は偶発的なことではなく、明らかにカスティーリャ語化の動機による。ガリシア語では二重母音を使用するが、それに対応するカスティーリャ語の<o>を使用している。

表1

題辞のカステラニスモ	カンティーガ番号とインクの色		カンティーガ本文での記述
cosa もの、こと	B 4v	黄土	cousa
disputo 論議した	2	青	なし（disputou）
mando 命令した	32	青	mandou
enloqueceu 熱狂させた	41	青	なし（enloqueceu）
posoulli 置いた	44	青	なし（pousoulle）
otra ほかの	68	青	outra
saco 取り出した	138	青	なし（sacou）
torno 戻った	138	赤	なし（tornou）
tomo 持った	139	青	なし（tomou）
dos 二つ	141	青	dous
beẏio 口づけした	141	赤	なし（beijou）
trosquio 毛を刈った	147	青	trosquiou
paros 止まった	73	青	なし（parouse）
otorgoullo 彼にそれを与えた	84	青	なし（outorgoullo）
soltoll 彼を解放した	85	青	なし（soltoulle）
dos 二つ	89,109,115,175	青	dous
entro 入った	115, 153	赤	なし（entrou）
cobro 稼いだ	117	青	なし（cobrou）

chamo 呼んだ	118	青	なし（chamou）
liuro 救った	119, 151	青・赤	liurou
leuātos 起きた	133	赤	se leuou（levantouse）
erro 誤った	138	赤	なし（errou）
chantos 打ち込んだ	157	赤	なし（chantouse）
marauillo 驚いた	162	赤	なし（marauillouse）
fillo 手に取った	176	赤	なし（fillou）

　カンティーガ本文での記載なしの後の（ ）の表記は*TMILG*, *DDGM*から検索。

　合計30のカステラニスモのうち、青インクで記したもの20、赤インクは9、黄土色1であり、*CSM* 115~119, *CSM* 138~141に集中している。使用されたインクの色とカステラニスモの関連はないようだ。

　題辞において直説法完了過去三人称単数形の変化語尾は-o（sacó 取り出した）であるが、カンティーガ本文では-ou: amou 愛した, cantou 歌った, fillou 手に取った *(TMILG*による)。

　*TMILG*では outro（s）/ outra（s）他の、は510例確認できるが、*CSM* の題辞には otra は1例のみである。

　なお*F*写本の本文では dos（*CSM* 286）, otra（*CSM* 272）, saco（*CSM* 227）, posou（*CSM* 228）, paro（*CSM* 205）の5例があげられる。すべて赤インクを使用。

2．ガリシア語の二重母音<ei>の単純化、<e>で表記している場合

表2

mõestero 修道院	61	青	mõesteirʾ, mõesteyro
caualero 騎士	84	青	caualeiro
moestero 修道院	94	青	mõesteiro
escudero 従士	106	赤	escudeyros
mercadero 商人	116	赤	mercadeiro

　題辞に5例のカステラニスモが確認できる。カンティーガ本文では、-ero の使用が5例、-eiro は91例確認される。

・mercadeiro もカステラニスモの可能性がある（Montero Santalha 2000:530参照）。13世紀の共通の形態は mercador で *CSM* 68, 172, 193 にも見られる。*CSM* 116 本文においては verdadeiro, mercadeyro, conpanneiro のように韻を踏むための操作であろう。題辞には mercadyro が5例、mercadero は1例のみである。*F* 写本 *CSM* 409 本文に mercadeiros がみられる。

3．語尾音脱落 apócope: 子音 /d/, /t/ の後の母音 /-e/ が脱落する場合

表3

por end だから	77　赤	porende
uerdad 真実	97　赤	verdade
grand mercee 御慈悲	112　青, 151　青	(grand') , (grande)
desonradament 不名誉なことに	119　青	(desonradamente)
part 部分	129　赤	(parte)
grand furto すごい盗み	151　青	(grande)
que saisse d'ent そこから出る	158　赤	(end')
yfant 王子	164　赤	(jnfant abade) , (yfante)
gent 従者、兵士	165.m2.m3.m5　青	(pouca gent'y uiu)
canet カニェテ（クエンカの町名）	162　青	(Canete=Cañete)

　語末の -e が脱落するのは2つの場合がある。1）接続法不完了過去の形態 acoress[e]（助ける）．2）-de または -te で終わる語 porend[e]（だから、それ故に）に見られる場合。カステラニスモは後者の例を言う。この語尾音脱落が中世ガリシア語のテキストに時々見られるのは、単なる表記上の問題なのか、それとも作者の恣意的なカステラニスモによるものなのか問題がある。とくに吟遊詩人たちの詩においては、規則的に韻律を合わせるため母音脱落は存在しない。このことから語末音 -e の脱落は、スペースがないために単純に -e を書かなかったと考えられる。カンティーガ本文と題辞でスペースがあるときには uerdade とある。

　名詞の前に使われる形容詞 grand' は母音で始まる名詞の前で生じているが、一方、子音で始まる名詞の前では grande の表記がある。

Sánchez-Prieto Borja（2004:427）によると、語尾音脱落は中世ガリシア語では極めて珍しく、13世紀のカスティーリャ語では頻繁であり、アフォンソ王の文書室を含め、カスティーリャ王国の書き言葉において脱落しなくなるのは1310年以降である、と説明している。こうしたことから、中世ガリシア語には一般にカステラニスモの事例を除き、libertade（自由）、parede（壁）、verdade（真実）のような場合、子音/d/の後の母音/-e/の語尾音脱落は存在しなかった。語尾音脱落はカスティーリャ語で確認されているが、ガリシア語で確認されるのは後のことである。実際中世ガリシア語のテキストでは、こうしたタイプの語尾音脱落はかなり僅かである。

　一方、音節末において母音/-e/に/t/が先行するdurament（懸命に）、mort（死）、uerdat（真実）のような場合、子音/t/を残す時にだけ語尾音脱落が生じる傾向にある。CSMのなかで語尾音脱落が頻繁に起こるのは韻律の位置に関係する。CSMのT写本のミニアチュールの題辞では、音節の終結部に/d/が残るのは母音に先行するか鼻音と一緒に組み込まれたとき、鼻音または振動音と組み合わされた/t/の場合である。すなわちpor endである。しかし、カンティーガ本文では文末の韻を合わせるために、次のようにある。

CSM 6. 15 《e log' a Santa Maria | o offereu porende.》

CSM 6. 20 《que vencia quantos eran | en ssa terr' e alende.》

（そしてすぐに聖母マリアに彼を捧げた。）（その土地と彼方にいる全ての者に勝っていた。）

　Uerdad（真実）はカンティーガ本文ではuerdadeである。この場合の語末音脱落は、単純に<-e>を書くスペースが不足していると考える。他の場所ではuerdadeと確認される。

　では、grand mercee（大慈悲）の場合はどうだろうか。CSMではgrand' として、母音で始まる名詞の前で形容詞として使われている。一方、子音で始まる名詞の前ではgrandeの形態が使われている。

　副詞のdesonradament（不名誉なことに）の場合は、母音で始まる語の前でも-eの脱落が見られる。*CSM* 119. m3 «mui desonradament» では語末の母音-eを書くスペースがあるにもかかわらず脱落がある。

　カンティーガ本文では、母音で始まる語の前でend'のみが使用されている。*CSM* 158.m2 «e lli disse que saisse d'ent.» （そこから彼に出るように命じる）においては、語末の-eを書くスペースがあるにもかかわらず脱落が見られる。

CSM 164.m3 «que o chamaua o ynfãt.» （王子は修道僧を呼んでいた。）本文にjnfant abadeのように母音で終わる語の前で-e脱落がある。しかし、*CSM* 164. m4 «Como o yfante mandou prender o monge,» （如何にして王子は修道僧を捕まえるように命じた）では «yfante» とある。

CSM 165.m2 «ca non auia y gēt.» （何故なら兵士がいなかったから）のgentは行末の位置で語末母音のためのスペースがないためである。本文では «pouca gent' y uiu» （わずかの兵士を見た）であるが、«gente de Tortosa» （トルトザの兵士）も確認できる。*CSM* 165.m3 «e vyu na uila muy pouca gent.» （そして、ある村でほんのわずかの兵士を見た）では行末の位置で語末母音を書くスペースがあるにもかかわらずgentである。

　語末母音/-e/の脱落は*F*写本にもうかがえる：tost（*CSM* 201）, grand loor（*CSM* 286）, pared（*CSM* 272）, grand deuçon（*CSM* 272）, por end muyt' a（*CSM* 227）, grand procisson（*CSM* 208カンティーガ本文ではgrandes precissões）。

　子音で始まる語の前でも脱落があるとは考えられないことから、何らかの理由があると思える。

　語末母音/-e/の脱落は、中世ガリシア語のテキストに時々現れる事例であるが、単なる書記上の理由か、または写字生のカステラニスモに因るものなのか疑問が残る。

4. 語中の <-l-> の代わりに <-ll-> を使用する音韻的な文字表記

CSM 91.m1, uilla（村、町）青。カンティーガ本文には uilla, villa の記述はなく、uila, vila である。題辞では 99.m2, 99.m3, 99.m4, 99.m6 でも uilla のように5例確認できる。これは単なる語源的動機（ラテン語 vīlla）というよりも、むしろカスティーリャ語の影響に従っていると考える。グラフィック的な表記と説明できる。

CSM 91.m.1 «Como estauā en hūa uilla en frança muitos doētes do fogo de Sā marçal.»（如何にフランスのある村、聖マルツァルの火事で罹災した人がたくさんいたか。）

5. カスティーリャ語の語彙の使用

カステラニスモの語彙が題辞に現れるのは僅かである。

表4

gusãos	18青	babous（bichos da seda）カイコ（蚕）
canonigos	35赤	(cóengo) 司教座聖堂参事会員
golfinnos, golfinos, golfiños	57 m2, 57 m4, 57 m5 青. 102 m3赤	ladrões, roubadores, salteador 山賊
angeles	149青	angeos 天使
moneda	164赤	moeda 貨幣
establo	178赤	corte 畜舎
ero	178赤	eiro 畑

・*CSM* 18 の題辞 m1 に gusãos が確認できるが、m3, m4, m5 では同義語 babous が使われ、本文でも babous が使われている。こうしたことから題辞筆記者にカスティーリャ語話者が存在し、アフォンソ王の文書室の校閲者の目に留まらなかったと思われる。

CSM 18. m1 «Como a moller rogou Santa Maria que lle guardass' os gusãos da seda,»（婦人は如何にしてカイコを管理するか聖母マリアに誓願したか。）*CSM* 18. m3 «Como a moller tornou a sa casa, e achou os babous que fazian a touca.»（如何にして婦人は家に戻って、巣（糸）を作ってい

るカイコを見つけたか。）

・CSM 57.m2にgolfinnosがある。本文では、「泥棒」の意味でladrões,
roubadoresの語が使われている。Golfinは中世カスティーリャ語であ
る。

・CSM 178の題辞と本文《Ao ero u lauaua》;《o lavrador foi chegar do
ero,》（畑で、そこで働いていた）、（農夫は畑から来た）に2回現れるero
は、ガリシア語のeiró, eirol「畑」「広場」の意味で使われる。明らかに
ガリシア語の二重母音eiがoに縮約されたカステラニスモである。カ
スティーリャ語ではcampoである。このeiroは地名が起源で、ガリシ
アでは名字によく使われている。日本では、さしずめ「小畠・小畑さ
ん」であろう。

6．弱形代名詞の形態と位置

CSM 75 赤 《Como o euangelisteir'ouue grand' espanto dos dyabóós e
Santa Maria lo sacou en saluo.》（如何にして福音誦読僧は悪魔の激しい恐
怖を感じて、聖母マリアは無事に彼を救い出したか。）本文では《a Virgen
Santa Maria, que o tirou pelo dedo.》（聖母マリアは、それを指で投げ捨て
た）。

題辞のなかで弱形代名詞の位置はSanta Maria lo sacou en saluoのよ
うに後接語になっているが、正しくはsacouoである。現代ガリシア語
ではSanta Maria sacouno en saluoである。動詞sacouは直説法完了過去
三人称単数形で下降二重母音-ouで終わる場合は、直接目的語の弱形
代名詞はoではなくnoを使用する規則がある。

・CSM 83赤 《Como el, jazendo no carcer rogou a Santa Maria de Sopetran
que'l sacasse d'aly.》（牢獄で横たわっているので、如何にして彼をそこか
ら救い出すようにソペトランの聖母マリアに懇願したか。）本文では《que
o sacasse》と正しく使用されている。

・CSM 85青 《Como o iudeu contou a os monges todo ó que'l aueera con

santa maria.»（如何にしてユダヤ教徒は、聖母マリアとともにいることを
すべて修道僧たちに語ったか。）

・*CSM* 126 赤 «que ll'ouuesse mercee»（彼に親切にするように），«assi
como'l auia ...»（このように恩恵があるので……）本文では «como lle
auia ...» のように正しく使用されている。

・*CSM* 151 赤 «que'l aposeran»（彼は盗まれたので），本文では «ca ll'
aposeran un furto» と正しく使用されている。

・*CSM* 163 青 «que'l ouuesse mercee»（彼に慈悲があるように），本文で
は «que lle houbese mercé» と正しく使用されている。

・*CSM* 186 赤 «que no'l tanx'o fogo»（火を点けなかった）これは que non
lle tangeu o fogo の意味で使用されている。

　これらの弱形代名詞は題辞ではカスティーリャ語の lo, le の形態を
採っているが、カンティーガ本文ではガリシア語の形態 o, lle を使用
している。

7．冠詞

・*CSM* 103 青 «Como o monge oyu cantar hũa pasaarỹa e esteue CCC anos
al son dela»（如何にして修道士は小鳥の歌声を聴いて、その音にあわせて
300年もいたか。）このなかで、前置詞 a + 定冠詞 el の縮約形 al が現れて
いるカステラニスモがある。本文では «ao canto da» である。

・*CSM* 187 青 «hũos mõges» は hũus monges（数人の僧）の意味で使わ
れている。この hũos（=unos）の形態はカンティーガスのなかでは稀で
あり、*DDGM, TMILG* を参照すると通常は（h）ũus であることから、
カステラニスモである。

8．指示詞

・*CSM* 135 青 «Como estos meninos criavan de so un, e ...»（如何にして
この子たちが 1 人だけを育てていた、そして…）、カンティーガ本文では

estesである。*CSM* 143本文 liña37に antes de tercer dia（3日目より前に）
とある。この序数詞はガリシア語では terceiro dia であり、カステラニ
スモである。

9．数量詞

表5

amos	106	青	ambos, anbos (*DDGM, TMILG*)
amos	127	青	ambos
amos	135	青	ambolos
amos	186	青	ambos, anbos

・amos（双方の、両方の）の形態はカンティーガ本文中では *CSM* 55,
15, 25　ambos, anbos が見られる。*CSM* 106 «ambolos escudeiros»（双方
の従者）。*DDMG* を参照すると -mb- > -m- の同化はないことから、
amos をカステラニスモとする。

・*CSM* 311の本文に «El ali romaria / ya dous vezes ou tres / no ano, ...»
（彼はそこモンセラット巡礼に、年に2回か3回行っていた）と dous が男
性形である。これは duas vezes と女性形にすべきである。*CSM* 25に
は «sol duas nozes»（ただ価値のないもの）のように正しく使用されて
いる。

10．関係副詞

CSM 175　青 «Como o herege de Tolosa do pousaron meteu un vaso de
prata no fradel do fillo.»（如何にしてトローザの異端者は、宿泊した巡礼者
の息子の背嚢に銀の器を入れたか。）カンティーガ本文 *CSM* 215, 25では
«aas albergadas u pousavan»（泊まった宿坊）とあり、ガリシア語の関係
副詞 u（< lat. ŬBĪ）である。*DDGM, TMILG* から検索。題辞の do は中
世カスティーリャ語 de donde（< lat. DE ŬBĪ）の省略形である。

11. 前置詞

CSM 14 赤 《Como o monge de San Pedro morreu ſin confisson, e ...》（聖ペ
ドロの修道士は懺悔せず亡くなったので……）、カンティーガ本文では
sen が使われている。（*DDGM, TMILG* 参照）

CSM 101 青 《Como un ome era sordo e mudo que non falaua ſinõ per
sinas.》（如何にしてある男は耳と口が不自由になり、合図するだけだった
か。）

CSM 163 青 《Como jazia tolleyto e non podia falar ſinõ por sinas fazer.》（如
何にして手足がきかなくなり、合図しかできなくなってしまったか。）カン
ティーガ本文では senon が使われている。

12. 名詞の性　（文法上の性のカステラニスモ）

表6

leite 乳（女性）	52 青	54 do seu leite その乳から（男性）
muy maas costumes とても悪い慣わし（女性）	93 赤	63 de bõos costumes 良き慣わしついて（男性）
da carcer 牢獄（女性） na carcer（女性）	135 赤 176 青	83 no carcer（男性）
un door 痛み（男性）	209 青	209 hũa door 一つの痛み（女性）

・文法上の性のカスティーリャ語化は leite, costume, cárcer にとくに現
れている。これらの語はガリシア語では男性名詞であるが、題辞で
はいずれも女性形として記されている。カンティーガ本文で leite は
15 例記載されているが、1 例だけが女性名詞である。《bēeyta a ta
leite》（神聖な汝の乳）*CSM* 420, liña33.

・本文では女性名詞 a carcer と男性名詞 un carcer の両方が使われてい
ることから不明瞭である。*CSM* 135 本文に 1 例だけ男性名詞 carcel
がある。女性名詞として使われるのはカステラニスモである。
DDGM から検索すると *CSM* 以外のテキストでは carcer, carçere は男
性名詞である。*F* 写本では、carcer は *CSM* 227 本文 liña 35: un carcer,

liña 42: a carcer と男性と女性名詞が共起している。

・F写本 *CSM* 209, door は題辞では男性名詞として un door（1つの痛み）、sobelo door（痛みについて）、ningũ door（如何なる痛みもない）が使われている。カンティーガ本文では hũa door（1つの痛み）、da door（痛みについて）、mia door（わが痛み）のように女性名詞として確認できる。

・文法性のほかにカンティーガ本文に canales=caãles, gentiles という複数形の形態が確認できるが、カステラニスモである。F写本 *CSM* 335 «e fez chamar os gentiles e ...»（そして異教徒たちを呼ばせた）。表記上 caãles は canales であり、F写本 *CSM* 386 «logo catar os canales meus»（我が水路を調べる）のように男性名詞として使われ、複数形もカステラニスモである。「運河」、「堀」を意味する canal はカスティーリャ語では男性名詞であり、ガリシア語でも canal（< lat. CANĀLIS）は男性名詞、canle（< cãale < lat. CANALE）は女性名詞である。文法上の性と意味の間に違いが現れるのは近代になってからである。Cal, cale, canle（複数形は cales, cales, canles）は女性形で、canal（複数形は canais）は男性名詞で同義語として使われる。Lorenzo（1977）によると、canal の項目に aleatoriamente（作者の判断によるもの偶発的）だと指摘している。

・*CSM* 163 本文に «per sinaes»（印として、合図として）とある。この形態は sinal の複数形であるが、ガリシア語では -l で終わる多音節語の複数形は sinaes, sinais, sinaas, sinás, sinals などの方言形態がある。*CSM* 101 に por sinas が確認できる。カンティーガ本文で使用された形態 sinaes は二重母音が変化して、現在ガリシアで広く使われている形態 sinais になった。こうしたことから、sinaes は古ガリシア語の形態である。カンティーガ本文から sinaes の文法上の性を判別すると、*CSM* 204 un sinal（1つのしるし）、*CSM* 292 seu sinal（そのしるし）のように男性名詞である。

13. 動詞の語幹母音 /i/ の使用

　第二活用の規則動詞の直説法完了過去の一人称複数形の語幹母音 /i/ が使われるのはカスティーリャ語化と考える。*CSM* 60青 «Como perdimos o Paraiso por Eva.»（如何にして我々は天国をイブにより失った。）とある。カンティーガ本文中では perdemos と記されている。

　題辞の perdimos はカスティーリャ語のパラダイムの影響かと思われる。ガリシアでは地域により、第二活用 comer と第三活用 partir の完了過去形が融合する傾向がある。Fernández Rei（1990:84）によると、ガリシア中央のオウレンセは -eu 地域（comeu, parteu）であり、北西部のコルーニャは -iu 地域（comiu, partiu）である。アフォンソ王が幼少期を過ごしたオウレンセは -eu 地域であることから、本文ではこの形態を呼び起こしたものと考える。題辞を記したレタリングデザイナーは、カスティーリャ語話者かガリシア北西部出身と推測できる。

14. 所有詞

　*F*写本 *CSM* 208 の題辞に 1 例だけ «*9* fou fillo»（その息子）のように所有詞男性三人称単数形のカステラニスモが見られる。カンティーガ本文では seu Fillo（その息子イエス・キリストとともに）のように正しく記載されている。所有詞 sou は *F*写本の本文 *CSM* 314, *CSM* 410 に異形として por sou（彼のために）、no nome sou（その名前に）が現れている。1 つの作品のなかにガリシア語の形態とカステラニスモが現れる理由は、異なる写字生に因るものか。

　CSM 385, 19 «fazian alá su yda»（そこへの道を作っていた）では、本文にもカステラニスモが見られる。*CSM* 119, 63 «pera Deus sa ida»（神への道）では、正しく書かれている。

Ⅱ. 過剰訂正（hipercorrección）の分析

CSM 138. *T* folio 194 r には次のように記されている。

Ꝯ. os ereges ſacarō os ollos a juḣn bouca d'ouro. ꝑq loua ſca āḣ

校訂すると

Como os ereges sacaron os ollos a Juhan bouca do ouro, porque loaua Santa María.

（如何にして異教徒は聖ジュアン・ボウカ・ド・オウロから両眼を取り出したか。なぜなら聖マリアを称讃していたから。）

　このなかで bouca が確認できる。これを過剰訂正 hipercorrección と呼び、ガレギスモ galeguismo の一種と考えたい。不適切なガリシア語の形態であり hipergaleguismo 超ガリシア語主義である。

　過剰訂正は boca を bouca のように <o> の代わりに <ou> の使用することである。カスティーリャ語 cosa [kósa] のように強勢アクセントがある /ó/ は、ガリシア語では cousa [ˈkowsa] のように二重母音となる。その例はカスティーリャ語とガリシア語では losa/ lousa 石板, 墓石、oro/ ouro 金、poco/ pouco 僅かの、toro/ touro 雄牛、などである。

　しかしながら、近代ガリシアの作家の中には *hourizonte / horizonte
地平線, *houra / hora 時間, *mourado / morado 紫色, *adourar / adorar 崇
める, *ourente / orente 芳香のある, *ourar / orar 祈る, *despousar /
desposar 婚礼を執り行う, *oucéano /océano 大洋, *ourentar / orientar 導く,
*oubriga / obrigag 義務, *hourror / horror 嫌悪, *lóubrego / lóbrega 陰鬱な,
*elabourar/ elaborar 仕上げる、など <ou> を使用する事例が多く見られ
る。

　ガリシア語の二重母音の <ou> は、ラテン語からの進展において二
重母音 au > ou は証明されている。すなわち Aurum > ouro 金, Paucum >
pouco 少しの, Taurum > touro 雄牛、のようである。しかし、次の場合
はラテン語の ō はガリシア語では ou にはならない: Horizōntem >
horizonte, Hōram > hora.

　過剰訂正は、カスティーリャ語の boca [bóka] をガリシア語において
*bouca のように不当に修正してしまうことである。ガリシア語も
「口」を意味する語は boca ['boka] であり、/o/ は閉母音である。これを
*bouca としたのは、超純粋主義 hiperenxebrismo または超過剰訂正形
forma ultracorrecta を特徴づけるものである。実際にはガリシア語の語
彙を不当に超ガリシア語化した作為の結果ではなく、音声的にガリシ
ア語化を間違って適応し表現したことになる。母音 <o> に対応する二
重母音 <ou> の不適切な挿入である。

　カスティーリャ語とガリシア語の boca の語源はラテン語 bucca であ
り、本来の意味は「頬」である。ラテン語の「口」を意味する os は
長母音で、「骨」を意味する os は短母音であったが、俗ラテン語期に
なり母音の長短は消滅した。また「海岸」を意味する ora、そして
「河口」を意味する os もある。一方では「頬（ほお）」を意味するガリ
シア語 meixela、カスティーリャ語 mejilla は、ラテン語 maxilla「顎（あ
ご）」に由来する。

表7

過剰訂正形	カンティーガ番号とインクの色	カンティーガ本文での記述
ouferta	1 青	offerta [ɔˈferṭa] 奉納
souta	95 赤	sota [ˈsɔṭa] 船倉
poude（pudo）	133 青	pode [poˈðe]~できた
bouca	138 青	boca[ˈboka] 口
mouço	178 青	moço [ˈmotso] 若者
ouferta	246 赤	oferta 奉納、寄進

・offertas は *CSM* 85, 172 のミニアチュールで確認できる。本文では oufertas の記載はない。（*TMILG*）

・sota（sótano, bodega）は *CSM* 95 のミニアチュールで確認できる。本文での souta（s）の記載はない。（*TMILG*）

・*CSM* 本文ではガリシア語の動詞 poder の直説法完了過去三人称単数形は pode, podo, pude などのバリアントが確認できる。（*TMILG*）現行の規則では puido である。

・bouca については、本文に次の一例が確認できる *CSM* 337.43: a bouc' aberta 口をあけて、啞然として。

　ほかの箇所の題辞では oferta, sota, pode, boca, moço のように正しく書かれていることから、ここにあげた僅か6例は単純な間違いと考えたい。しかしながら、過剰訂正はガレギスモ（galeguismo ガリシア語主義）とすることも考慮する必要がある。Lorenzo（1983:184）によると、カスティーリャ語からカリシア語への翻訳に cabieça（cabeça）頭，mueço（moço）若者、などがあることから、これらはカスティーリャ語の知識に欠けているガリシア人によるものであるとしている。

　二重母音 <ou> は、ラテン語 paucum 僅か > ガリシア語 pouco に進展したことは証明されているが、horizontem 地平線 > *hourizonte のようにラテン語の長い母音（ō）からガリシア語の二重母音 <ou> には進展しなかった。しかし、ガリシアの民衆のことばには *ouvella という語が広まっている。これは、定冠詞 a+ovella 羊 > auvella > ouvella と進展した結果である。

おわりに

*Cantigas de Santa María, T*写本の題辞1行は平均して15 wordsであり、953画の挿絵があることから14,295 wordsと概算する。このなかで、カステラニスモは85語確認されることから、0.59%という数字になる（*CSM* 200以降は*F*写本に記載されているので、ここではカウントされていない）。過剰訂正は6例である。

『カンティーガス・デ・サンタ・マリア』の編纂者であるアフォンソ賢王の文書室には、ガリシア語話者の詩人のほかにカスティーリャ語話者の多くの写字生が勤しんでいた。こうしたことから、使用言語としてガリシア語を使わなかったことによりカステラニスモが発生した。また校閲者はそのカステラニスモを見過ごしてしまったと考える。これをガリシアの言語学者はunha mancha difusa（拡散した汚れ）と呼んでいる。

一方では、共同制作を謳いながらも題辞を認めるレタリングデザイナーがカンティーガスの本文と一致するように心がけなかった。本文と題辞を担当したものは別人であった。さらに題辞のスペースに字数制限があったために、省略したことも考えられる。

参考書目

Afonso X, o Sábio: *Cantigas de Santa Maria.* 2 Tomos. Editadas por Walter Mettmann, Vigo, Xerais, 1981.

Alfonso X, el Sabio: *Cantigas de Santa María.* I, II, III. Editadas por Walter Mettmann. Madrid: Castalia. 3 Vols. 1986, 1988, 1989.

Fernández Fernández, Laura（2011）: « 'Este livro, com' achei, fez á onr' e á loor da virgen santa maria'». El Proyecto de las *Cantigas de Santa María* en el marco del escrito regio. Estado de la cuestión y nuevas reflexiones». Alfonso X el Sabio（2011）: *Las Cantigas de Santa María: Códice Rico, Ms. T-I-1, Real Biblioteca del Monasterio de San Lorenzo de El Escorial.* Edición facsímil. Madrid：Testimonio Editorial-

Patrimonio Nacional, Vol.3, 43-78.

Fernández Rei, Francisco（1990）: *Dialectoloxía da lingua galega.* Vigo, Xerais.

Graña Núñez, Xosé（1993）: *Vacilacións, interferencias e outros "pecados" da lingua galega.* Vigo: Ir Indo.

Larson, Pär（2019）: *A lingua das Cantigas.* Gramática do galego-portugués. Tradución e adaptación ao galego, Mariña Arbor Aldea. Vigo, Galaxia.

Lorenzo, Ramón（1977）: *La traducción gallega de la Crónica General y de la Crónica de Castilla.* Vol. II（Glosario）. Ourense: Instituto de Estudios Orensanos Padre Feijóo.

Lorenzo, Ramón（1979）: «A lingua das *Cantigas de Santa María»,* en ed. fac. del Cód. T.I.1. Madrid, Edilán. Vol. II, 267-268.

Lorenzo, Ramón（1983）:«Crónica de 1404», *Dicionário da literature medieval galega e portuguesa.* Lisboa: Caminho, 184-185.

Mariño Paz, Ramón（2017）: *Fonética e fonoloxía históricas da lingua galega.* Vigo, Xerais.

Mariño Paz, Ramón（2018）: «Hipercorrección y castellanismo en las leyendas de las miniaturas de los códices T y F de las *Cantigas de Santa María»",* Estudis Romànics [Institut d'Estudis Catalans], Vol. 40, 37-57.

Montero Santalha, José-Martinho（2000）: «As legendas das miniaturas das *Cantigas de Santa Maria*（códices T e F）», Rodríguez, José Luís（ed.）: *Estudos dedicados a Ricardo Carvalho Calero.* Santiago de Compostela, tomo 2, 507-552.

Montero Santalha, José-Martinho（2002）: «As legendas das miniaturas das *Cantigas de Santa Maria*（códice T. 2ª· parte）», *Agália,* Vol.69-70, 43-87.

Sánchez-Prieto Borja, Pedro（2004）: «La normalización del castellano escrito en el siglo XIII. Los caracteres de la lengua: grafía y fonemas». Cano, Rafael（coord.）: *Historia de la lengua española.* Barcelona: Ariel, 423-448.

Rodríguez, José Luís（1983）: «Castelhanismos no galego-porguguês de Afonso X, o Sábio», *Boletim de Filologia,* Vol. 28, 7-19.

第十章

7つのカンティーガス

　この章では、ガリシアと関連のあるカンティーガスを7篇選択して、日本語訳をつける。使用した文献は次の2書である。

　Xosé Filgueira Valverde: *Afonso X e Galicia.* Real Academia Galega, A Cruña, 1980.

　Walter Mettmann: *Alfonso X, el Sabio, Cantigas de Santa María,* I. II. III. Madrid: Castalia, 1986, 1988, 1989.

　取り上げるテーマはガリシアの7不思議から *CSM* 22, *CSM* 77, *CSM* 304, 世界に共通するガリシアで起きた奇蹟から *CSM* 94, *CSM* 103, コンポステーラ巡礼での奇蹟から *CSM* 26, 聖母マリア賛歌から *CSM* 100 です。

（日本語訳　浅香武和）

① *CSM* 22

Esta é cómo Santa María guardóu a un lavrador que non morrese das feridas que lle dava un cavaleiro e seus omees.

Mui gran poder á a Madre de Deus/ de defender e ampara-los seus.

Gran poder á, ca seu Fillo llo deu, / en defender quen se chamar por seu;/ e dest' un miragre vos direi eu/ que ela fez grande nos días meus.
Mui gran poder á a Madre de Deus…

En Armenteira foi un lavrador, / que un cavaleiro, por desamor/ mui grande
que avi' a seu sennor, / foi polo matar, per nome Matéus.
Mui gran poder á a Madre de Deus…

E ú viu seu millo debullar/ na eira, mandóulli lançadas dar; / mas él
começóu a Madr' a chamar / do que na cruz mataron os judéus.
Mui gran poder á a Madre de Deus…

Duas lançadas lle deu un peón, / mas non ll' entraron; e escantaçón / cuidóu
que era o coteif, entón/ máis bravo foi que Judas Macabéus, /
Mui gran poder á a Madre de Deus…

Entón a ssa azcũa lle lançou / e feríu-o, pero nono chagóu;/ ca él a Santa
María chamóu:/
"Sennor, val-me como vales os teus, /
Mui gran poder á a Madre de Deus…

E non moira, ca non merecí mal."/ Eles, pois viron o miragr' atal/ que fez a
Reynna esperital,/ creveron ben, que ant' eran encréus.
Mui gran poder á a Madre de Deus…

E filláron-sse log' a repentir / e ao lavrador perdón pedir, / e déron-ll'alg; e él
punnóu de ss' ir / a Rocamador con outros roméus.
Mui gran poder á a Madre de Deus…

注) Armenteira はフランス北部のアルマンティエル Armentières の地。
CSM 103 の Armenteira はガリシアのポンテベドラにある。Judas

Macabeo旧約聖書、マカバイ兄弟、ユダヤの長。Rocamadorはフラン
スのマリア信仰の聖地Rocamadourであり、*Cantigas de Santa María*の
中でも11回現れる。音楽学者Higini Anglèsアングレースによると、メ
ロディーは1音節に1音符をあてるシラブル型のポピュラーな曲でア
フォンソ王のレパートリーの典型的なものである。この曲はrondel
andaluzアンダルシア風ロンド形式である。

① 頌歌22番

これは、如何にして聖母マリアが騎兵と兵士から攻撃を受け死なずに
済んだ農民を守ったかの話です。
神の母は信徒を守り庇護するとても強い力をおもちだ。

聖母マリアは大いなる力をおもちだ、神の子がそれを与えになったから、
自身を守るために、聖母マリアの名をよんだこと。
そしてこのことについて私は奇蹟を皆さんにお話しましょう。
私の生涯で、聖母マリアが成した大いなること。
神の母はとても強い力をおもちだ……

アルマンティエルに、ひとりの農民がいました、
彼は領主にとても不満を抱いていたことから、
騎士は彼を殺そうとした、
彼の名前はマテウスです。
神の母はとても強い力をおもちだ……

そして彼が畑で黍の粒をとるのが見えたので、
騎士は彼に槍を投げ与えるように命じた。
しかし彼は十字架のもとでユダヤ教徒により殺された。
キリストの母（聖母マリア）を呼び始めた。

神の母はとても強い力をおもちだ……

歩兵が彼に向かって槍を2回投げた、
しかし彼に届かなかった、すると兵士は
魔法にかけられたと思い、その時
マカバイ兄弟よりもさらに激しく槍を投げた。
神の母はとても強い力をおもちだ……

その時、短い槍が彼のところに飛んできて
彼に刺さった、しかし彼を傷つけることはなかった、
なぜなら彼はサンタ・マリアと叫んだから。
「聖母マリアさま、あなたの僕にご加護がありますように、
神の母はとても強い力をおもちだ……

そして私が死なないように、なぜなら私が災難を受けないように。」
彼らは、精神的に聖母マリアさまが成した
奇蹟なようなことを彼らが見た時、
すべてを理解した、というのも以前は疑いを持っていた。
神の母はとても強い力をおもちだ……

そして彼らは後悔し始めて
農民に許しを請うて、
才能を与えた、彼は他の巡礼者とともに
ロカマドゥールに行くように努めた。
神の母はとても強い力をおもちだ……

② *CSM 77*

Esta é cómo Santa María guarecéu na ssa eigreja de Lugo hũa moller que avía encolleitos os pees e as mãos.

Da que Deus mamóu leite do seu peito, / non é maravilla de sãar contreito.

Deste fez Santa María miragre fremoso / ena ssa eigreja'n Lugo, grand' e piadoso, / por hũa moller que avía tolleito / o máis de seu corp' e de mal encolleito.

Da que Deus mamóu leite do seu peito...

Quen ámba-las suas mãos assí s' encolleran, / que ben por cabo dos onbros todas se meteran, / e os calcannares ben en seu dereito / se meteron todos no corpo maltreito.

Da que Deus mamóu leite do seu peito...

Pois víu, que lle non prestaba nulla meezĩa, / tornóu-ss' a Santa María, a nobre Reĩa, /
rogándo-lle que non catasse despeyto / se ll'ela fezera, mais a seu proveito.

Da que Deus mamóu leite do seu peito...

Parasse mentes en guisa que a guarecesse, / se non, que fezess' assí per que cedo morresse;/ e logo se fezo levar a un leito/ ant' a ssa ygreja, pequen' e estreito.

Da que Deus mamóu leite do seu peito...

E ela alí jazendo fez mui bõa vida/ trões que ll' ouve mereçe a Sennor conprida / eno mes d' agosto, no día scolleito, / na ssa festa grande, como vos retreito.

Da que Deus mamóu leite do seu peito...

Será agora per mí. Ca en aquel día/ se fez meter na eigreja de Santa María;/ mais a Santa Virgen non ll'alongóu preyto, mas tornóu-ll' o corpo todo escorreyto.

Da que Deus mamóu leite do seu peito...

Pero avẽo-ll' atal que alí ú sãava, / cada un nembro per sí mui de rig' estalava, /

ben come madeira mui seca de teito, / quando ss' estendía o nervio odeito /

Da que Deus mamóu leite do seu peito...

O bisp' e toda a gente deante estando, / veend' aquest' e oỹnd' e de rijo chorando, /

viron que miragre foi e non trasgeito;/ porende loaron a Virgen a feito.

Da que Deus mamóu leite do seu peito...

注）メロディーとトロカイコ trocaico のリズム（長短格の詩）は奇蹟を喚起させるもので、ヴィルレー（virelai）という中世フランスの音楽形式である。フランス語 virer「回転する」に由来する。ロンド rondel、バラード balada ともに 13 世紀のヨーロッパにおいて使われた形式。音楽学者アングレースによると *Cantigas de Santa María* T 写本の 67% が virelai, 20% がアンダルシア風ロンド rondel andaluz である。そのほかにフランス風ロンド rondeles franceses, フランス風バラード balada francesa がある。3 行目 *mamóu leite*（E 写本), *mamou o leite*（T 写本）.

② 頌歌77番

これは、如何にして聖母マリアがルーゴの教会で手足がきかない女性を治したかの話です。

神が乳を吸った女性から、手足がきかない人を治すのは驚くべきことではない。

このことについて聖母マリアは素晴らしい奇蹟を生んだ
ルーゴの教会で、大いなる、そして情け深いこと、
手足が効かなくなった1人の女性
この上なく体が悪く、手足がきかなくなった女性を。
神が乳を吸った女性から……

こうして両手が効かなくなった、
とうとう肩まで全部きかなくなってしまった、
そして踵も同じ理由で
体全部が散々な目になっていた。
神が乳を吸った女性から……

どんな薬でも彼女を治せないのが分かった後で、
高貴なお方、聖母マリアに顔を向けた、
悪意ととられないように聖母に祈願しながら
彼女は祈願した、さらに自分のために。
神が乳を吸った女性から……

治癒するように聖母に心からお願いして、
もしそうでなければ、すぐに死んでしまうから、
すぐに聖母は寝台を持ってこさせた
教会の前で、小さくて、細い寝台を。

神が乳を吸った女性から……

こうして彼女は幸せな生活を送った
幸福に満ちた聖母の慈悲が届いた
8月の良き日に、
皆さんに申し上げるように、大祭が祝われた
神が乳を吸った女性から……

今は私の番です。というのは、その日に
聖母マリア教会に入るように促されたからです。
しかし聖母は問題を解決してはくださらなかった、
でも聖母は彼女の体を全て健康にした。
神が乳を吸った女性から……

しかし、このように治療していると事件がおきた、
手足の一部が割れそうになった、
天井の乾燥した材木のように、
縮んだ筋肉が伸びる時に。
神が乳を吸った女性から……

面前にいた司教と人々は、
その事実を見ながら、聞きながら、激しく泣きながら、
奇蹟であり、インチキではないとわかった。
誠実に聖母を讃えた。
神が乳を吸った女性から……

③ *CSM* 304

Esta é como Santa Maria de Ribela non quer que arça outr' oyo ant' o seu
altar senon d' olivas que seja ben claro e muit' esmerado.

Aquela en que Deus carne / prendeu e nos deu por lume, / das cousas limpias
se paga/ sempre, tal é seu costume.

E desto mostrou miragre a Virgen Santa Maria/ grand' en hũa ssa eigreja, e
demostra cada dia, / en un' aldea que nome á Ribela, ú soya/ aver ben d'
antiguedade/ un mõesteir' a costume
Aquela en que Deus carne / prendeu e nos deu por lume...

D'ordin de San Bēeito. E ora chus da eigreja/ non ficou, que é Virgen que
sempre bēeita seja,/ en que á ben cinc' altares, / ú gran vertude sobeja /
mostra Deus no que é dela: Ca non pod' ý arder lume /
Aquela en que Deus carne / prendeu e nos deu por lume...

D' outr' oyo senon d' olivas/ mui linpi' e muit' esmerado;/ ca macar ard' ant'
os outros de linaça , sol penssado/ non é que ant' o da Virgen arça; e est' é
provado / muitas vezes eno ano, é áno ja por costume.
Aquela en que Deus carne / prendeu e nos deu por lume...

Ca o provan ameude cavaleiros, lavradores, / clerigos, monges e frades
descalços, preegadores;/ ca pero ý acenderon outros oyos ardedores, /
atan toste se matavan, /que sol non deitavan lume.
Aquela en que Deus carne / prendeu e nos deu por lume...

E porend' os dessa terra/ non ousan seer ousados / d' outr' oyo ali que[i] maren, ca saen por denodados/ ende cada que o provan, /e por esto son tornados/ a queimar oyo d' oliva/ nas lampadas por costume.

Aquela en que Deus carne / prendeu e nos deu por lume…

注）リベーラという地名はガリシアには10カ所あるが、ここでは Santa María do Mosteiro de Ribeira en Xinzo de Limia シンソ・デ・リミアの聖母マリア・リベイラ修道院の近くの Santa María de Ribela であろう。アフォンソ王が幼少期を過ごした場所の近くである。宮廷詩人 Segrel の Roi Paes de Ribela は伝説を残している。詩の韻律は長く、最後から2番目にアクセントがある paroxítono で4行×5連の詩。リフレインは2行連句の単一韻。音楽学者アングレースによると、メロディーは民衆音楽をベースにした新しいものである。

Filgueira（1980:36）から *E* 写本 304, f.271-b-c.

③ 頌歌304番

これは、如何にリベーラの聖母マリアが明るく上品なオリーブ油以外の油を祭壇の前で燃やすことを望まないかの話です。

そのお方は、神が化身した人、我々に明かりをくださった人、/ 清潔なことを常に好む、それが習慣であるように。

このことに聖母マリアは大いなる奇蹟を示した / ある教会で、そして毎日それを実証する、/ リベーラという名の村で、/ そこははるか昔から修道院にある習慣です

そのお方は、神が化身した人、我々に明かりをくださった人……

聖ビエィト修道会の。今は、教会があるだけです / 常に祝福される聖母の教会、/ そこには少なくとも5つの祭壇があり、/ 聖母のところで神はとても大きな力を示す。そこに火を燃やすことはできないから……

そのお方は、神が化身した人、我々に明かりをくださった人……

ほかのオリーブ油よりもとても清潔で純粋で、/ ほかのアマニ油の前で燃えるけれども、/ 聖母の前では燃えない、/ これは1年のうちで良く起きることです、だからもう習慣となっています。

そのお方は、神が化身した人、我々に明かりをくださった人……

騎士、農民、/ 聖職者、托鉢修道士、洗足修道士、祈願者は頻繁にそのことを証明している、/ というのは、そこで別の燃料油が灯ったとき、/ すぐに消えて、火が灯りもしない。

そのお方は、神が化身した人、我々に明かりをくださった人……

だから、そこではほかの油を無謀に燃やさない、/ それを証明するたびに大胆になる、/ だから習慣としてランプの灯りにオリーブの油を

燃やす。

そのお方は、神が化身した人、我々に明かりをくださった人……

④ *CSM* 26

Esta é cómo Santa María juigóu a alma do roméu que/ ya a Santiago, que sse matóu na carreira por engano/ do diablo, que tornass' ao corpo e fezesse pẽedença.

Non é gran cousa se sabe / bon joýzo dar / a Madre do que o mundo / tod' á de joigar.

Mui gran razón é que sabia dereito / quen Deus troux' en seu corp' e de seu peito / mamentóu, e dél despeito / nunca foi fillar;/ porén de sen me sospeito / que a quis avondar.

Non é gran cousa se sabe bon joýzo dar...

Sob' esto, se m'oíssedes, diría / dun joýzo que deu Santa María/ por un que cad' ano ýa, / com' oý contar, / a San Jam' en romaría, / porque se foi matar.

Non é gran cousa se sabe bon joýzo dar...

Este roméu con bõa voontade / ýa a Santiago de verdade;/ pero desto fez maldade / que ant' albergar / foi con moller sen bondade, / sen con ela casar.

Non é gran cousa se sabe bon joýzo dar...

Pois esto fez, metéuse ao camino / e non sse mãefestóu o mesquinno / e o demo mui festinno / se le foi mostrar / máis branco que un arminno / polo tost' enganar.

Non é gran cousa se sabe bon joýzo dar...

Semellança fillou de Santiago / e disse: "Macar m' eu de ti despago, / a salvaçón eu cha trago / do que fust' errar, / por que non caias no lago / d' inferno, sen dultar.

Non é gran cousa se sabe bon joýzo dar...

Mas ante farás esto que te digo, / se sabor ás de seer meu amigo:/ talla o que trages tigo / que te foi deytar/ en poder de ẽemigo, / e vai-te degolar."

Non é gran cousa se sabe bon joýzo dar...

O roméu, que sen dóvida cuidava / que Santiag' aquelo lle mandava, / quanto lle mandóu tallava;/ poi-lo foi tallar, / log' entón se degolava,/ cuidando ben obrar.

Non é gran cousa se sabe bon joýzo dar...

Seus companneiros, poi-lo mort' acharon, / por non lles apõer que o mataron, / fóron-ss'; e logo chegaron / a alma tomar / demões, que a levaron/ mui toste sen tardar.

Non é gran cousa se sabe bon joýzo dar...

E ú passavan ant' hũa capela / de San Pedro, muit' aposta e bela, / San Jaimes de Conpostela / dela foi travar, / dizend': "Ai, falss' alcavala, / non podedes levar

Non é gran cousa se sabe bon joýzo dar...

A alma do meu roméu que fillastes, / ca por razón de mí o enganastes;/ gran traiçón ý penssastes, / e, se Deus m'anpar, / pois falssament' a gãastes, / non vos pode durar."

Non é gran cousa se sabe bon joýzo dar...

Responderon os demões louçaos:/ "Cuja est' alma foi dez feitos vãos, / por que somos ben certãos / que non dev' entrar/ ante Deus, pois con sas mãos / se foi desperentar."

Non é gran cousa se sabe bon joýzo dar...

Santiago diss': "Atanto façamos/: pois nós e vós est' assí rezõamos, / ao joýzo vamos / da que non á par, / e o que julgar façamos / logo sen alongar."

Non é gran cousa se sabe bon joýzo dar...

Log' ante Santa María vẽeron / e rezõaron quanto máis poderon. / Dela tal joíz' ouveron: / que fosse tornar / a alma onde a trouxeron, / por se depois salvar.

Non é gran cousa se sabe bon joýzo dar...

Este joýzo logo foi comprido, / e o roméu morto foi resorgido, / de que foi pois Deus servido; / mas nunca cobrar / pod' o de que foi falido, / con que fora pecar.

Non é gran cousa se sabe bon joýzo dar...

注) この話は、サンティアゴ巡礼でもっともよく知られた口承伝説で、12世紀に編纂された *Liber Beati Iacobi*『ヤコブ列福書』に掲載されている。舞台はローマで、守護聖人マリアがテーマである。巡礼者はクリュニー修道会に入信した。音楽学者 Hans Spanke は、この歌詞の曲は高度な virelai であるとしている。

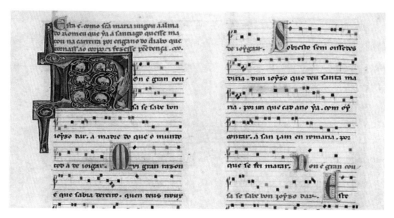

CSM 26 エスコリアル T 写本, RBMEcat. Ms. T-I-1. f.39v.

④ 頌歌26番

これは、サンティアゴに向かう途中、悪魔の欺きにより殺された巡礼者の魂を如何にして聖母マリアが裁いたかの話です、生き返るために、そして罪の償いをするために。

永遠の世界を判断する人の母は良識を持って、正しく判断できれば驚嘆することではない。

神に巡礼者の肉体を運んだ者は正義がわかる素晴らしい理性をもち、授乳して、神の悪意を決して受けなかった。因って、神は充分に正しい判断を聖母に与えたと我は思う。
正しい判断を与えることができれば、驚嘆することではない。

このことについて、もし我の言うことを聞けば、毎年サンティアゴ巡礼に行こうとする人のために聖母マリアが下す判断を話しましょう、なぜなら巡礼者は死んでしまったからです。
正しい判断を与えることができれば、驚嘆することではない。

この巡礼者は善意で、真意からサンティアゴに向かいましたが、その前に不純な心で女性と一夜を共にした、彼女と結婚せずに。
正しい判断を与えることができれば、驚嘆することではない。

そうした後で、彼は巡礼に出立し、あさましい人は懺悔をしなかった、すると俊敏な悪魔は、彼の前に現れた、アーミン（イタチ）よりも真っ白で、彼をすぐに騙すために。
正しい判断を与えることができれば、驚嘆することではない。

悪魔は聖ヤコブの姿になり、彼に言った。「我はお前に不満があるけれども、お前が過ちを犯したことから救ってあげる、地獄に落ちないように、必ず。
正しい判断を与えることができれば、驚嘆することではない。

しかし、その前に我が言うことをしなさい。もし我が友になると、お前は敵の中に放り出される、だから自分の首を切り、自害しなさい。」
正しい判断を与えることができれば、驚嘆することではない。

巡礼者は、そのことを聖ヤコブが指示してくれると疑うことなく思っていた、首をはねるように彼は命じられ、そして横たわり、その時斬首された。うまく成し遂げたと信じながら。
正しい判断を与えることができれば、驚嘆することではない。

彼の仲間たちは、彼が死んだとわかると、彼を殺したことを非難しないように、立ち去ってしまった。すると、数人の悪魔が魂を拾いにやって来て、すぐに魂を持ち去った、遅れることなく。
正しい判断を与えることができれば、驚嘆することではない。

それから、聖ペドロの颯爽とした美しい礼拝堂の前を通ろうとしたとき、コンポステーラの聖ヤコブは、突然言い出した。「ああ、偽りの奴らだ、持っていくな。
正しい判断を与えることができれば、驚嘆することではない。

拾われた我が巡礼者の魂は、お前たちが彼を欺いた理由で、大きな裏切りを図った、だから、このように神は私を庇護し、偽って魂を取得したから、お前たちに我慢することはできない。」
正しい判断を与えることができれば、驚嘆することではない。

強そうな悪魔たちは答えた。
「この魂は虚しいことをした者の魂だ、だから確かに我々は神の前に加わるべきではない、自分の手で死んだから。」
正しい判断を与えることができれば、驚嘆することではない。

聖ヤコブは言った。「さあ、このことを行いましょう。我々はそしてあなたたちにこのように説き伏せましょう、比類なきお方の判決と我々が判断をくだしましょう、遅れることなく。」
正しい判断を与えることができれば、驚嘆することではない。

やがて聖母マリアの前に現れて、出来るだけすぐに結論を下した。次のような判断が聖母から聞こえた。魂は奪われたところに戻された、後で救われるように。
正しい判断を与えることができれば、驚嘆することではない。

この判断は、すぐに成就された、そして亡くなった巡礼者は蘇生した、すなわち神の助けにより。しかし、奪われた魂と過ちを犯したことで回復することはできなかった。

正しい判断を与えることができれば、驚嘆することではない。

⑤ *CSM* 94

Esta é cómo Santa María serviu en logar da monja que/ sse foi do mõsteiro.
De vergonna nos guardar / punna todavía/ e de falir e d' errar / a Virgen
María.

E guárda-nos de falir / e ar quer-nos encobrir / quando en erro caemos; / des í
faz-nos repentir / e a emenda vĩir / dos pecados que fazemos. / Dest' un
miragre mostrar/ en hũ' abadía / quis a Reynna sen par, santa, que nos guía.
De vergonna nos guardar...

Hũa dona ouv' alí / que, per quant' eu aprendí, / era menĩnna fremosa;/
demáis sabia assí / tẽer ssa orden, que ni-/ hũa atán aguçosa/ era d' í
aproveytar/ quanto máis podia;/ e porén lle foran dar / a tesoureira.
De vergonna nos guardar...

Mai-lo demo, que prazer / non ouv' en fez-lle querer / tal ben a un cavaleiro,
/ que lle non dava lezer / que lle non dava lezer,/ tro en que lli fazer/ que saýu
do mõesteiro;/ mas ant' ela foi leixar/ chaves, que tragía / na cinta, ant' o
altar / da en que criýa.
De vergonna nos guardar...

"Ay, Madre de Deus", entón / diss' ela ssa razón, / "léixo-vos est' encomenda,
/ e a vós de coraçon / m' acomend'." E foi-ss', e non por ben fazer ssa
fazenda, / con aquel que muit' amar / máis ca ssí sabia, / e foi gran tenpo
durar / con él en folía.
De vergonna nos guardar...

E o cavaleyro fez, / poi-la levóu dessa vez, / en ela fillos e fillas;/ mais la Virgen de bon prez, / que nunca amóu sandez, / emostróu ý maravillas, / que a vida estrãyar / lle fez que fazía,/ por en sa claustra tornar, / ú ante vivía.

De vergonna nos guardar...

Mais enquant' ela abdóu/ con mal sen, / quanto leixóu/ aa Virgen comendado / ela mui ben o guardóu, / ca en seu logar entróu / e deu a todo recado / de quant' ouv' a recadar, / que ren non falía ,/ segundo no semellar / de quena viía.

De vergonna nos guardar...

Mais pois que ss' arrepentíu- a monja e sse partíu- do cavaleiro mui cedo, / nunca coméu nen dormýu, / tro o mõesteyro víu. / E entróu en él a medo e/ filloóu'ss a preguntar/ os que connocía/ do estado do logar, / que saber quería.

De vergonna nos guardar...

Disséron-ll' entón sen al;/ "Abadess' avemos tal/ e priol' e tesoureira,/ cada hũa delas val / muito, e de ben, sen mal, / nos faze de gran maneira."/ Quand' est' oýu, a sinar/ logo sse prendía, / porque ss' assí nomear/ con elas oýa.

De vergonna nos guardar...

E ela, con gran pavor / tremendo e sen coor, / foisse pera a eigreja;/ mais la Madre do Sennor / lle mostróu tan grand' amor, / —— e porén bẽeita seja − / que as chaves foi achar / ú postas avía, / e seus panos foi fillar / que ante vestía.

De vergonna nos guardar...

E tan toste, sen desdén / e sen vergonna de ren / aver, juntóu o convent / e contóu-lles o gran ben / que lle fezo a que ten / o mund'en seu mandamento; / / e por lles todo provar/ quanto lles dizía, / fez seu amigo chamar, que llo contaría.

De vergonna nos guardar…

O convent' o por mui gran/ maravilla tev', a pran, / pois que a cousa provada / viron, dizendo que tan / fremosa, par San Johán, / nunca lles fora contada; / e filláron-ss' a cantar / con grand' alegría: / "Sálve-te, Strela do Mar, / Deus, lume do día."

注) この伝説は *CSM* 55, 285 に同様のものが窺える。その由来について多くの議論がある。修道女ベアトリースの伝説となり、ガリシアではサンティアゴ・デ・コンポステーラのサンタ・クララ修道院に伝えられている。Ave, maris Stella（Himno mariano）ああ、海の星（マリア賛歌）である。

⑤ 頌歌94番
これは、如何にして聖母マリアが修道院から逃げた修道女の身代わりとして仕えたかの話です。

聖母マリアは道義心で、不貞や過ちから私たちをいつも救おうとする。

そして過ちから我々を護り、庇うことまでもする、私たちが過ちを犯すとき。このことは、私たちを後悔させ、私たちが犯す罪を悔い改めさせる。このことについて奇蹟をひとつ示したい。ある大修道院で私たちを導く比類ない女王のようなお方、聖母マリアさまが示そうとしたことです。

聖母マリアは道義心で、私たちをいつも救おうとする……

そこに一人の修道女がいました、私はそのことを知った、若くて美しく、さらに修道会の規則を遵守するひとで、できる限り役に立とうとする勤勉な人は彼女のほかに誰一人いませんでした。因って、彼女は教会の宝物係に任命された。
聖母マリアは道義心で、私たちをいつも救おうとする……

しかし、悪魔はそのことが気に入らなかった、こうして騎士に愛情を抱かせた、彼女に修道院を出て行かせるまでそっとしておかなかった。しかし、その前に彼女はベルトに着けている鍵を残して立ち去った、彼女が信仰している修道院の祭壇の前に。
聖母マリアは道義心で、私たちをいつも救おうとする……

「ああ、神の母、この仕事を残しておきます、そして心からあなたさまにお頼みいたします」と、その時、彼女は祈禱のなかで言った。そして、出て行ってしまった、生涯安楽に暮らすことではない、自分自身以上に聖母を愛することができるお方とともに、そのお方と必死に長いこと耐えた。
聖母マリアは道義心で、私たちをいつも救おうとする……

そして、騎士はその時、修道女を連れ出した、彼女に息子と娘をつくった。しかし大いなる栄光のある聖母は決して馬鹿げた行動を認めなかった、そこに奇蹟をお示しになった、彼女が生活している世界から離れるようにした、そのことで、以前住んでいた修道院の生活に戻るように。
聖母マリアは道義心で、私たちをいつも救おうとする……

しかし、彼女は分別をもたず生活をしている一方で、できうる限りのことを聖母にゆだねた、修道女はしっかりと身を護った、というのはその場所に落ち着き、修道女を理解する人の考えに従って、必要なすべきことを果たしたから。
聖母マリアは道義心で、私たちをいつも救おうとする……

しかし、修道女は後悔した後で、すぐに騎士と別れた、修道院が見えるまで食事も睡眠もとらずに。そして恐る恐る修道院に入ると、自分の立場を知りたくなり知人に尋ねだした。
聖母マリアは道義心で、私たちをいつも救おうとする……

その時、彼女に次のように言った。「私たちには女子修道院長、修道院長、管理係がおります、それぞれとてもしっかりしています、私たちを幸せにしてくれます、不幸ではなく、素晴らしい方法で。」この話を聞くと、十字を切った。というのは、彼女たちの間で名を呼ぶのが聞こえたから。
聖母マリアは道義心で、私たちをいつも救おうとする……

そして、彼女はとても恐ろしくなり、震えて生彩を失い、教会の方に走り出した、すると、神の母は彼女に大いなる愛情を示した ——だから祝福あれ—— 鍵を置いた場所を見つけなければならない、そして、かつて着替えをしていた所に僧服を探しに行った。
聖母マリアは道義心で、私たちをいつも救おうとする……

すると、すぐに躊躇うことも何も恥じることもなく、僧院に集まり、戒律の下に俗界があることを修道女に知らせ、大いなる幸福をみんなに語った、そしてそれを確かめるために、その話を語るように友を呼びに行かせた。

聖母マリアは道義心で、私たちをいつも救おうとする……

修道院は確かに大いなる奇蹟を持ち、その後、そのことが証明された
ことが分かった、とても美しいことだと言いながら、聖ヨハネによる
と、今までに一度もみんなに語られたことはなく、みんなは歌いだし
た、大いなる喜びとともに。「神はあなたを救う、海の星よ、日の光
よ。」
聖母マリアは道義心で、私たちをいつも救おうとする……

⑥ *CSM* 103

Esta é cómo Santa María fez estar ao monge trezentos / anos ao canto da
passarỹa, porque lle pedia que lle / mostrasse quál era o ben que avian os que
eran en/ Paraiso.
Quena Virgen ben servirá / a Parayso irá.

E daquest' un gran miragre/ vos quer', eu ora contar, / que fezo Santa María /
por un monge, que rogar- / Il'ia sempre que lle mostrass e/ quál ben en
Parais, á, /
Quena Virgen ben seruirá...

  E que o viss' en ssa vida / ante que fosse morrer. / E porend' a Groriosa /
vedes que lle foi fazer:/ fez-lo entrar en hũa orta / en que muitas vezes ja /
Quen Virgen ben seruirá...

  Entrara; mais aquel dia / fez que hũa font' achou / mui crara e mui fremosa,
/ e cab' ela s'assentou / E pois lavou mui ben sas mãos, / diss': "Ai, Virgen,
que será /
Quena Virgen bẽ servirá...

Se verei do Paraýso, / o que ch' eu muito pedi, / alún pouco de seu viço /
ante que saya daqui, / e que sábia do que ben obra / qué galardón averá?"
Quean Virgen ben servirá...

Tan toste que acabada / ouv' o mong' a oraçon, / oýu hũa passarinna / cantar
log' en tan bon son, / que sse escaecéu seendo / e catando sempr' ala.
Quena Virgen ben servirá...

Atán gran sabor avía / daquel cant' e daquel lais, / que grandes trezentos
anos / estevo assí, ou máys, / cuidando que non estevera/ senon pouco, com'
está /
Quena Virgen ben servirá...

Mong' algũa vez no ano,/ quando sal ao vergéu. / Des í foi-ss' a passarinna,
/ que foi a él mui greu, / e diz: "Eu daqui ir-me quero, / ca oy máis comer
querrá /
Quena Virgen ben seruirá...

O convent'". E foi-sse logo / e achóu un gran portal / que nunca vira, e
disse:/ "Ai, Santa María, val! / Non é est' o meu mõesteiro, / pois de mi que
sse fará?"
Quena Virgen ben servirá...

Des i entróu na eigreja, / e ouveron gran pavor / os monges quando o viron,
/ e demandóu-ll' o prior, / dizend': "Amigo, vos quén sodes / ou qué buscades
acá?"
Quena Virgen ben servirá...

Diss' él: "Busco meu abade, / que agor' aquí leixéy, / e o prior e os frades, / de que mi agora quitéy / quando fui a aquela orta; / ú seen quén mío dirá?"
Quena Virgen ben servirá....

Quand' est' oýu o abade/ téve-o por de mal sen, / e outrossi o convento:/ mais des que souberon ben / de cómo fora este feyto, / disseron: "Quén oyrá
Quena Virgen ben servirá...

Nunca tan gran maravilla / como Deus por este fez / polo rogo de ssa Madre, / Virgen Santa de gran prez! / E por aquesto a loemos;/ mais quena non loará
Quena Virgen ben servirá...

Máis d'outra cousa que seja? / Ca, par Deus gran dereit' é / pois quanto nós lle pedimos / nos dá seu Fill', a la ffe, / por ela, e aquí nos mostra / o que nos depóis dará".
Quena Virgen ben servirá / a Parayso irá.

注）6行13連の詩。アングレース Anglès（1958: 279）はカンティーガの典型的な旋律virelaiであるとしている。アラビア風のメロディーである。このカンティーガ103は統語論的に3、8、9、12連の2行と3行目は句またがり encabalgamento の構成になっている。18行目 acababa（T 写本）, 19行目 ques escaeceu（E, T, To写本）. Montoya（1988: 49）によると、カンティーガスのなかで306例がvirelaiの形式である。Virelai ビレライ（=ヴィルレー）とは、AA/ bbaaのように2行が同韻で、シフトがあり3行が同韻、さらに1行が元にもどるリフレインをともなう形式である。このほかにAA/ bbaa, AB/ cccbの形式もある。*CSM 57*はAAB/ ccddb, *CSM 150* はAAAB/ cccb, *CSM 369* はAAAA/ bbaaである。

アングレースは *CSM* 10 を balada バラード（A12/ b12 b12）、*CSM* 20, 33
を rondel（rondeau francés）フランス風ロンドとしている。

⑥ 頌歌 103 番

これは如何にして聖母マリアが修道僧に 300 年もの間、小鳥の歌声を
聴かせたかの話です。聖母マリアは、天国にいる人たちが持っている
善行がどのようなものなのか僧に示すように請うたからです。

聖母マリアさまに懸命に仕える者は、天国に行ける。

では、聖母マリアが行った大いなる奇蹟を、今、私は皆さまにお話し
ます。天国には如何なる善行があるか聖母マリアにお示しになるよう
に常に祈願しようとしている修道僧にとって、
聖母マリアさまに懸命に仕える者は……

そして死ぬ前に人生のなかでその奇蹟に出会えるように。だからその
ことのために、聖母マリアさまにお仕えしなさい。すでに何度も立ち
入ったことがある野菜畑へ僧に入るようにすすめた。
聖母マリアさまに懸命に仕える者は……

そして、その日は、とても澄んだ美しい泉を見つけさせた。僧は泉の
傍に座った。そして、両手をきれいに洗った後で、僧はこう言いまし
た。「ああ、聖母マリアさま、
聖母マリアさまに懸命に仕える者は……

天国の愉しみを少しでも味わえるのは、いつでしょうか。」わたしが
あなた様にお願いすることです。「ここから立ち去る前に、善行をふ
るまう人はどんなご褒美がいただけるかおわかりになりますか?」

聖母マリアさまに懸命に仕える者は……

修道僧は禱りを終るやいなや、小鳥がとても美しい声で囀るのを聞いた。僧はその場所で、常に注意を払いながら全てを忘れた。
聖母マリアさまに懸命に仕える者は……

その鳴き声に大いなる喜びを見つけて、300年あまりも聴き続けていたが、それはほんのわずかな時のように思えた。
聖母マリアさまに懸命に仕える者は……

修道僧は年に何度か野菜畑に出かけた。その後、小鳥はそこからいなくなり、修道僧を悲しませた。そして、彼は言った。「私はここから離れなければならない。修道院で食事をしたいから。」
聖母マリアさまに懸命に仕える者は……

そして彼は立ち去った。すると今まで見たこともない大きな門を見た。そして、言った。「ああ、聖母マリアさま、何ということだ！ ここは私の修道院ではない、私はどうしたのだろう？」
聖母マリアさまに懸命に仕える者は……

その後、教会に入り、彼を見た修道僧たちはとても恐ろしくなり、修道院長は彼に訊ねた。「同朋よ、貴方様はどなたで、ここで何を探していますか？」
聖母マリアさまに懸命に仕える者は……

彼は答えた、「私は我が修道院長を探しています、今、私はそこを離れて、あの野菜畑に行ったとき、修道院長と修道士たちとも別れました。どなたか私はどこにいるのか教えてくだされ。」

聖母マリアさまに懸命に仕える者は……

修道院長はそれを聞くと、彼は気が触れたのかと思い、どうしてこのようなことが起きたのか分かってから、修道士たちは言った。
聖母マリアさまに懸命に仕える者は……

「大いなる栄光の聖母マリアの願いのおかげで神がこの者になされた素晴らしい奇蹟をこれまでに誰が聞いたことがあろうか？ そしてこのことを讃えましょう。
聖母マリアさまに懸命に仕える者は……

でも、いかなる創り話をも誰が褒めたたえましょうか？ なぜなら、神のご加護でそのことをしたのは、まさに正当なことです。と言うのも私たちが神を必要とする信仰は、神の子キリストが私たちに与えるものです。そして私たちにお示しになり、やがて私たちに給われる。」
聖母マリアさまに懸命に仕える者は、天国に行ける。

アルメンテェイラ修道院の薔薇窓 2019 ©t.asaka

⑦ *CSM* 100

Esta é de loor.

Santa Maria, / Strela do dia, / mostra-nos via / pera Deus e nos guia.

Ca veer faze-los errados / que perder foran per pecados / entender de que mui culpados / son; mais per ti son perdõados / da ousadia / que lles fazia / fazer folia / mais que non deveria.
Santa Maria...

Amostrar-nos deves carreira / por gãar en toda maneira / a sen par luz e verdadeira /
que tu dar-nos podes senlleira;/ ca Deus a ti a / outorgaria / e a querria / por ti dar e daria.
Santa Maria...

Guiar ben nos pod' o teu siso / mais ca ren pera Parayso / u Deus ten senpre goy' e riso / pora quen en el creer quiso;/ e prazer-m-ia / se te prazia / que foss' a mia / alm' en tal compannia.
Santa Maria...

注）8行詩3連のvirelaiの形式。聖ヒエロニムスはstillam maris（海の滴）と書いたが、写字生が誤ってstellamと書き写した。幸いにも〈Ave maris stellaアヴェ・マリス・ステラ、ああ海の星〉となり、6世紀にポワチエの司教により作詩された。アフォンソ王は聖母マリア修道会の象徴に星を選んだ。1272年創立の修道会。カンティーガスの多くの詩が軽快なリズムであるように、カスティーリャ語でセヘル（zéjel）という中世スペインのアラビア人たちが好んだ歌の形式zaǧal

に由来する。

⑦ 頌歌100番
これは、聖母マリアを称讃するものです。

聖母マリアは明けの星、神への道を私たちに教え、私たちを導く。

なぜなら、あなたは罪悪で身を滅ぼした人たちに教え、罪があること
を人々に理解させる。しかし、あなたは愚行をさせる果敢さを許され
る、あってはならないことだが。
聖母マリアは……

あなただけが私たちに与える比類ない真実の光を得るために、兎にも
角にもあなたは私たちに道を教えるべきです。なぜなら、神はあなた
にそのことをお許しになり、神はあなたに代わり私たちに光をくださ
ろうして、私たちに光をくださる。
聖母マリアは……

あなたの良識は、何よりも私たちを天国に導く。そこには神を信じよ
うとする人のためにいつも喜びと微笑みがある。願わくは、わが魂は
あなたと共にありますように。
聖母マリアは……

Glosario

語彙集

次の書を参考に約1,000語作成。

· *Cantigas de Santa María* III. Edición de Walter Mettmann. Madrid, Castalia. 1989. 381-393. から採録。
· Walter Mettmann: *Cantigas de Santa Maria (Glossário),* Tomo II, Vigo, Xerais, 1981. 参照。
· Pär Larson: *A lingua das Cantigas*. Gramática do galego-portugués. Vigo, Galaxia. 2019. 183-193. から採録。
· Teresa García-Sabell Tormo: *Léxico francés nos cancioneiros galego-porgugueses: Revisión Crítica*. Vigo, Galaxia. 1991. プロバンス語（prov.）参照。

A

a ①前置詞〜へ、〜に ②定冠詞女性単数形 ③指示詞 あの、その

a cas（de） 〜の家に

a gran medo とても怖がって

a gran pavor とても怖がって

ái 〜がある（動詞aver+副詞i）

a mellor たぶん

a mẽos de 〜を除いて、なければ

a pesar de 悲しみで、心ならずも、意に反して

aa（s）（前置詞a+定冠詞女性複数形as）

abade 修道院長

abalar（-se） 揺さぶる、人々を慌てさせる；動く

abaldõar 捨てる

abertamente 隠さずに、率直に

aberto 開いた

abete 策略、たくらみ（prov.）

acá ここへ

açãa （目や手でする）合図

acabasche お前は終わった

acajõar 害を与える

acalçar …に達する

açaria, azaria 敵陣に入ること

acaron ［副詞句］体の近くに

achar 見つける

acimar 終わる

acitara 庇護

acó ここまで

acoller もてなす

acomendar 委ねる

acordado 一致した

acordança 意図

acuitelar 短刀で刺す

adaman *sen* 〜誠実に、必ず

adega 酒蔵

adeitar 投げる

adeante 前に

adevinhar 占う

adormecer しびれる、うとうとする

adiano 価値あるもの

adubar 準備する

adur 激しい悲しみ、苦労して

afazendado 案ずる、気遣う；熱意のある

afeito 実際に

aficado 強い、熱心に

aficar 急き立てる

ageõnllar-se 跪く

agĩa　急いで、すぐに

agora　今

aguçoso　熱心な、緊急の

aguisar　支度する、用意する

ai　（間投詞）ああ痛い！（喜びの）ああ！

ainda　まだ、なお

ainda que　＋接続法、たとえ～であっても

aióz　（間投）［海事用語］聖なる！

al　別の

alcavela　血統

alçar　上げる、立てる

alen　…の向こう側に

algur　ある場所で

algũu　ある、いくつか

alhur, allur　他の場所で

ali　そこで（に）

allẽo　他人の、無縁の

almallo　不貞な妻をもった夫

almogavar, almograver　侵入者、騎馬襲撃者

aló　そこに、あそこに、その時

alongado　細長い

alva, alvor　夜明け、曙

alvardan, alvardão　滑稽な、狂気の

amẽa　城の銃眼間の凸壁

amen　（感嘆詞）アーメン、かくあらせ給え

amercẽar（-se）　同情する

amẽude　しばしば

amigo　友達、恋人、愛人、味方

ampar　保護、庇護

ancho　広い、厚い、自由な

andar　歩く、camiñar に同

anfaz　被り物

ante　～に反して；以前に；ante que ～ より前に

antivãa　交唱聖歌

antollança　願望

antre　～の間に

anvidos　不快で

apelido　叫び、戦争の招集

apertar　強く推す、抱きしめる

após　後で

Apostoligo　ローマ法王

apostura　気高い

aprazer　愉しみ

aprender-se　くっついている；密着している

aque, aqué　ここに…ある

aquen, aquende　ここから

aquedar　静める、和らぐ

aquestas　これらの

aquestoutro　この別の

ar, er　～もまた, non (nen) ar ～もまた…でない；再び

ardido　勇敢な

arier　～もまた、再び、新たに

arente, arento　銀、財産

arlotia　非道、詐欺

arredor, redor　～の周りに

arrizado　強い、勢力旺盛な

arrufado　残虐な、激怒した；思いあがった

as　①（定冠詞女性複数形）それら　②（指示詞）あれらの

ascuitar　聴く

assaz　十分な

asseitar　陥れる

assembrar　つなぐ、集める

assessegadamente　落ち着いて

assí ben mi venha, assí mi venha ben　どうかうまくいきますように

assí como　とにかく、いずれにしても、…でなく～も

assũar　つなぐ、集める

astragar　害を与える

ata, ataes, ate, atẽen, atẽes, atro　（前置詞）～まで

atá que　…までは

atender　待つ

atrevença　気分、活力、信頼

aturar　続く

auga, augua　水

avantalla　有利、利益

avantar　前進する

avantar-se　誇る、喜ぶ

ave (f.)　鳥、小鳥

Ave Maria　天使祝詞

avelana　ハシバミの実

aver　（助動詞）〜がある、aver i　存在する

aver de + inf.　〜しなければならない、〜（する）必要がある

avezimao, avizimao　不運な、みじめな

avĩir　生じる、得る、調停する、適している。avẽoは過去形

avondar　満たす、うんざりさせる

avorrecer　憎む、嫌う

avultor　[鳥] ハゲワシ；人を食い物にする人

az　束、整然とした軍隊

azcõa, azcũa　（短い）投げ槍

B

babou　蚕（カイコ）

baile　踊り；判事、知事

bailir　統治する

bainha　剣の鞘

baixar　降りる、下がる

balorento　かびた

baralla　口論、けんか

barata　悪いふるまい

baratar　取り決める、協議する

barva　髭

bastecer　整える、供給する

bastimentos　舟の策具

bastir　供給する

bautiçar　洗礼を行う

bavequia　愚かさ

beiçudo　口の突き出た

beira　岸、付近

beeito　神聖な、祝福された

ben, bẽes　（名詞）幸福、善；財産.（副詞）上手に

bescha, besta　獣

bevedo　酔っている

bever　飲む

bico　頂、口、嚙傷による穴

Bieito　（人名）ビィエイト

bischoco　虫

bõa, bon, bõo　良い

bocin　顔をしかめること（prov.）

bonãça　静寂、繁栄

bondade　善行、親切

borõa　トウモロコシパン

botado　革袋にいれたワイン；変質したワイン

braadar　叫び声をあげる

braado　悲鳴

branco　白い

brasmar　ののしる

brial　絹の服（フランス語）

britar　壊れる

buscar　探す、求める

C

ca　なぜならば（接続詞）

caavrỹa　強烈な悪臭

cabeça　頭

caber　収まる、入る

cabra　山羊

cada que, cada u　…の度ごとに

cadahũu, cada un　各々

cadẽa　監獄

cadẽado　南京錠

cal, chal　必要である

cal　①道　②*non m'en cal*　構わない

calar　黙らせる、黙る

camanho　寸法、とても大きい

camara privada　便所

cantigas d'amigo　女性から男性に贈る詩歌

capa　マント、ケープ

capeiron　尖り頭巾

caron　acaronに同

carpir (-se)　嘆く、顔を引っ掻く

carreira　道；方法

cas de *a*　〜の家に

castelo　城

cata　観察する、見張る

caudal　財産、富

caudelar　導く、案内する

cea　夕食

Çeçilla, Cezilla, Cezillia　（地名）イタリア
　のシチリア Sicíllia

cedo　すぐに、早く

cendal　絹地

ceo　空

cevada　大麦

chãamamente　単に

chaga　潰瘍、痛手、煉瓦の目地

chama　火炎

chamar　呼ぶ

changer (-se)　泣き叫ぶ、嘆く

chantar　植える

chão　平らな；平地．*de chão*　必ず、確実
　に、単刀直入に

chave　鍵

che, chi　あなたに

chẽa　大水

chegar　着く

cheirar　臭う、香りがする

choir　閉める

chorar　泣く

chover　雨が降る

chufa　嘘

chus　さらに

ciada　待ち伏せ、裏切り

cidade　町、街

ciente　理解；*a* 〜　わざと

cĩisa　灰

cima aa cima　ついに

cinta　リボン、紐、帯

claustro　修道院の回廊

cluso　chiorに同

cobiiça　欲、熱望

cobra　俗謡, スタンザ（prov.）

cobrar　回復する

cobrir　覆う

coelho, coello　ウサギ

Coimbra, -bria　（地名）ポルトガルのコイ
　ンブラ

cofojon　間違い、不運、破滅

coirmãa　従姉妹

coiro　なめし革

coita　悲しみ、苦しみ

coitado　無罪の、内気な、悲しい

col　キャベツの一種

colaçon　教区教会

colher, coller　取る、摑む

colo　首

combo　湾曲した

combooça　情婦、ライバル

começar　始める、始まる

comedir　考える

comego, comigo　私と共に

comendar　託す、委ねる

cometer　企てる；向かう；襲う

como, come, coma　①（副詞）いかに　②
　como　（接続詞）ように, *como quer que*
　〜なので、〜であっても, *com'aprendi* 私
　の知る限りでは

compõer　構成する

comprido　いっぱいの、完全な

comprir　果たす、必要である

concela　頰紅

concello　教会会議.　*a* ～, *per* ～ 公に

confortar　慰める

conhecer, connocer　知る

contenente　外観、顔色

conter, contir　起こる

contecer　起きる、生じる

contreito　縮まった、手足がきかなくなっ
た

coor　色

cor, coraçon, corações　心

corisco　光線

corrudas　*de* ～ 全速力で

cospir　吐く

coteife, cuteife　下士官、軽騎兵

cousecer, cousir　注意深く見る、検査する

cousimento　思慮分別、寛容、慎重さ、慈
悲（prov. cauzimen）

couto　大農場、保護区

covil　巣、穴

covilleira　女官

cras　朝

creçia　成長、増大

crismar　堅信を授ける

crischão, crischãa, cristão　キリスト教徒の

cruu　生の

cuidar　思う、信じる、世話をする

cuidasche　お前は考えた

cujo, -a, -os, -as　（関係代名詞）その

cuitelo　短剣

cuu　尻

çurame　服を覆うマント

D

dali　そこから（前置詞 de+副詞 ali）

dar grado, dar bon grado　感謝する

dar recado　説明する、忠告する

dar ren（non dar ren）　無視する、気にかけ
ない

das　前置詞 de+定冠詞 as の縮約形

deante　前に

debullar, desbullar　裸にする、はぎとる、
むきだしにする

decer　降りる、下る

defumar　煙で黒くする、いぶす

del conde　伯爵の

de-lo　～から（前置詞＋定冠詞）

demais　さらに

denodado　大胆な

depenar　皮をむく、羽をむしり取る

depois, despois　後で、*depois que* ... ～し
た後で

dereitamente　正確に

derranjar pos　追跡する

des　（前置詞）～から、*des en* (*de*), *des i*
その時から、後で、それゆえ、さらに、
すぐに

desejar　望む

desconorte, desconorto　悩み、悲しみ

desguisado　罪

desora *a*　～急に、不意に

despagar-se　不満である

desperentar-se　自殺する

detardada　遅れ

dever　すべきである

devïador　酔った人

dez　数詞の10

dinneiro　小銭

dixe　私は言った

dizer　言う、歌う、演奏する

dõado　*en* ～ 無料で

doecer　病気になる

do　（前置詞 de+定冠詞男性形 o の縮約形）
～の

doito, duito　習慣的な、慣れた

domaa　週

dóós　才能、魅力、恵み

druda　情人；親愛なる

drudaria　恋人関係

du（d'u）　～の間、～の時

dur *de*　～やっと、かろうじて

E

e　（接続詞）そして、～と

é　（動詞）seer の直説法現在形

ẽayo, eãyo　うぬぼれ；虚栄心の強い人

edra　蔦

ei　私は持っている

eia!　（呼びかけの感嘆詞）オーイ

eire, eiri　昨日

eira　畑

ei（s）　ここに～がある

eigreja, igreja, ygreja　教会

eito *a*　～次に、続けて

eixalçar　賛美する、称揚する

el conde, el rei　伯爵、王様

elo　それ、そのこと

empeço　害、損失

empeecer　妨げる、傷つける

emperadriz　皇后、女帝

empero（que）　～だけれども、たとえ～でも

en　（前置詞）～に、*en cas de*　家に

én　そのことについて

en quanto　…するとすぐ

en tal que　それで、したがって、～であるように

enader　加える

enartar　だます

enatio　醜い、ゆがんだ

enchal　cal に同

encher　満たす

enchoir　収納する、閉じ込める

encolleito　病気に罹った、無力の

ende　そのことについて

engenno　武具

enmentar　述べる、話題にする

eno, enno, no　（前置詞 en＋定冠詞 o の縮約形）～に

enquisa　異端審問所

ensander　うっとりさせる

entanto　あまり～したので

enteiramente　まったく、すっかり

entendedor（*m.f.*）　愛人、恋人

entender　理解する

entendimento　知能、諒承

enton　その時、それでは

envorullar, envurullar　包む

er　ar に同

ergo, ergas　（前置詞）～を除いて、（接続詞）～でなければ

ero　畑

erva　草

escaecer　忘れる

escaentar　熱する

escantaçon　魔法

escanir　あざける

escodrunnar　吟味する、精査する

escodudas *a* ～　たたいて、力ずくで、皮膚を剥ぎながら

escontra　（前置詞）～ に対して

escorreito　右の

escurecer　暗くする

escuso　隠した、秘めた

esfolar　皮をはぐ

esmarrido　落胆した、元気のない

esmolna　施し

esmorecer　失神する

espeitar　救援する

espenar　投げつける

espinha　とげ、針

espreitar　探偵する、待ち伏せする

estadal　大ロウソク

estade　夏

estar　宿泊する

esterrecer　怖がる

estoutro　この別の

estra　穴、扉

estremar　分ける、区別する

estudar　研究する、考察する

eu　私は

F

faagar　かわいがる、撫でる

faiçon　携帯、容貌

falade　（命令形）話しなさい

falar-vos-ei　私はお前たちに話そう

falecer　足りない、失敗する、壊す

falir　足りない、失敗する、誤る

falso　偽り

faredes mensura　礼儀正しくしなさい

farinha　小麦粉

fasta　～まで

faz　顔、面

fazenda　事実、行為、商売、売春

fazer ben　良い結果になる、心のこもった褒美をとらす

fazer bon sén, fazer dereito, fazer guisado, fazer razon　正確に行う

fazer mal sén　絶え間なく行動する

fazfeiro　抑圧、処罰

feito　事実、出来上がった

feitura　容貌

felon　裏切りの、偽りの、怒った

ferida　殴打、傷

fero　猛々しい

feramente　すさまじく、冷酷に

festinno　早く、速く

ficar　～になる、とどまる

figo　イチジク（無花果）

fiel　証人

filiz　幸福な

fillar, filhar　手に取る、取り去る

fillo, filho　息子

fio　糸

fis　確かな

fito　打ち込んだ

fiuza　信頼

Foan, Foão　某氏、誰それ

foder　困らせる

fogir　逃げる

fol, fole　狂気の

folia　狂気（prov.）

fontana　泉

fora　外に

forte mente　強く、声高に（句またがりの例）

fossa　墓

foz　河口

fran　率直な

freame　冷肉、死体

fremosa　美しい

frocaz, froco, froque　とんがり頭巾、僧の頭巾

frol, fror　花

frorecer　花が咲く

frutevigar　実を結ぶ

furado　穴

furar　穴をあける

furto　盗み、泥棒

G

gafeen　ハンセン病

gafo　ハンセン病の

gage　衣類、担保

gãou　獲得した（異形gãar, gaannar）

garçon　自堕落な若者（フランス語）

gardar　保護する、警戒する

garrido　いたずらの

gasallado　楽しみ

geada　凍った

gente　人々

gesta　偉業、武勲

goir　楽しむ

governar　支える、養う

goyo　喜び

grãa　エンジ虫

grãadeça, grãadece　心の広いこと、寛大さ

graado　大きい、重要な；寛大な

graça　優美

grade　格子扉、(修道院の)面会所

grannon, grinnon　頭髪、かつら、髭

gradecer　感謝する

grannon, grinnon　髪、髭

gris (=petigris)　灰色のリス、その毛皮.
　pena de gris　リスの毛皮

grossain　動物の脂肪

guardar　保護する、見張る

guarecer, guarir　護る、治療する；助かる、
　支えられる

guisa　方法；社会的地位

guisado　公正な、適切な

guisar (aguisar)　準備する、命令する

H

hi, hy, í, ý　(副詞) そこに (で)

hir　行く

home　男、人間

hu, u　(関係副詞) ～ある場所で

hũa, hunha; hun, hũu　(不定冠詞女性形)；
　(男性形) ある

I

í　(副詞) そこに, *que non fun i*　私はそ
　こに行かなった。強勢アクセントが
　ないと、それについての意味。*Deus,*
　quando'i cuida　神よ、あなたがそのこと
　について思うとき

i, (=e)　(接続詞) そして

ide-vos　お前たち行け

igual　～と同じ

inchar　膨らませる、大きくする

inda　(=ainda) まだ

ir　①行く. *ir*＋不定詞～しそうだ (近い未
　来を表す). *ir-se sua vida*　逝ってしまう
　②～である andar, jazer に同

irmana, irmãa　姉妹

J

já　すでに

jajũar　断食する

jaz　必要とする

jazer　葬られている、異性と寝る、横にな
　る、…である

jostica　裁判官、行政長官

juntar　繋ぐ

jusão　下側

juso　下に

L

lá　あそこに

laido　醜い

lais　歌 (prov.)

lavrar　耕す、働く

lazeiro　労働、努力

lazerado　病気の、哀れな、不幸な

lazerar　苦痛を受ける；疲労困憊する

leal　忠誠な

lealmente　忠実に

lediça　愉快、喜び

leer　読む

leito　寝台

leiton　子豚；不潔な奴

leixá-lo　それを放置する

leixar de　… を止める

leu　容易に、もしかすると

levar　運ぶ

lhe, lhi, lle, lli　彼に、彼女に (中世では単
　複同形)

lidar　戦闘する

lide　戦い

linna *as linnas do sẽo*　秘事を明らかにさせ

ること

liteira 担架、棺

livro 本

lixoso 汚い

loar, louvar 称讃する、祝福する

logo 後で；すなわち

lomba 丘陵

longe, longi 遠い

loor 賞賛、称讃

louçana 美しい

louro 暗い色

luitar 戦う

M

máás ①さらに ②悪い

macar だけれども、たとえ…でも

mãer 〜のままでいる、滞在する

magestade 陛下；聖母マリア像

maior 大きな

mais さらに

mais, mas しかし

maison 家（フランス語）

mal 悪く

malavegoso 不幸な、悲惨な

malestança 不適切なこと、あいにくなこと

malvaz 邪悪な

manaman 直ちに

mancebo 若者moço, donzelに同

mandar 命令する、送る

manhãa, manhana, mannãa ①朝strela do dia=estrela da mañá朝の星は太陽を予言する。②明日

manĩo 不毛の、不妊の

manna 方法、習慣

mano, mão 手

manselinha 温和な

masnada 従者

mantẽente すぐに

mao, máá 悪い

matar 殺す、*matar-se* 自殺する

mayça aver 〜 a …に怒った

mazela 道徳上の汚点、罪悪、残念

mealla カスティーリャの銅貨

medês おなじ（prov.）

medo 恐怖

medorento 怖がりの

mego, migo 私と共に

melhor, mellor よい、上手な

melhorar 改善する、よくする

menage 約束、安全（prov.）

mennina 少女

menor, mẽor 小さい、少ない

mentir 嘘をつく

mentre 〜のあいだに

meogo 半分、中間

mẽos de 〜なしで、除いて；*a mẽos de* 〜でなければ

merger (-se) 沈める、傾ける

mergullar (-se) 沈む、氾濫する

merecer …に値する

mereçin 真価、功績

meselo 不運な

mesquina 貧しい

messe 穀物（畑）

mesturar 混ぜる、中傷する、暴く、非難する

mesura 礼儀正しさ

meu 私の；meu senhor 閣下

mezcra 陰謀、中傷

mezcrador 中傷者

mezcrar 中傷する、不和をうむ

mia (s), mĩa (s), minha (s), ma (a) 私の、*mia senhor* わが聖母マリア、*mia vida*（愛情を込めた表現）おまえ

milho, millo 黍（キビ）の実

mi (n) 私に

migo 私と共に

miragre, -es　奇蹟

mixon　努力

moẽstamento　説諭

mõimento　葬儀、埋葬

moiro　動物の鼻

moi (to)　たくさん

mole　埠頭

moller　女、妻

monger　整理する、命令する

montês *fogo*　～ある種の病気

moor　大きい

morrer　死ぬ

morte　死

mostrar　示す、教える

mua　雌のラバ；頑固者

muito, muyto　多くの

mur　ネズミ

muu　雄のラバ

N

na (s)　（前置詞 en+代名詞 a (s) の縮約形）
　～に

nada　何も…ない

natutal, naturaes　…出身の、発祥の

negasche　お前は否定した

negral　黒い、哀れな

nel, nela　（前置詞 en+代名詞 el, la）～に

nembrar (-se)　覚えている、思い出す

nembro　一員、メンバー

nemiga　敵意、邪悪、中傷

nemigalla　何も…ない

nen… nen　…も…もない

nenbro　肢、手足、身体の一部

nenhũu (nengũu, nen un, neun, niun)　何も
　…ない、誰も…いない

nenllur (nenlhur)　どこにも…ない

niente　何も…ない

no, na, nos, nas　（前置詞 en+定冠詞詞）…
　に

nojo　不快、迷惑

nojoso　怒った；不快な

non dar ren　無視する、大切にしない

non estedes　ここに居るな（命令形）

nos　①～に（前置詞 en+代名詞 os の縮約
　形）　②代名詞 私たちに、を

nosco　私たちと共に

nossa　私たちの

novo　新しい

nulho, -a, -os, -as　誰も…いない

nunca　決して…でない

nuu　裸の

O

o　（定冠詞, 代名詞）それ、あれ

obedecer　…の言うことに従う

ocajon, oqueijon　突然の事故、重傷

oder　結ぶ

ofrecer　提供する、捧げる

oge, oje　今日

oimais　今から先に　（prov.）

olho, ollo　眼, 目

omage (n)　像、姿

omidosamente　控えめに、慎ましく

ontre　～の間に

oonte　昨日

ora　今

oraçon　禱り

orellada　平手打ち、侮辱

orjo　大麦

osa　長靴

osmança　評価

osmar　考える、思う、判断する

ou　または

ou…ou　…か…か

ourivez　金銀細工師

ouro　金

ousadamente　無謀に、軽率に

ousado　大胆な、無謀な

ousar　あえて…する

outre, outren　別の

outrossi　…もまた、同様に

ouve, ouv'i　…があった

ouvir　聴く

oviar　着く、助ける uviar に同

oyo　油、聖油

P

padecer　（苦痛などを）受ける

pagar　支払う、償う

paixon　激情、情熱

palla　わら（藁）

par Deus, par Deus de Cruz　お願いですから

parcir　許す、倹約する

parecer, pareçir, pareçer　（動詞）現れる、（名詞）外観

Pascoa　復活祭

passo　ゆっくりと

pastor　(f.) 若い女性、羊飼い。(m.) 若い男

pastorinno　少年、若者

pecadilla　罪

pecador　罪のある；罪人

pecejar　粉々にする、壊す

pedra　石

pedreira　石投機

peior, peor　もっと悪い

peitar　納税する

peixe　魚

pela, pela　（前置詞 per+ 定冠詞 a, o の縮約形）…により

pendoar　吊るす、掛ける

penedo　大岩

pennor, pennos　衣類. pinnor に同

pennorar　担保に取る

pequeno　小さい

per como quer que　好きなように

per i　だから、したがって

per que　…するために

pera　…のために、の方へ

perante　…の前に

percebir　知らせる、準備する

perder　失う、perder-se　なくなる

perdõar　許す

perfia　背信；固執すること、強情

pero　しかし、…だけれども. mais に同

pesar　（動詞）重い、悲しませる

pesar　（名詞）悲しみ、苦痛 a pesar de　悲しみで、意に反して

pia　洗礼盤

pĭal　松林

pilla　支配、権威

poçon　毒物

podre　腐った

poder　～できる

poer　置く

poiar　上る、生長する；増やす

pois　なぜならば、それでは

pois que　～した後で

ponto　点　en bon ponto　ちょうどよい時間に

poomba　鳩

poren, por én　～だから、それゆえ

poridade　秘密

por que　…のために、por Santa Maria　聖マリアのために

por tal que　…のために

poren（por én）　だから、そのため

porqué　なぜ

porque　なぜならば

porreger　手を伸ばす

pos　…の後ろに、の後で

posar　気取る

posso　私はできる（poder の活用形）

posfaçar　からかう、あざける

postura　同意、協約

pouco　わずかの

pousar　座らせる、泊まる

praga　傷、痛手、継ぎ目

pran　平地. a～, de～確かに. chãoに同

prazer　①（名詞）楽しみ　②（動詞）喜ばせる

preçadas　貴重な、親愛なる

preço　値段、価値

preguiçoso　怠惰な

preitejar　訴訟をおこす

preitesia　敬意、協定、妥協

preito　訴訟; 事態; 取引. mover～提案する; non seer en～できそうにない, per niun～　けして…できない

prender　くっつける

preseve　かいば（桶）

preto　近くに

prez　価値; 品位、名声

prijon　逮捕、監獄

privado　お気に入りの; 機敏な

prol　利益

prosa　歌を伴う宗教的作品、詩作

prougue　喜ばせた、気に入った

proveito　利益

provezer　供給する（prov.）

proviço　悪魔

punna　努力

Q

quaes　（疑問詞qualの複数形）どんな、誰

qualquer　どんな…でも

quando　（疑問詞）いつ、（接続詞）～時

quanto…tanto　…すればするほど

quarto　部屋

quedar　静まる、落ち着く; non～de　必ず…する

queixar-se　嘆く

queixo　顎

queixume　呻き、苦悩

quer…quer　…でも…でも

querer ben　愛する, querer mal　嫌う

quiça (i)　たぶん

quintãa, quinto　五番目、五分の一

quis　各々

quitamente　免除

quitar　果たす、免除される

quite　義務がない

R

raia　(f.) 線

raio　光線

rancura　悲しみ、恨み

randon　de～不意に、激しく

rapaz　悪党

ravata　de～急いで; sen～急がずに

razõar, rezõar　考慮する

razon　理由、論点、主題

recadar　徴収する、管理する; 逮捕する

recear　疑う、怪しむ

receber　受け取る

recender　良い香りがする

recodir, recudir　戻る、行く;応じる

recoste　丘、斜面

recreer-se　負けたとわかる

recreudo　臆病な

recudir　馳せつける; 答える

redor　周りに

referir　拒否する、非難する

referta　反論、非難; 口論

Reinha, Reynna, Reĩa　女王

remãescer, remaner　とどまる

remiidor　救済の、贖罪の

remiir　救い出す、罪を贖う

remisson　解放、罪の贖い

ren　事物、何か; 何も…ない

render　返す

reposte　食料置き場、部屋

ressocitar, ressucitar, resocitar, ressoscitar,

ressuscitar, resucitar, resuscitar　蘇生させ
る

revolver　裏返す

riba　岸辺

ribaldo　極悪人、悪漢

ric-ome　上流階級の人

riir　笑う

rijo *de* ～　強く、声高に

rimar　韻を踏む

riso　笑い

rogar　願う、祈る. *rogo-lle*聖母に嘆願する

romeu　巡礼者

roubar　盗む

rouco　しゃがれ声の

roupa　衣類

S

saa　（所有代名詞）その

sãador　治療する人

sabedor　物知り

sabha　知る（saberの接続法現在形）

sacar　取り除く

sagrado　神聖な

saia　スカート. brial　に同（フランス語）

sair　出る、去る

sage（n）　賢い、慎重な、思慮深い（フラ
ンス語）

sagra　聖別化、献身

sair　出る

salido　高い、荒れる、激しい、興奮した

salto　襲撃；はっとすること、恐怖

salvo　除いて

San James　聖ヤコブ

sandeu　気が狂った

sandez, -ece　狂気、愚かなこと

sano　健康な

sanudo　怒った

santivigada　神聖な

saude　健康、救い

sazon　成熟、風味、*en* ～　　旬の

se　（副詞）このように, assi, sí に同. *se
Deus me perdoa*　このように神は私をお
許しになる, *se Deus me valha* ああ、なん
ということか, *se ben mi venha*　私を信じ
なさい、真実です。

se, si/ xe, xi（再帰代名詞）*todos d'ali se
partiron*　全てここから立ち去った

se（条件の接続詞）*se m'oissedes*　もし私の
言うことに傾聴してくだされば

Seabra　（地名）スペインのサモーラ県サ
ナブリア

sede　喉の渇き

sedia　～に居た

see　大聖堂教会

seer　（動詞）…である

séer　（名詞）存在

segre　世紀

segreda　奉献の後と序言のミサの前に捧
げる祈り

sigo　自分自身と

segur　大きな斧

semedeiro　小道

semella　類似

semellança　類似の；肖像画

sen　…なしに

senhor, sennor　（*f.*）婦人；（*m.*）紳士.
神　Jeso-Cristo, Nostro Sennor.
聖母マリア　por la Sennor onrrada.

senlleiro　抜きんでた、孤独の

senon　～ではなくて…

sennos　それぞれの

sergente　使用人

sequer　少なくとも、～さえもない

serviço　用役、有効、世話

sesto　六番目の、六分の一

setimo　七番目の、七分の一

seu（s）, sua（s）, sa（s）, sou（s）　［所有詞］
その

si, se　①このように　②再帰代名詞 xe, xi
に同. *quando s'el for* 彼が行ってしまうな
ら

siso　判断、思索

sigo　自身で

singrar　航行する

sino　釣鐘

sirgo　絹、生糸

so　低い；…の下に

sobejo　豊富な、極端な、沢山の

sobelo　それについて（前置詞 sobre＋定冠
詞 lo）

sobervha, sobervia　傲慢；豪華

soer　習慣づける、よく…する

sogeito　家来、臣下

soidade　願望、欲望

sol　ただ…だけ、*sol … non*　さえも…な
い

soldada　報酬

soldo　（中世の）スェルド硬貨

sossacar　巧みに引き出す、そそのかす

sota　船倉、酒倉

souto　雑木林

T

ta　～まで

tal, taes　そのような；*en tal que* …という条
件で

talan　意志、願望

tamanho　それほどの大きさの、と同じく
らいの大きさの

tamben　…もまた

tan　それほど、*tan...como* ～と同じほど、
tan...quan ～ほどそれだけ、*tanto que* …す
るとすぐ

tapede　小さな絨毯

tẽer　持つ、ある、含む、信じる、熟考す
る

temer　恐れる

templo　礼拝堂、教会堂

tenno　私は持っている（tẽer の活用形）

terceiro　三番目の、三分の一、*tercer dia*
一日おき

teu　君の、あなたの

te, te en, tẽes　～まで

tea　布、膜；木屑

terger　濯（ゆす）ぐ、綺麗にする

tigo　君と共に

tingir　染める

todavia　あらゆる方法で、常に

todo-los　すべてのこと

tolleito　手足の利かない

toller, tolher　結合する、取る、捨てる

torcer　ねじる

torcillon　よじること、拷問、苦痛

torvar　乱す

torvon　雷、雷鳴

toste　早い、早く

toutiço　首筋

tra　～まで

traballar　努力する、強くする、参戦する

traer　裏切る；来る

trager　持ってくる、決まった方法があ
る、扱う

traiçon　裏切り

trameter-se　務める、専念する

transir　死ぬ

tras　後ろに

trasgeito　誤り、欺くこと

travar　妨げる、つかむ；叱る、非難する、
罵倒する

trave　梁、建築材

trebelhar　遊ぶ、密通する

trebello　遊び、冗談、冷やかし

true　四角帆、円形帆

tricharia　欺くこと（prov.）

trigoso　速い

trobad'avedes　お前は詩作した

trobador　吟遊詩人

trobar　詩作する、歌う

tro, trões　（前置詞）～まで

trocir　飲み込む

trosquiar　毛を刈り込む

tu　お前は、貴男は

U

u　（疑問副詞）　*u-las provas?* 証拠はどこにある

un　一つ、不定冠詞男性単数形

unha　①（不定冠詞女性形）ある　②爪 unlla, unna に同

ũu（s）（不定冠詞男性形）ある人（物）

uviar, oviar　着く、時間がある；助ける

V

vagar　*de* ～ ゆっくりと、*sin* ～ おくれずに、*dar* ～ 時間がある、

prender ～ 遅れる

vagaroso　遅い、ゆっくりとした

vai　行く（irの直説法現在形）

valer　価値がある、助ける

vedro　年老いた、古い

veer, veher　見る、*veer prazer* 幸せである、楽しい

vegada　…回、…度

vel　すくなくとも

velho, vello　年老いた、古い

vellocinna　老婆

vergonna　恥、羞恥心、道義心

vendeita　復讐

vertude　徳

vervo　格言

verilla　恥丘、恥骨、大腿部

vessadre　（止まり木に）鷹を縛る革ひも

viaz　速やかに、遅れることなく（prov.）

viçoso　楽しい、快い

vida　生命、食事、料理

vgia　見張り、監視

viir, vĩir, vijr　来る、～になる

vil　安価な、つまらない卑劣な vilão　村人、卑怯な人

viltança　侮辱、罪、恥

viltar　気を悪くする、侮辱する

vingança　復讐

vinno, vỹo, vĩo　ワイン

vĩide　（命令形）来なさい

virga　（Virga de Jesse）ダビデ王の父

Virgen, virgo　（*f.*）聖母マリア

virgo Gaude Virgo Maria　聖母被昇天の晩課

viver　生きる

voar　飛ぶ、なくなる

volunter　喜んで（prov.）

volta　反乱、口論、喧嘩

volto　雑然とした、混ぜた

voontade　意志、望み

vos　（代名詞）お前たちを（に）

vosco　お前たちと共に

voz *tẽer* ～　仲裁する

vozeira　守護聖人、法律家

vyvo　生きている

X

xa, xo　再帰代名詞xe, xi+直接補語代名詞a, oの縮約形xe+a, xe+o

xara　森

xarope　シロップ

xe, xi　再帰代名詞（se）. *quando xe quiser* お望みなら

Xerez　（地名）ヘレス，スペインのカディス県Jerez de la Frontera

xermento　綱、ロープ、端、蔓

Y

y, i, e　（接続詞）そして *vivo coitad'e sol dormio ren*悲しみと共に生きて眠ること

　さえもできない

ý, i　（副詞）そこに, *non á ý mui gran sazón*

　そんなに時間が経っていない

yrado　激怒した

Z

zarello　布切れ

あとがき

　2021年は、アフォンソ十世生誕800年祭がスペインのガリシアで開催されました。賢王と称され多くの文化的な偉業を成し遂げたことを再認識させるものであった。

　日本における「聖母マリア頌歌集研究」と題する企画を立ち上げ、2年におよぶ資料の精読を経て、それぞれの専門的な立場から執筆をすすめ、ここに本書の刊行に至りました。各執筆者の尽力に感謝するとともに、論創社編集部松永裕衣子さんにひとかたならぬお力添えをいただき、『カンティーガス・デ・サンタ・マリアへの誘い』を上梓することができました。お礼申し上げます。

　本書は書誌学、古文書学、中世ガリシア語文学からカンティーガスの物語を分析、中世美術、図像学、中世キリスト教音楽、写本に現れる中世楽器についてそれぞれ専門的な立場から考察を加えたものです。執筆者がそれぞれの分野を究めて著した日本初のカンティーガス・デ・サンタ・マリア研究書です。本書には、ガリシアと関連のあるカンティーガス6篇とマリア賛歌1篇を選び、日本で活躍する中世ハープ奏者小坂理江さんを中心とするトルブールによる音楽CDを添付しました。美しくも繊細な中世ガリシア語による奇蹟と聖母マリアを賛歌する詩を古楽器が奏でる優しい音色に合わせてカンティーガスの魅力を味わうことができます。写本は稀覯本ですが、本書は写本に劣らず執筆者が心を込めた力作です。読者の皆様にご愛読いただければ幸いです。

　奇蹟と聖母マリアを讃えるカンティーガスの詩を中世楽器の美しい調べにのせて、読者の皆様をカンティーガスの世界にお誘いします。

　　　　　　　　　　　　　　2023年新春　編著者　浅香武和

【執筆者プロフィール】

浅香武和　Takekazu Asaka

ガリシア学士院会員、元日本学術振興会研究員。著書に『ガリシア語基礎語彙集』大学書林、『吟遊詩人マルティン・コダックス』論創社、『新ガリシア語文法』科研費報告書、ほか。

take_xapones@msn.com

浅野ひとみ　Hitomi Asano

長崎純心大学教授、専門はヨーロッパ中世美術史。『スペイン・ロマネスク彫刻研究』九州大学出版会、ほか。

杉本ゆり　Yuri Sugüimoto

武蔵野音楽大学音楽学学科卒業、中世・ルネサンス音楽史専攻、聖グレゴリオの家・宗教音楽研究所勤務。ラウデジー東京主宰。著書に『コルトナ・ラウダ概論』、論文に「中世ガリシアの音楽遺産」、ほか。

上尾信也　Shinya Agario

国際基督教大学大学院修了（学術博士）、専門は西洋史と音楽史。西洋中世学会会員、日本音楽学会会員、桐朋学園大学特任教授。著書に『歴史としての音』柏書房、『音楽のヨーロッパ史』講談社現代新書、『原典イタリア・ルネサンス芸術論』（共訳）名古屋大学出版会、『吟遊詩人』新紀元社、ほか。

【演奏者代表プロフィール】

小坂理江　Rie Kosaka

西洋中世およびルネサンス音楽演奏家。英国トリニティ音楽院古楽科声楽専攻で学んだのちギルドホール音楽演劇学校大学院古楽科ハープ専攻修了。作品にCD『弦のおと』、ほか。トルブール主宰。

【収録曲と演奏者】

添付 CD 収録曲

1 *CSM* 22, *Mui gran poder á a Madre de Deus*

2 *CSM* 77, *Da que Deus mamou*

3 *CSM* 304, *Aquela en que Deus carne*

4 *CSM* 26, *Non é gran cousa se sabe*

5 *CSM* 94, *De vergonna nos guardar*

6 *CSM* 103, *Quena Virgen ben servirá*

7 *CSM* 100, *Santa María, Strela do dia*

各曲は全スタンザの1/3を歌唱演奏（*CSM* 100 は全曲）

演奏に当たり参照した記譜法 Roberto Pla Sales, Manuel Pedro Ferreira

中世・ルネサンス音楽ユニット トルブール　メンバー

TrouBour, Medieval & Renaissance Music Unit

Interpretación das *CSM* por Ensemble TrouBour

小坂理江 Rie Kosaka：ハープと歌唱 Arpa románica e Canto

櫻井元希 Genki Sakurai：歌唱 Canto

上田華央 Cao Ueda：中世フィドル（Viola, Vihuela de arco）

浅井愛 Ai Asai：リコーダー（Frautas），ネイ（Nei, Al-nay）

立岩潤三 Junzo Teteiwa：パーカッション（Membranófonos: Tambor, Darbouka），

マンジーラー（Indian cymbal）

常味裕司 Yuji Tsunemi：リュート（ウード）Ud, Laúd árabe medieval

収録場所 東京　としま区民センター小ホール　2022 年 10 月 19 日

レコーディングエンジニア：太陽倶楽部レコーディングス 加藤明

カンティーガス・デ・サンタ・マリアへの誘い
——聖母マリア頌歌集

2023年 9 月20日　　初版第 1 刷印刷
2023年 9 月30日　　初版第 1 刷発行

編著者　浅香武和
著　者　浅野ひとみ／杉本ゆり／上尾信也
発行者　森下紀夫
発行所　論 創 社
　　　　〒101-0051 東京都千代田区神田神保町 2-23　北井ビル
　　　　tel. 03 (3264) 5254　fax. 03 (3264) 5232
　　　　振替口座 00160-1-155266　web. https://www.ronso.co.jp
装　幀　奥定泰之
組　版　中野浩輝
印刷・製本／精文堂印刷株式会社

ISBN978-4-8460-2309-6　©2023 Printed in Japan
落丁・乱丁本はお取り替えいたします。

論 創 社

新西班牙語事始め◉浅香武和

スペイン語と出会った日本人　日本におけるスペイン語教育の歴史を辞典・学習書の出版史とともに辿る。同学社版『スペイン語事始』(2013) を大幅に改め、新たに論考2篇・書き下ろし1篇を加えた新訂版。　**本体2500円**

ガリシア 心の歌◉浅香武和 編訳

ラモーン・カバニージャズを歌う　スペイン・ガリシア地方が生んだ憧憬の詩人カバニージャスの詩と音楽。スペイン教育文化スポーツ省、ガリシア州カンバードス市後援。カバニージャス文学功労章受賞作品。CD付き。　**本体2000円**

吟遊詩人マルティン・コダックス◉浅香武和 編訳

7つのカンティーガス　女性が男性に贈った13世紀の幻の恋歌。ガリシア・ポルトガル文学最古の抒情詩とその音楽を、女声とフィーデル・リコーダー・打楽器の調べにのせてお届けする。CD付き。　**本体2000円**

ドン・キホーテのことわざ・慣用句辞典◉山崎信三

文豪セルバンテスの不朽の名作『ドン・キホーテ』はことわざや格言、故事、慣用句の宝庫。作中人物が発することわざ約370例および慣用句1200を、スペイン語の原文とともに収録。　**本体2500円**

スペイン学 第17号〜25号◉京都セルバンテス懇話会編

文学、歴史、日西交流等、スペイン語圏の文化に関する学際誌。論文、評論、エッセイ、新刊書の書評から成る。編集委員＝片倉充造、川成洋、近藤豊、坂東省次、本田誠二、青砥清一　**本体2000円〜2400円**

裸眼のスペイン◉フリアン・マリーアス

古代から現代まで二千数百年にわたり、スペイン人自身を悩ませてきた元凶をスペイン史の俎上にのせて剔抉する。オルテガの高弟のスペイン史論の大成！　口絵・地図・年表付き。[西澤龍生／竹田篤司訳]　**本体8200円**

ケルト神話・伝承事典◉木村正俊

ケルト神話と伝説に関する、国内初のオリジナル事典。アイルランド神話・ウェールズ神話・アーサー王伝説をはじめ、ケルト神話の豊かな魅力を伝える最重要359項目を網羅。欧文項目索引完備。　**本体3800円**

好評発売中！